John O'Neill
Die fünf Körper

Übergänge Band 22

Übergänge

Texte und Studien zu
Handlung, Sprache und Lebenswelt

herausgegeben von
Richard Grathoff
Bernhard Waldenfels

Band 22

John O'Neill

Die fünf Körper

Medikalisierte Gesellschaft
und Vergesellschaftung des Leibes

Übersetzung aus dem Englischen
von Henning Lübbe und Richard Grathoff

Wilhelm Fink Verlag

*Five Bodies: The Human Shape
of Modern Society*
Cornell University Press
Ithaca and London
1985

CIP-Titelaufnahme der Deutschen Bibliothek

O'Neill, John:
Die fünf Körper: medikalisierte Gesellschaft und
Vergesellschaftung des Leibes / John O'Neill. Übers. aus d.
Engl. von Henning Lübbe u. Richard Grathoff. — München:
Fink, 1990
  (Übergänge; Bd. 22)
  Einheitssacht.: Five bodies <dt.>
  ISBN 3-7705-2620-1
NE: GT

ISBN 3-7705-2620-1
© für die deutsche Ausgabe
Wilhelm Fink Verlag München, 1990
Herstellung: Ferdinand Schöningh GmbH, Paderborn

Für meine Schwester Joan

Inhalt

Zur Einführung: Der Prothesengott 9

Einleitung: Unsere beiden Körper 11
1. Kapitel: Der Welt-Körper 23
2. Kapitel: Die sozialen Körper 45
3. Kapitel: Der politische Körper 64
4. Kapitel: Die Konsumentenkörper 88
5. Kapitel: Die medikalisierten Körper 116
Schluß: Die zukünftige Gestalt der menschlichen Wesen 147

Bibliographie 159

Register 165

Zur Einführung: Der Prothesengott*

Keiner antwortet deutlicher als Freud, wenn man nach den Kosten fragt, die unseren Körpern von der Zivilisation eingeschrieben werden. Als Freud sich daran machte, das „Unbehagen in der Kultur" zu überdenken, konnte er noch nicht die neuen „Bio-Prothesen" ahnen, die noch einmal alle Grenzen der Zivilisation öffnen sollten und neue Energien und Abhängigkeiten in uns schaffen würden. Die Menschheit hat sich in eine Wissenschaft und Technologie verwickelt, deren Allmacht uns jeder Kindheit entreißt und in eine gewisse, obgleich ungemütliche Göttlichkeit versetzt. In Freud's Worten:

„Der Mensch ist sozusagen eine Art Prothesengott geworden; recht großartig, wenn er alle seine Hilfsorgane anlegt, aber sie sind nicht mit ihm verwachsen und machen ihm gelegentlich noch viel zu schaffen."[1]

In den folgenden Kapiteln halte ich eine gewisse Distanz zu Freud's Vorstellung von der infantilen Natur der ersten Menschen und ihrer Götter und bin so weit weniger versucht, sie mit Hilfe der mangelhaften technologischen Systeme der Moderne zu vergewaltigen. Ich bemühe mich vielmehr, wieder über das kulturelle Erbe nachzudenken, das uns in der *Soziopoesie* der ersten Menschen überliefert ist, deren Familien und Götter den Großteil der Geschichte unserer eigenen Inhumanität überlebt haben und an den allergewöhnlichsten Orten der Menschheit heute noch leben. Wenn wir etwas zu befürchten haben von der menschlichen Fähigkeit zur Metamorphose, dann ist es die uns inzwischen verfügbare furchtbare Macht, uns selbst mit

---

* *Fn des Hsg.:* Der englische Titel „The Prosthetic God" hat einen doppelten Wortsinn, auf den der Vf. anspielt. In der *Linguistik* kennzeichnet „prosthetics" das einem Wort als Wortteil Vorangestellte (Buchstabe, Silbe, o.ä.), hier also eine Unterlaufen der Metapher „Am Anfang war das Wort" durch den Vf. Im *medizinischen Sinne* (auf den Freud's Metaphern anspielen) sind Prothesen als „Hilfsmittel des Leibes" gemeint. RG

[1] Sigmund Freud, „Das Unbehagen in der Kultur", Freud-Studienausgabe, Bd. IX, Frankfurt 1974, S. 333. Ich freue mich, an dieser Stelle die jahrelangen Diskussionen mit meinem Kollegen Kenneth Morrison nennen zu dürfen, der meine Ideen schon seit langem beeinflußt hat, und ihm dafür zu danken, daß er mir im vergangenen Jahr ständig seine Freud-Sammlung zur Verfügung gestellt hat. Und wie immer gilt mein Dank Tom Wilson.

allen anderen Lebensformen auszulöschen. Das wahrhaft Unvorstellbare in diesem kulturellen „Unbehagen" ist, daß wir wohl die erste menschliche Gesellschaft sind, die von sich zugleich als der *letzten* denkt. Solche Zukunft zwingt uns, erneut über die Leiblichkeit des Menschen und seinen Körper nachzudenken, will man seine Familie, seine politische Ökonomie und seine Bio-Technologie wieder aufbauen. Eine solche Aufgabe kann uns nicht gleichgültig sein, wie es die Frauen von *Greenham Common** bis auf den heutigen Tag bezeugen, ein Erkennen, das junge Männer und Frauen in der ganzen Welt den Alten abverlangen, bevor es zu spät ist. Wenn jene alten Männer nicht aus ihren extraterrestrischen Phantasien erwachen, fällt auch noch die geringe Hoffnung aus, wenigstens ein erkennbares Grab zu hinterlassen, von einem Kind unserer Kultur und ihren Göttern ganz zu schweigen.

Toronto *John O'Neill*

---

* *Fn des Übers.:* Es handelt sich um die „Cruise Missiles Base" in England, die in den 80er Jahren durch Dauerbelagerung der "Frauen von Greenham Common" zum Symbol der britischen Friedensbewegung wurde. HL

Einleitung

Unsere beiden Körper

Anthropomorphism. Attribution of human form or character.
a. Ascription of a human form and attributes to the Deity.
b. Ascription of a human attribute or personality to anything impersonal or irrational.
-Oxford English Dictionary

Ich behaupte – trotz des Wörterbuchs *Oxford English Dictionary* – daß der Mensch ohne Anthropomorphismen gar nicht auskommen kann. Wenn man sie ganz aufgäbe, würde die Welt einen Charakter erhalten, der sie uns fremder macht als unsere Götter. Anthropomorphismen sind zutiefst menschliche Antworten, ihre schöpferische Kraft formt die menschliche Gestalt und seine bürgerlichen religiösen Institutionen. Anzunehmen, wir könnten anders denken, ist eine Verführung der Logiker. Dennoch: Wieso wage ich es, den Anthropomorphismus zu erneuern? Selbst wenn mich Fehlschlüsse nicht erschrekken, sollte ich nicht wenigstens den Zeitgeist respektieren?

Der Mensch paßt nicht in seine eigene Schöpfung – ebenso wenig wie Gott. Das klingt vielleicht merkwürdig, aber man sieht – so wird uns gesagt – darin sogar eine dramatische Chance. Vorausgesetzt, wir überleben diese Einladung ins soziale und moralische Chaos. Meistens gelingt uns das ja. Aber ich denke, es gelingt uns, da wir aus geborgtem moralischen Kapital leben. Ich möchte daher die alte Frage erneut stellen: Wer schafft den Menschen? Dies ist die Grundfrage des Anthropomorphismus: Indem wir die Frage stellen und nach Antworten suchen, werden wir selbst menschlich.

Das ist für uns wesentlich, in dieser Weise vorzugehen. Anders können wir keine radikale Grundlage für eine anthropomorphisierende Sozialwissenschaft finden. Der Verlust des Menschlichen in den Sozial- und Literaturwissenschaften wird sowohl beklagt, als auch gefeiert. Der Fortschritt des menschlichen Wissens scheint zu verlangen, jegliches anthropozentrische oder auf den Menschen zentrierte Weltbild aufzugeben, – eine These, die ich nicht ernsthaft in Zweifel ziehe. Es ist jedoch inzwischen klar geworden, daß die Menschen auf diesem Wege ihre Kraft einbüßten, ihren Institutionen eine menschliche Gestalt zu geben.

Diese Kraft halte ich für den entscheidenden Kern einer anthropomorphisierenden Perspektive in den Sozialwissenschaften. Wir müssen sie wiederbeleben, wollen wir uns sowohl der Exzesse der subjektivistischen, als auch der subjektfreien Wissenschaft erwehren. Zudem bin ich überzeugt, daß die letztlich entscheidenden Fragen in der komplexen Beziehung zwischen Person, Natur und sozialer Institution am besten von unserem unvermeidlichen Interesse am menschlichen Körper her anzugreifen sind. Wir werden am Detail erkennen, wie der menschliche Körper als intelligible und kritische Ressource eingesetzt wird bei der anthropomorphen Produktion all jener kleinen und großen Ordnungen, die unseren sozialen, politischen und ökonomischen Institutionen zugrundeliegen.

Ein derartiges Argument ist auf den ersten Blick keineswegs selbstverständlich. Denn der Körper wird entweder als viel zu intim oder als viel zu ungebärdig angesehen, um als Ausgangspunkt für eine Untersuchung der sinnhaften Ordnungen unseres öffentlichen Lebens dienen zu können. Es klingt schon merkwürdig, wenn von einer *„Soziologie des Körpers"* oder einer *„politischen Ökonomie des Körpers"* gesprochen wird. Anfangs zumindest scheint der Körper außerhalb der Soziologie oder der Ökonomie und Politik zu liegen, so wie diese Disziplinen allgemein verstanden werden. Aber diese Ansicht ignoriert doch vieles, was unser normales Wissen über unser Alltagsleben und die Qualität unseres öffentlichen Lebens ausmacht.

Der physische Körper und der kommunikative Körper

In welchem Sinn verstehen wir überhaupt einen Körper, der in unser alltägliches Leben eintritt? Manchmal denkt man, der Körper sei ein physisches Objekt wie andere Objekte, die uns umgeben. Unser in diesem Sinne *physischer Körper* kann gestoßen, umgeworfen, zerstört und vernichtet werden. Doch sobald wir dies sagen, entfernt oder entfremdet sich unsere Sprache von dem *belebten Körper,* von jener kommunikativen leiblichen Präsenz, der wir keineswegs gleichgültig gegenüber sind und der wir bei anderen ebenso behutsam begegnen, wie bei uns selbst.[1] Weil diese zwei Körper nicht zu trennen sind, behandeln wir selbst den physischen als einen *moralischen Körper,*

---

[1] Vgl. mein Buch *Perception, Expression and History,* (Northwestern University Press) Evanston 1970, Kap. 4 „Corporeality and Intersubjectivity".

dem wir Respekt, Hilfe und Fürsorge schulden und für dessen Verletzungen wir sogar persönlich verantwortlich sind.

Die Gesellschaft hat darüber hinaus den Schutz von Körpern streng sanktioniert. Wer anderen vorsätzlich Verletzungen beibringt, riskiert Gefängnis und andere körperliche Strafen, und selbst dem, der bloß fahrlässig ist, droht zumindest Beschämung, wenn nicht gar moralische Verurteilung. Unter moralischen Aspekten ist also selbst der physische Körper mehr als ein bloßes Objekt der biologischen Forschung oder der medizinischen Praxis. Er kann uns zwingen, die üblichen Methoden der Biologie und der Medizin zu überdenken: man denke z.B. an die Wiederentdeckung der ganzheitlichen Medizin. Auf jeden Fall dürfen wir keineswegs die Anatomie und Physiologie des Körpers als Paradigma auffassen, um das personale Wissen von körperlichem Verhalten und sittlichem Umfang in sozialen Situationen zu umschreiben. Der *kommunikative Körper*, mit dem wir zu denken und umzugehen lernen, ist das allgemeine Medium unserer Welt, ihrer Geschichte und Kultur, ihrer politischen Ökonomie. Maurice Merleau-Ponty schrieb dazu:

„Der Leib ist unser Mittel überhaupt, eine Welt zu haben. Bald beschränkt er sich auf die zur Erhaltung des Lebens erforderlichen Gesten und setzt korrelativ um uns herum eine biologische Welt; bald spielt er auf diesen ersten Gesten und geht von ihrem unmittelbaren zu einem übertragenen Sinne über, durch sie hindurch einen neuen Bedeutungskern bekundend: so im Falle eines motorischen Habitus wie etwa des Tanzes. Bald endlich ist die vermeinte Bedeutung solcher Art, daß die natürlichen Mittel des Leibes sie nicht zu erreichen vermögen; er muß alsdann ein Werkzeug schaffen und entwirft um sich herum eine Kulturwelt."[2]

Die obigen Unterscheidungen intendieren nicht etwa, die Bedeutung des biologischen Körpers für unser Leben zu mindern. Ich möchte lediglich die Bezüge zwischen Biologie und Kultur vertiefen, die sich für den menschlichen Körper gerade daraus ergeben, daß er ein kommunikativer Körper ist, dessen aufrechte Haltung und audiovisuelle Artikulation eine symbolische Welt öffnet, die unser Erleben weit hinausgreifen läßt über das jeder anderen Lebensform.[3] Wir erleben jene Körperaspekte, die ich als den physischen und den kommunikativen Körper unterschieden habe, nie anders denn als Einheit einer – je nach historischen und sozialen Umständen – unglaublichen Vielfalt.

---

[2] Maurice Merleau-Ponty, *Phänomenologie der Wahrnehmung* (übers. v. Rudolf Boehm), Berlin 1966, S. 176.
[3] Vgl. Marjorie Greene, *Approaches to Philosophical Biology*, (Basic Books) New York 1965.

Es hat zwischen den Gesellschaften nie eine universale Übereinkunft gegeben, wie es zu einer angemessenen Ritualisierung von Körpererfahrungen wie Geburt, Tod, Schmerz, Freude, Furcht, Schönheit und Häßlichkeit kommen soll.

Wie kommen wir also dazu, den Körper zu einem Forschungsthema der Sozialwissenschaft zu machen und ihn nicht allein den biomedizinischen Wissenschaften zu überlassen? Was kann man über den Körper lernen, das uns vielleicht dabei helfen könnte, die großen Probleme der sozialen Ordnung, des sozialen Konflikts und des sozialen Wandels zu verstehen? Selbst wenn es hier etwas zu lernen gäbe, wieso könnte dies von mehr als bloß beiläufigem Interesse sein? Denn sucht die Wissenschaft nicht nach Ordnung, Regelmäßigkeit und Generalisierungen, die von körperlichem Verhalten unabhängig sind? Im allgemeinen erforscht die Soziologie Regeln und normatives Verhalten, das von den Überzeugungen der Menschen und nicht von der Chemie oder Physiologie ihrer Körper ausgeht. In diesem Sinne sagt man: *Gesellschaft ist in unserem Bewußtsein, nicht in unsern Körpern.* Das jedenfalls läßt sich aus Jahrhunderten religiöser, philosophischer und pädagogischer Praxis folgern. Wir stellen uns die öffentliche Ordnung dualistisch vor, als herrsche der Geist über die Materie oder die Vernunft über die Sinne. Nach dieser Auffassung sind unsere Körper die willenlosen Diener der moralischen und intellektuellen Ordnung. Wir sollen unsere Körper disziplinieren, um etwas Hervorragendes zu leisten, um in den Himmel zu kommen, um brav in einem Hörsaal sitzen zu können und die frohe Botschaft der Soziologie zu hören[4], vom Lesen dieses Buches ganz zu schweigen.

Es ist gar nicht einfach zu erkennen, wie soziale Institutionen den Körper neu denken[5]. Noch weit schwieriger ist es zu verstehen, *wie wir Institutionen mit unserem Körper neu denken können*. Aber genau das werden wir in diesem Buch tun. Kürzlich hat Michel Foucault darauf aufmerksam gemacht, daß die moderne politische Ökonomie – weit davon entfernt, den Körper zu unterdrücken – Macht über den Körper ausübt, indem der sexuelle Körper sozusagen als diskursiver Kanal eröffnet wird, in den sich unser Beichten endlos ergießt, unser Bekennen, wer wir sind und was wir sein wollen:

---

[4] Hier bietet sich die Gelegenheit, mehreren Generationen von Studenten der York University zu danken, die die Einkerkerung im Kurs „Sociology 397.6" zu erdulden hatten und natürlich vor allem meiner Lehr-Assistentin Barbara Petrocci.

[5] Vgl. Marcel Mauss, „Körpertechniken", in: *Soziologie und Anthropologie* (Ullstein) Frankfurt-Berlin-Wien 1978, Bd. II, S: 197–220

„Die Sexualität ist nicht als eine Triebkraft zu beschreiben, die der Macht von Natur aus widerspenstig, fremd und unfügsam gegenübersteht – einer Macht, die sich darin erschöpft, die Sexualität unterwerfen zu wollen, ohne sie gänzlich meistern zu können. Vielmehr erscheint sie als ein besonders dichter Durchgangspunkt für die Machtbeziehungen: zwischen Männern und Frauen, zwischen Jungen und Alten, zwischen Eltern und Nachkommenschaft, zwischen Erziehern und Zöglingen, zwischen Priestern und Laien, zwischen Verwaltungen und Bevölkerungen. Innerhalb der Machtbeziehungen gehört die Sexualität nicht zu den unscheinbarsten, sondern zu den am vielseitigsten einsetzbaren Elementen; verwendbar für die meisten Manöver, Stützpunkt und Verbindungsstelle für die unterschiedlichsten Strategien."[6]

Man sollte bedenken, daß die Reduktion des kommunikativen Körpers auf den sexuellen Körper ein historischer Prozeß ist, der die Geschlechter-Kosmologie verzerrt hat, welcher Natur, Gesellschaft und den menschlichen Körper beherrschte und damit den Körper der Industrialisierung von Natur und Familie unterwarf, die wir weiter unten diskutieren.[7] In dem Sinne werde ich diesen Prozeß als einen Übergang rekonstruieren, in der Geschichte als *Biotext* zur Geschichte als *Soziotext* wechselt (vgl. das Schluß-Kapitel). Daraus ergibt sich der interpretative Rahmen für die folgenden Kapitel. Zugleich wende ich mich entschieden gegen jeden Anti-Humanismus und vor allem gegen das inzwischen modische Bekenntnis zur *Defamilialisierung*. All das läuft nur darauf hinaus, den Staat und den Markt als letztgültige Matrix menschlichen Lebens zu verstärken.[8] Ich lehne diese neueste Phase des Neo-Individualismus entschieden ab. Mit Vico halte ich es vielmehr für unvorstellbar, daß wir Gesellschaft einfach durch den bloßen Willen zu einem Kontrakt aller menschlichen Beziehungen außerhalb des großen historischen Körpers unserer Familie und ihrer Gesellschaft herbeiführen könnten. Ich berufe mich hier also auf *eine familialisierte Geschichte, ohne die es niemanden von uns geben würde.* Diese Geschichte kommt erst zur Sprache, wenn man über die übliche Beichtpraxis in den heutigen Familien-Journalen ebenso hinaus geht wie über unsere offizielle Geschichtsschreibung. Sie kann sich nicht in der Geschichte großer Männer erschöpfen, ebenso wenig in den neueren Geschichten von Frauen und Kindern. Ein jeder bewahrt eine familialisierte Geschichte und in allen Dingen bezeugen wir sie. Denn sie ist heilig. In den Worten von Gertrude Stein:

---

[6] Michel Foucault, *Sexualität und Wahrheit 1, Der Wille zum Wissen*, (Suhrkamp) Frankfurt 1983, S. 125.
[7] Vgl. Ivan Illich, *Gender,* (Pantheon) New York 1982.
[8] Vgl. meinen Aufsatz „Defamilization and the Feminization of Law in Early and Late Capitalism", in: *International Journal of Law and Psychiatry,* 5, 1982, S. 255–269.

„Jedermann's Geschichte muß eine lange Geschichte sein, langsam kommt sie aus ihnen heraus von ihrem Anfang zu ihrem Ende, langsam kannst du in ihnen erkennen die Natur und die Mischungen in ihnen, langsam kommt alles aus jedem einzelnen heraus in der Art, wie jeder die verschiedenen Teile und Arten des Lebens wiederholt, die sie in sich haben, langsam kommt dann ihre Geschichte aus ihnen heraus, langsam wird dann jemand, der jemanden genau ansieht, dessen ganze Geschichte haben. Langsam kommt die Geschichte jedes einzelnen aus jedem einzelnen heraus. Irgendwann wird es dann eine Geschichte von jedem geben."[9]

Der kommunikative Körper

Heute beobachten wir in post-industriellen Gesellschaften eine zunehmende Neigung, körperliche Erfahrung zu nichts als zu bloßer Arbeitskraft umzudefinieren, die sich so zum fügsamen Instrument einer kommerziellen, pädagogischen oder medizinischen Praxis umdirigieren läßt. Um diese Tendenz zu begreifen, müssen wir kritisch über die analytischen Praktiken der Ökonomie, der Politik, der Medizin und der Sozialwissenschaften nachdenken, ein Prozeß, mit dem wir uns in den folgenden Kapiteln beschäftigen. Solche Untersuchungen werden dadurch erschwert und verzögern sogar den sozialen und politischen Wandel, zu dem sie beitragen könnten, daß Sozialwissenschaftler dazu neigen, Personen als entkörperlicht zu erforschen, wobei sie bevorzugt mit quantitativen Daten und standardisierten Interviews arbeiten. Ein gut Teil des soziologischen Diskurses dient dazu, eine Art von Dekontaminations-Ritual zwischen dem Wissenschaftler und seinem Untersuchungsgegenstand aufzuführen. Entscheidend ist, daß der professionelle Soziologe dem Blick in die Augen des Kranken, des Armen oder des Orientierungslosen widersteht, die seine Fragen an ihn zurückgeben.

Mit Hilfe des Fragebogens und der Einstellungs-Fragen wird das verleiblichte Subjekt zurechtgestutzt. Da der soziologische Apparat im Umfang und an Komplexität zunimmt, muß er in Büros und Institutionen untergebracht werden, und seine Dienste können sich fortan nur reiche Klienten leisten. Der Apparat verlangt vom Soziologen auch die Einhaltung von Anstandsregeln, die es ihm schwer machen (wegen seiner Kleidung, seiner Sprache und seiner Empfindsamkeit), in der Unterwelt des Verbrechens, von Sex, Rassismus und Armut

---

[9] Gertrude Stein, *The Making of Americas,* (Marcourt Brace) New York, 1934, S. 128.

akzeptiert zu werden. Der professionelle Soziologe wird so in eigentümlicher Weise in seiner eigenen Kaste gefangen.[10]

Entscheidend ist für uns Sozialwissenschaftler, daß wir uns der grundlegend kommunikativen Qualität des Körpers erinnern, das heißt der moralischen Basis jeder Gesellschaft und jeder sozialwissenschaftlichen Praxis. Dem Leben inmitten anderer können wir nicht entfliehen. Unsere Körper verpflichten uns vom ersten Moment des Lebens auf den Umgang mit anderen, die schon erwachsen sind und sich ihrerseits verpflichten, für unser physisches Wohl zu sorgen. Es ist natürlich das Ziel der Fürsorge, die wir als Kinder erhalten, uns zur Selbstsorge zu bringen, uns aus der Abhängigkeit von einem unreifen Körper und ungebildeten Geist zu befreien.

Daher zielt die Befriedigung unserer körperlichen Bedürfnisse durch jene, die für uns sorgen, keineswegs auf unsere bloß selbstsüchtige Lust. Die mitmenschliche Fürsorge führt uns in eine *Tradition der Fürsorglichkeit* ein, in der wir zurückzugeben lernen, was wir selbst empfangen haben. Dies ist eine entscheidende Voraussetzung jeder Gesellschaft.[11] Wird diese nicht verwirklicht, so droht uns eine Gesellschaft – ich werde sie später untersuchen –, in der es keine echte Gemeinsamkeit gibt, sondern lediglich den Austausch von egoistischen und kalkulierten Interessen zwischen Individuen, die untereinander keine tieferen Bindungen verspüren. Gemeinsamkeit beruht dagegen auf unserer intersubjektiven Erfahrung, auf unserer Ungeschütztheit und Offenheit untereinander, die aus dem besonderen Stil unserer Verleiblichung des kommunikativen Lebens hervorgehen. Unsere Körper sind also recht feinfühlige Instrumente sowohl in der kleinen wie in der großen Gesellschaft, in der wir leben. Die menschliche Hand ist so geartet, daß sie uns zu einem unendlich vielgestaltigen Handwerk und Werkzeug befähigt, worauf andererseits die enorm ausgefächerte Arbeitsteilung beruht, die Basis der Gesellschaft, im weitesten Sinne. Unsere Körper bieten aber zudem das schwungvolle Instrument für die intimsten Verbindungen, die wir kennen. Insbesondere setzen wir unsere Körper ein, um unsere schiere Geselligkeit zu feiern, wann immer wir uns kleiden, Hals, Arme, Handgelenke und Augen schmücken, unsere Wangen und Lippen anmalen, uns anlä-

---

[10] John O'Neill, *Sociology as a Skin Trade: Essays towards a Reflexive Sociology*, (Harper & Row) New York 1972, S. 10.
[11] Vgl. meinen Aufsatz „On Simmel's ‚Sociological Apriorities'", in: George Psathas (Ed.), *Phenomenological Sociology: Issues and Applications*, (Wiley) New York 1973, S. 91–106.

cheln, küssen und einander die Hände schütteln. Sobald sich unsere Körper unwohl fühlen, ist es üblich, Feste oder Geselligkeiten abzusagen, und entsprechend verlangt die gleiche Geselligkeitspflicht von ansonsten schlankheitsbewußten Leuten, zur Freude der anderen – unter sanftem Protest – mehr zu essen und zu trinken, als ihnen gut tut. Wenn der Körper das Instrument unserer Verpflichtung zu den verschiedensten Arten sozialer Aufgaben und Engagements ist, so ist er auch das Instrument unserer Verweigerung der Geselligkeit bei bestimmten Anlässen in recht unterschiedlicher Weise. Kleine Kinder werden schreien und treten, weigern sich zu essen oder zu schlafen, schmieren herum und machen sich schmutzig, um ihren Widerwillen gegen elterliche Wünsche auszudrücken. Gefangene und psychiatrische Patienten, ganz zu schweigen von der halbwüchsigen Jugend, tun genau dasselbe. Der Körper ist hier Instrument von Verweigerung und Ablehnung, gerade so wie – vom Standpunkt der Herrschaft betrachtet – körperliche Folgsamkeit das Instrument der Ordnung ist.[12] Die äußerste soziale Sanktion ist daher Einkerkerung, den Körper einzusperren und ihn Schmerz, Tortur, Hunger und vielleicht sogar der Exekution auszusetzen. Revolutionäre, Rebellen, Ketzer, Delinquenten, Kriminelle und sogar die Kranken – alle riskieren auf irgendeine Weise ihren Körper als Preis im Streit mit der Gesellschaft um amtliche Körperschaften und deren etablierte Praxis.

Wir sind gefangen vom *verkörperlichten Anblick der Dinge** – und er beschäftigt uns ständig – besonders aus dem Blickwinkel der Anderen und von uns selbst. Obwohl Philosophen und Ethiker unsere Bindung an Erscheinendes und Äußerliches ständig verächtlich machen, können wir als Soziologen die aufwendige soziale Konstruktion der körperlichen Erscheinungen nicht ignorieren, in die wir als Personen zwangsläufig verwickelt sind. In der Tat stoßen wir hier auf zwei sehr grundlegende Aspekte unseres sozialen Lebens. Denn wir schätzen und beurteilen die Anderen zuerst vermittels unserer Sinne, mit denen wir unmittelbar zu positiven, angenehmen und vertrauens-

---

[12] Vgl. meinen Aufsatz „Authority, Knowledge and the Body Politic", in: *Sociology as a Skin Trade*, S. 68–80.

* *Fn des Hsg.:* „The embodied look of things" könnte auch als „verleiblichtes Aussehen" übersetzt werden, so in der Nachfolge von Merleau-Ponty u.a. Der Vf. wählte im Englischen eine Vielfalt von „five bodies" (Körper), die nicht in die zwiefältige Opposition von Körper und Leib (wie etwa bei Plessner) getrennt werden soll. Daher bevorzugt die Übers. den Begriff „Körper" bzw. seine „Verkörperlichung". RG

vollen Antworten, aber auch umgekehrt zu unseren negativen, ängstlichen und abweisenden Reaktionen kommen. Was wir von anderen Personen sehen, hören und fühlen, ist der Ausgangspunkt unserer Interaktion mit ihnen. Dies ist die sinnlich leibliche Basis unseres sozialen Wissens. Weil *Gesellschaft niemals ein körperloses Schauspiel ist*, sind wir an sozialer Interaktion von Anfang an aufgrund von Sinneseindrücken und ästhetischen Impressionen beteiligt. Das Aussehen der anderen Person ist prima-facie-Grund unserer Kenntnis von ihm oder ihr. Wir geben uns anfangs keinem endlosen Zweifel hin, ob Erscheinungen täuschen. Als leibgebundene Personen, deren Bedürfnisse sich so leicht nicht suspendieren lassen, müssen wir Erscheinungen für alle praktischen Zwecke als Realitäten nehmen. Merleau-Ponty dazu:

„Daß ich einen Leib habe, sagt also, daß ich als Gegenstand gesehen werden kann und suche, als Subjekt gesehen zu werden, daß der andere mein Herr oder mein Sklave sein kann, so daß also Scham und Schamlosigkeit nichts anderes als die Dialektik der Vielheit von Bewußtsein ausdrücken und in der Tat metaphysische Bedeutung haben."[13]

Wir suchen nach anderen Körpern in der Gesellschaft als Spiegel unserer selbst – die zweite grundlegende Eigenschaft des sozialen Lebens. Das ist deshalb so, weil unsere Körper im Grunde durchlässig für jedes Sozialverhalten sind; unsere Körper sind wahrhaftig das „Fleisch" der Gesellschaft. Charles Horton Cooley sprach von dieser durchlässigen Grundlage in beinahe schon körperlichen Kategorien, als er Soziologen und Psychologen auf das Phänomen des *„Spiegelbild-Selbst"* (looking glass self) hinwies.[14] Was wir im Spiegel sehen ist das, was Andere sehen. Dies ist die *Inkarnation der Bindung zwischen Selbst und Gesellschaft*. Was unter Soziologen als Sozialisationsprozeß bekannt ist – das Aufziehen eines Säuglings oder Kindes durch jene, die abgestimmt auf die vorherrschenden Verhaltensstandards für es sorgen – all das beruht auf dem *leibbewußten* Wissen des Kindes darüber, was es nötig hat, vermittelt schon mit seinem ersten Füttern, Kuscheln, Aufnehmen und Waschen durch die Mutter. Beginnend mit den ersten Augenblicken, und lange bevor es die Regeln der Wahrnehmung, der Sprache und des Verhaltens erlernen kann, antwortet der kindliche Körper mit Resonanzen seiner sozialen Erfahrung. Die wohlige Gemeinschaft der Welt des Kindes macht „irgendwie" – Präzisierung verlangt nach einer Psychoanalyse – unsere erste Welt aus, als

---

[13] Merleau Ponty, op. cit., S. 200.
[14] Charles Horton Cooley, *Human Nature and the Social Order*, (Schocken) New York 1964, S. 183–185.

Maß all unserer späteren irdischen Vergnügen: Was Cooley das „Spiegelbild-Selbst" nannte, ist tatsächlich Teil der komplexen Aneignung dessen, was man heute das *Körperbild* (body image) nennt; danach durchläuft das Kind eine entscheidende *Spiegelungs-Phase*, in der es unterscheiden lernt zwischen seiner Erfahrung seines *eigenen Körpers* und der Erfahrung, die eine andere Person von ihm als einem *Körper* macht.[15] Auf diese Weise erwerben wir von Kindesbeinen an die Fähigkeit, unsere Intentionen im Gesicht und in den sprachlichen Äußerungen der Mutter zu spiegeln, und zwar als prima-facie-Basis für ihre weiteren Entfaltungen durch die Mutter je nach ihrem Gespür für den jeweils intendierten Sinn.

Da über menschliche Verleiblichung das fundamentalste Band zwischen dem Selbst und der Gesellschaft erzeugt wird, sollten wir jetzt einen kurzen Blick auf einige der Konsequenzen im Erwachsenenleben werfen, die zunächst fremd oder trivial aussehen mögen, jedoch außerordentlich folgenreich für das Leben derer sind, die an die Körper-Welt sozialer Erscheinungen gebunden sind. Offenbar findet sich keine Gesellschaft damit ab, den biophysischen Körper aus jenem symbolischen System herauszulassen, durch das seine Mitglieder einander ihr Alter, ihr Geschlecht und ihren Familienstand, die sexuelle Verfügbarkeit ebenso wie den sozialen Status und ähnliches einander mitteilen.[16] Aus dieser Sicht ist es verständlich, daß die aufwendigen kosmetischen Putz-Praktiken, denen sich die verschiedensten Leute für einen erheblichen Teil ihres Tages bei enormen Kosten und mit den merkwürdigsten Ritualen hingeben, zu einem ganz natürlichen Ausdruck ihrer Bindung an herrschende soziale Bräuche und Werte werden. Denken wir an Details solcher Praktiken wie etwa beängstigende oder verschönernde Körperbemalung, den Haarschnitt wie den Anzug, das Waschen, Parfümieren, Deodorieren, Bedecken und Verstecken verschiedener Körperteile – all dies sind Ressourcen einer unaufhörlichen *Augen-Arbeit*[17] durch die wir das Auftreten der Menschen umformen

---

[15] Vgl. meinen Aufsatz „Embodiment and Child Development: A Phenomenological Approach", in: Hans Peter Dreitzel (Ed.): *Recent Sociology No. 5: Childhood and Socialization*, (Macmillan) New York 1973, S. 65–81; wiederabgedruckt in Chris Jenks (Ed.): *Sociology of Childhood: Essential Readings*, (Batsford) London 1982, S. 76–86.

[16] Pierre Bourdieu, „Remarques provisoires sur la perception social du corps", in: *Actes de la Recherche en Sciences Sociales*, 14. April 1977, S. 51–54.

[17] Vgl. meinen Aufsatz „Lecture visuelle de l'espace urbain", in: *Colloque d'ethètique appliquée a la création du paysage urbain: Collection presenté par Michel Conan*, (Copedith) Paris 1975, S. 235–247.

in konstitutive Momente der sozialen Realität. So ist ein großer Teil der Informationen, die wir brauchen, um uns in der je vorfindlichen sozialen Situation zurechtzufinden, bereits in Form von *Körper-Werbung* visuell vorhanden, die von einem jeden betrieben und von Photo-Modellen nur besonders betont wird. Es ist folglich wichtig, die ansonsten verwirrende Vielfalt dieser Körper-Techniken auf die beiden grundlegenden Funktionen der Verkörperung und des sozialen Selbst zu beziehen, die wir bereits diskutiert haben. Es kann übrigens gar nicht genügend betont werden, wie aus solcher Lektüre des Körpers massive alltäglich verfügbare Kompetenzen hervorgehen, deren Verarbeitung zur *Inkarnation der Gesellschaft* führt, nämlich als verleiblichtete Realität des alltäglichen Lebens.

Unsere leiblich-sinnlichen Kenntnisse leibhaftiger Personen können natürlich jederzeit im Lichte unserer weiteren Erfahrungen mit ihnen entmöglicht werden. Und je weiter und ferner wir in unseren Situationen uns von intimen, freundschaftlichen und familialen Beziehungen distanzieren – das heißt nicht, daß diese immer ganz leicht zu entwirren sind –, um so genauer müssen wir Institutionen und ihre Rollenerwartungen kennen, um das Verhalten um uns herum zu verstehen und was man von uns erwartet. Soziologen beschränken sich meistens auf die Analyse von Verhalten und Interaktion in Groß-Institutionen und liefern dafür eine kognitive Karthographie, die ohne Frage eindrucksvoll ist. Aber soziologische Beschreibungen institutioneller Rahmen sind vielerorts in ihrem Kern hoffnungslos abstrakt, weil sie soziale Akteure nicht als leibhaftige Personen vorsehen, die sich mit leibhaftigen Problemen beschäftigen. Im Alltag steckt uns die Gesellschaft jedoch sozusagen in den Knochen – und das hat seine guten Gründe. Denn wir haben die Arbeitsweise von Institutionen mit ihren feinsten Verästelungen in unsere physische und geistige, in unsere sinnliche und moralische Konstitution aufgenommen – und damit vollzieht sich alltäglich das Wunder einer sozialen Ordnung mit all ihren Freuden und Leiden, ihren Belohnungen und Bestrafungen.

Weil ganz allgemein die Praxis der Sozialwissenschaften zu den administrativen Strategien der modernen Gesellschaft zählt, ist es notwendig, ihre auf Organisation eingestellte Einseitigkeit zugunsten jener moralischen Körper zu korrigieren, denen sie zu dienen vorgibt. Wir befürchten, daß moderne Organisationen immer mehr zu „Lebens-Maschinen" werden, an die der moralische Körper angekoppelt wird durch alle möglichen bürokratischen Vorschriften. Um dem Sog zu einer *mechano-morphen* oder *Prothesen-Gesellschaft* entgegenzuarbeiten, in der die normale Intelligenz und die Sensibilität des Menschen fügsam und passiv gemacht werden, wenden wir uns jetzt der Untersuchung der grundlegenden Kompetenzen des kommunikativen Körpers zu, die unsere Kosmologie, einige Institutionen der Gegenwart und die künftige Gestalt der Menschen formen.

1. *Kapitel:* Der Welt-Körper

Der moderne Mensch müht sich, einer Welt, die nicht länger seine eigene ist, eine Form zu geben. Jedenfalls ist dies die Klage vieler Künstler und Sozialwissenschaftler, die von unserer Welt-Entfremdung sprechen oder, wie ich sagen würde, von einem Prozeß des *negativen Anthropomorphismus*. Unsere Arbeit, unsere Institutionen und unsere Umwelt sind nicht mehr Spiegel unserer selbst. Die Abstraktion der modernen Erfahrung basiert auf der Ersetzung der Gestalt des Menschen durch die Gestalt des Meßbaren – Zahl, Linie, Zeichen, Code, Index. Der Anthropomorphismus, die kreative Kraft in der menschlichen Gestaltung des Menschen, ist überall auf dem Rückzug. Eine derart verhängnisvolle Entwicklung wäre unvorstellbar, wenn sie sich nicht in der Tat als Strategie verstehen ließe, durch die die Menschheit ihren eigenen Körper, die Familie, den Staats-Körper, die Wirtschaft, die Natur und das Universum umkonstruiert hat, um eine Form der Herrschaft über die Welt und sich selbst auszuüben, die zur letzten aller Metamorphosen zu werden droht. Zugleich gibt es Anzeichen, daß wir trotz unserer beispiellosen Macht über das Universum und unser gleichen das Bedürfnis nach dem Band der Zuneigung spüren, nach den Bindungen lokaler Gemeinschaft, nach dem vertrauten Widerhall unserer Angehörigen, in den kleineren Welten gewöhnlicher Dinge, die sich – wenn sie vielleicht auch schäbiger sind – dem menschlichen Maß besser anschmiegen.

Der Niedergang des Anthropomorphismus stellt eine enorme Veränderung unserer Kosmographie dar. Während sich die Menschen früher das Universum über ihre Körper und ihre Körper über das Universum vorstellen konnten – eins dient dem anderen jeweils als Totalitätsmodell und zur Proportion – müssen sie heute Systeme und Strukturen ohne verleibliche Subjekte denken. Gerade so wie in Science-Fiction-Systemen Roboter die Arbeit tun, so will man uns wenigstens glauben machen, führen literarische Systeme die Arbeit von Künstlern aus, die nur noch schlaue Bauchreden halten, nicht besser als jene amtliche Sprache, die unser Sozialleben bürokratischen Systemen unterordnet. In allen modernen Systemen abstrahiert man von Verleiblichung, Zeit und Gemeinschaft.[1] Das verheißt zu solchen verleiblichten Grenzen der menschlichen politischen Ordnung zu führen, die transzendiert oder sonstwie marginalisiert werden – und zwar durch die Entfesselung kollektiver Energie, während Kontrolle durch phantasievolle Fiktionen der Wissenschaft ausgeübt wird. Deren Macht liegt in ihrer Fähigkeit begründet, evolutionäre Offenheits- und Komplexitäts-Niveaus zu handhaben, die über den Rahmen anthropomorphen Denkens weit hinausgehen.

Ich möchte keineswegs eine nicht-anthropozentrische Wissenschaft zurückweisen. Meine Absicht ist es vielmehr, die Grundlage lebendig zu erhalten, von der Wissenschaft ihren Ausgang nimmt und der ihre Verheißungen verpflichtet sind. Ich werde daher argumentieren, daß *die Grundlage der universalen Wissenschaft der Welt-Körper* ist.[2] Man mag einwenden, daß Anthropomorphismus die Quelle der Kosmologie primitiver Völker ist, weil sie über nichts besseres verfügen. Ich würde eher mit Vico argumentieren, daß die rationalistische Rekonstruktion des Kosmos nur möglich ist auf der Grundlage jener ersten *poetischen Logik,* durch die Menschen die Welt mit ihren Körpern dachten:

„Der menschliche Geist ist, durch die Sinne, von Natur geneigt sich selbst außerhalb, im Körper, zu sehen; erst mit großer Schwierigkeit gelangt er vermittels der Reflexion dazu, sich selbst zu erkennen.
Dieser Grundsatz gibt uns das allgemeine Prinzip der Etymologie in allen Sprachen; denn in ihnen werden die Ausdrücke von den Körpern und Eigenschaften der Körper übertragen, um die Dinge des Geistes und der Seele zu bezeichnen."[3]

Es ist eine großartige Vision in Vicos *Neuer Wissenschaft,* daß die menschliche Gesellschaft nicht bereits von Anfang an nach rationalistischen Prinzipien hätte geschaffen werden können. Wie viel später auch Durkheim, sah Vico, daß primitive Völker die Welt vermittels ihrer

---

[1] Als Kritik abstrakter soziologischer Prinzipien und als Verteidigung des radikalen Anthropomorphismus vgl. mein Buch *Making Sense Together: An Introduction to Wild Sociology,* (Harper & Row) New York 1974.

[2] Vgl. Leonhard Barkan, *Nature's Work of Art; The Human Body as Image of the World,* (Yale University Press) New Haven 1975; und George Perrigo Conger, *Theories of Macrocosms, and Microcosms* (Columbia University Press) New York 1922.

[3] Giambattista Vico, *Die neue Wissenschaft über die gemeinschaftliche Natur der Völker,* übers. v. Erich Auerbach, München 1924, S. 100; vgl. auch meinen Aufsatz „Time's Body: Vico on the Love of Language and Institution", in: Giorgio Tagliacozzo and Donald Phillip Verene (Eds.), *Giambattista Vico's Science of Humanity,* (Johns Hopkins University Press) Baltimore 1976, S. 333–339.

geschlechtlichen Körper und ihrer Familien dachten, denn diese und nicht der Geist, sind die Grundlage aller rationalen Kategorien. Die moderne Wissenschaft kann schwerlich die Bedeutung überschätzen, die dem Erbe des primitiven kosmologischen Denkens zukommt. Es ist unmöglich ein unerforschtes Universum vorzustellen, das bloß auf die rationalistischen Wissenschaften wartet, um es zu zähmen. Unsere Vorfahren wären wahrscheinlich vor Furcht gestorben, hätten sie nicht von Anfang an alles um sie herum anthropomorphisiert und damit gezähmt. Der Unterschied zwischen den kategorialen Schemata der modernen Wissenschaft und denen unserer frühen Vorfahren ist gering, verglichen mit dem unvorstellbaren Abgrund zwischen einer anthropomorphisierten Welt und dem schieren Chaos. Kurzum, unsere Vorfahren haben gerade die Kontinuität zwischen dem modernen und dem primitiven Denken sichergestellt, als sie die Welt im Rahmen ihrer geschlechtlichen Körper und Familien dachten. Durkheim und Mauss haben dazu bemerkt: „Die ersten logischen Kategorien waren soziale Kategorien; die ersten Klassen waren Klassen von Menschen, in welche Dinge integriert waren. Weil Menschen sich gruppierten und von sich selbst in Gruppengestalt dachten, begriffen sie in ihren Ideen andere Dinge, und anfangs gingen diese beiden Gruppierungsmodi bis zur Ununterscheidbarkeit ineinander auf. Stämme waren die ersten Gattungen, Sippen die ersten Arten. Dinge wurden als integrale Bestandteile der Gesellschaft gedacht, und ihr Platz in der Gesellschaft bestimmte ihren Platz in der Natur."[4]

Somit denken menschliche Wesen die Natur und die Gesellschaft mit ihren Körpern, d.h. zuerst denken sie sich die Welt und die Gesellschaft als einen einzigen riesenhaften Körper. In gleicher Weise führen die Teilungen des Körpers zur Welt und Gesellschaft von Menschen und Tieren. Die primitive Klassifikation folgte deshalb einer *Körper-Logik* von Einteilungen nach Geschlecht, Verwandtschaft und Reproduktion, die – bei weitem nicht unwissenschaftlich oder irrational – das eigentliche Fundament abgab, auf dem später abstrakte und rationalisierte Formen der Klassifikation in den Human- und Naturwissenschaften aufgebaut werden konnten. Man kann daher sagen, daß die rationalen Klassen-Begriffe nicht einfach eine gradlinige Weiterentwicklung aus den ersten imaginären Universalien darstellen, sondern daß beide strukturelle Elemente einer untrennbaren historischen und

---

[4] Emile Durkheim und Marcel Mauss, *Primitive Classification,* übers. und hsg. mit einer Einleitung von Rodney Needham, (Cohen & West) London 1963, S. 82–83.

sozialen Matrix sind. Die Mythen der ersten Menschen sind keine mangelhafte Wissenschaft des modernen Menschen, noch sind sie bloße Allegorien oder poetische Ausschmückungen von Wahrheiten, die ansonsten von der Wissenschaft geliefert werden. Mythen sind die unerläßlichen Ursprünge der menschlichen Ordnung und des Gemeinwesens, ohne die solche späteren Leistungen wie Humanismus und Szientismus unmöglich geworden wären. Mit anderen Worten: Anthropomorphismus – und nicht der Rationalismus – ist die notwendig erste Stufe der menschlichen Welt. Vico sagt dazu:

„Dies ist sehr bemerkenswert: daß in allen Sprachen die Mehrzahl der Ausdrücke für leblose Dinge übertragen sind vom menschlichen Körper und seinen Teilen; von den menschlichen Sinnen und den menschlichen Leidenschaften: z.B. Haupt für Gipfel oder Anfang; Mund für jede Öffnung; Zähne bei einem Pflug, einem Rechen, einer Säge, einem Kamm; Zunge des Meeres, Arm eines Flusses; Busen vom Meer; Herz für die Mitte, was die Römer *umbilicus* (Nabel) nannten; Fuß für Ende; Sohle für Unterlage; Ader von Wasser, Steinen und Bergwerken; Eingeweide der Erde; es lachen der Himmel und das Meer; der Wind pfeift; die Welle murmelt; es seufzt ein Körper unter einer großen Last; die Bauern Latiums sagten „sitire agros", „laborare fructus", „luxuriari segetes" und unsere Bauern sagen „andar in amore le piante", „andar in pazzia le viti", „lagrimar gli orni"; so gibt es unzählige Beispiele in allen Sprachen. Das ist die Folge unseres Grundsatzes, daß der unwissende Mensch nach sich selbst das Weltall beurteilt: wie er, in den angeführten Proben, aus sich selbst eine ganze Welt gemacht hat. Wie daher die rationale Metaphysik lehrt „homo intelligendo fit omnia"; und vielleicht liegt in diesem Wort mehr Wahrheit als in jenem, denn durch das Verstehen klärt der Mensch seinen Geist auf und begreift die Dinge, doch durch das Nichtverstehen macht er die Dinge aus sich selbst, verwandelt sich in sie und wird selbst zum Ding."[5]

Was Vico vermutete, läßt sich an der aus Geschichten geformten Welt der Dogon zeigen, eines west-afrikanischen Volkes, das als eines der letzten unter französische Kolonialherrschaft geriet. Unsere Distanz zu ihnen sollte sich verringern, wenn wir in ihnen auf unser eigenes Bedürfnis hören nach einer geschichten-trächtigen Welt. In der Tat sind wir niemals ohne solche Geschichten unterwegs. Selbst im heutigen Weltraumabenteuer ist das eigentlich Extraterritoriale unser Bedürfnis nach Heimat und nach einem Platz für uns selbst, nicht nur für E.T., was unsere Kinder wohl wissen.

Für die Dogon ist die Welt ein großer Körper, mehr noch – ein kommunikativer Körper, und das „Wort" ist der Schlüssel für alles im Körper der Welt. Die Weltanschauung der Dogon ist anthropomorph; auf jeder Ebene reflektiert sie das Bild eines geschlechtlichen Körpers – Steine und Pflanzen ebenso wie ihre Artefakte sind Teile

---

[5] Vico, op. cit., S. 171–172.

eines gigantischen Körpers.[6] Der Welt-Körper und die Sprache der Welt sind untrennbar. Ihre Geschichte haben wir von Ogotemmêli[7], – früher Jäger, jetzt ein alter blinder Mann aus einem Dorf in Nieder-Ogol:

So wie der Gott Amma die Sterne in den Weltraum schleuderte, so warf er einen Klumpen Lehm aus seiner Hand, der sich im Fallen flach ausbreitete und die Form eines Frauenkörpers annahm. Der Ameisenhaufen ist das Sexualorgan des Welt-Körpers und ihre Klitoris ist ein Termitenhügel. In seiner Einsamkeit verlangte es Amma nach dem Körper der Welt. Der Termitenhügel sträubte sich gegen Ammas Annäherungen, und so zerschnitt Amma ihn. Aus dieser ungehörigen Verbindung wurde der Schakal geboren, ein Symbol für Ammas Schwierigkeiten. Danach hatte Amma auch weiterhin Verkehr mit seinem Erdweib. Wasser – der göttliche Same – drang in den Mutterleib der Erde ein und so wurden die androgynen Zwillinge, Nummo, geboren, und sie gingen in den Himmel, um sich Instruktionen von ihrem Vater zu holen. Von dort sahen sie ihre Mutter-Erde, nackt und sprachlos. Sie kamen deshalb mit Pflanzenfasern vom Himmel herab, um die Erde in einen Rock zu kleiden. Dies geschah nicht nur, um ihre Sittsamkeit zu retten, sondern um die Ordnung durch Sprache wiederherzustellen. Die Fasern des Erdkleides waren Kanäle einer Feuchtigkeit voller Nummo, das ist die warme Luft, auf der Sprache schwimmt. Ebenso wie der menschliche Körper besteht auch der Körper der Sprache aus den Elementen Wasser, Erde, Luft und Feuer. Speichel ist Wasser, ohne das die Sprache trocken ist; Luft trägt den Klang der Sprache; Erde gibt ihr Gewicht und Bedeutung und Feuer gibt der Sprache ihre Wärme. So wird das Innere des Körpers nach außen in den Körper der Sprache projiziert, aufeinander passend wie ein Kleid. Die Dogon sagen, nackt sein ist sprachlos sein.

---

[6] Geneviève Calami-Griaule, *Ethnologie et langage: La parole chez les Dogon*, (Gallimard) Paris 1965, S. 27; Victor Turner, „The Word of the Dogon", in seinem Buch *Drama, Fields and Metaphors: Symbolic Action in Human Society*, (Cornell University Press) Ithaka 1974, S. 156–165.

[7] Marcel Griaule, *Conversations with Ogotemmêli: An Introduction to Dogon Religious Ideas*, (Oxford University Press) London 1965; im folgenden zitiert als *Ogotemmêli*. Die folgende Darstellung ist natürlich nur eine Paraphrase einiger weniger Unterhaltungen mit Ogotemmêli. Mir ist zudem durchaus klar, daß anglo-amerikanische und französische Ethnographen von ziemlich unterschiedlichen Ansätzen die Dogon angehen. Vgl. Turner, op. cit. und Mary Douglas „If the Dogon..." in ihrem Buch *Implicit Meanings: Essays in Anthropology*, (Routledge & Kegan Paul) London 1975, S. 124–141.

Die Nummo jedoch merkten, daß die Abstammung der acht ursprünglichen androgynen Zwillinge nicht sicher war. Sie kamen deshalb noch einmal herab um sich im Mutterleib der Erde niederzulassen. Die männlichen Nummo übernahmen den Platz der Termitenhügel-Klitoris, und der Schoß der weiblichen Nummo wurde Teil des Schoßes der Erde. Beizeiten ging der älteste der Ahnen-Paare zu dem von Nummo erfüllten Ameisenhaufen-Schoß und versank darin mit den Füßen voran; dabei hinterließ er seine Essens-Schale, ein Symbol seines menschlichen Körpers. Im Schoß der Erde wurde er zu Wasser und Wort und wurde dann hinaus in den Himmel geschleudert. Alle acht Ahnen machten diese Metamorphose durch. Aber dem siebenten Ahnen, dem Symbol der perfekten Verbindung des männlichen Elementes, das ist 3, mit dem weiblichen Element, das ist 4, wurde die Beherrschung der Sprache verliehen. Dieses Mal war die Sprache klarer als das erste Wort, welches die Erde bekleidet hatte, und das für jedermann gedacht war, nicht bloß für einige wenige Eingeweihte. Das Wort des siebten Ahnen enthielt den Fortschritt der Welt. Deshalb begann er, den ganzen Schoß der Erde für seine Zwecke zu besetzen. Seine Lippen weiteten sich bis an den Rand des Ameisenhaufens, der sich seinerseits so erweiterte, daß aus dem Schoß der Erde ein Mund wurde und spitze Zähne erschienen – achtzig an der Zahl, zehn (die Anzahl der Finger) für jeden Ahnen. Bei Sonnenaufgang des festgesetzten Tages spieh der Geist des siebten Ahnen achtzig Fäden Baumwolle aus, und dabei hielten seine oberen und unteren Zähne Kett- und Schußfaden des Gewebes und sein ganzes Gesicht war an der Arbeit, um das Gewebe (Text) des zweiten Wortes zu machen: „Die Worte, die der Geist äußerte, füllten alle Lücken des Gewebes; sie waren mit den Fäden verwoben und bildeten einen untrennbaren Teil des Stoffes. Die Worte waren der Stoff, und der Stoff war das Wort. Deshalb heißt gewebtes Material *soy*, das bedeutet „Es ist das gesprochene Wort". *Soy* bedeutet auch ‚sieben', da der Geist, der sprach und webte, der siebte in der Reihe der Ahnen war."[8]

Es war aber der siebte Ahne, der das Wort durch die Ameise weitergab und diese übermittelte es dann an die Menschen, die geboren wurden, nachdem die Erde ihre Klitoris verloren hatte. Vor dieser Zeit lebten die Menschen in einfachen Erdlöchern wie in Erdhöhlen der Tiere. Nun begannen sie die Form des Ameisenhaufens nachzu-

---

[8] Ogotemmêli, S. 28.

bauen, errichteten Räume mit Verbindungsgängen und sie begannen Nahrung zu speichern und große Zähne aus Ton zu formen, die sie rund um die Eingänge ihrer Behausungen stellten, wie die Zähne um den Schoß der Erde: „Die Ameise offenbarte zur gleichen Zeit die Worte, die sie gehört hatte, und der Mensch wiederholte sie. Auf diese Weise wurde von menschlichen Lippen die Vorstellung vom Leben in Bewegung, der Übertragung von Kräften und der Wirksamkeit des Atems des Geistes neu geschaffen, die ursprünglich der siebente Ahne hervorgebracht hatte; und so umschloß die Verwebung von Kett- und Schußfaden dieselben Wörter, die neuen Instruktionen, die zum Erbe der Menschheit wurden und die eine Generation von Webern der nächsten weitergab als Begleitmusik zum Klappern des Schiffchens und zum Knarren des Webstuhls, was sie das „Knarren des Wortes" nennen."[9]

Aufgrund einer weiteren Verletzung der Himmelsordnung erhielten die Dogon das dritte Wort, welches in den „Speicher der Reinen Erde" – das Vorbild für alle Dorf-Speicher – eingebaut ist. Der Bau jedes Speichers spiegelt die Elemente und Stufen des Aufbaus der Welt. Mehr noch: seine Ordnung vervollkommnet die des Ameisenhaufens, welcher das Vorbild für die ersten menschlichen Behausungen über der Erde war. Der ‚Speicher der Reinen Erde' wurde der Form eines gewebten Korbes nachgebaut, mit einem runden Oberteil und einem quadratischen Boden, in dem die Erde und der Ton enthalten waren, aus denen das ‚Wort' gebaut war. Diese Form wurde jedoch umgekehrt, so daß der ‚Speicher der Reinen Erde' einen runden Unterbau erhielt, der die Sonne und ein quadratisches Dach, das den Himmel repräsentiert mit einer runden Öffnung als Darstellung des Mondes. In jede der vier Seiten gab es einen Einschnitt von zehn Stufen, deren Trittstufe weiblich und deren Setzstufe männlich war. Jede der vier Seiten repräsentierte eine bestimmte Konstellation von Tieren und Sternen. Die Nord-Treppe war für Menschen und Fische; die Süd-Treppe war für Haustiere; der Osten für Vögel und der Westen für Wildtiere, Gemüse und Insekten. Man betrat den Speicher von der sechsten Stufe auf der Nord-Seite, gerade breit genug, um den Körper eines Mannes einzulassen. Diese Öffnung nannte man den Mund des Speichers und der übrige Speicher hieß ‚Bauch der Welt'. Das Innere

---

[9] Ogotemmêli, S. 29.

war oben und unten in je vier, also insgesamt in acht getrennte Kammern aufgeteilt. Die acht Abteile enthielten die acht Samen, die die acht Ahnen erhalten hatten: kleine Hirse, weiße Hirse, dunkle Hirse, weibliche Hirse, Bohnen, Ampfer, Reis und Digitalis. Die acht Abteile repräsentieren auch die acht Organe des Geistes des Wassers, die den menschlichen Organen ähneln, mit Ausnahme des Muskelmagens der Vögel, da der Geist sich so schnell wie ein Vogel bewegt. Die Organe wurden in folgende Ordnung gebracht: Magen, Muskelmagen, Herz, kleine Leber, Milz, Darm, große Leber, Gallenblase. Im Zentrum des Speichers stand ein runder Topf, der den Schoß symbolisierte; darin stand ein kleinerer Topf mit Öl, der den Fötus repräsentierte. Auf dem zweiten Topf stand ein noch kleinerer Topf mit Parfüm und auf diesem wiederum zwei Schalen: „Alle acht Organe wurden an ihrem Platz gehalten durch die äußeren Wände und die inneren Trennwände, die das Skelett symbolisierten. Die vier Pfosten, die in den Ecken des quadratischen Daches endeten, waren die Arme und Beine. Der Speicher war also wie eine Frau, die auf ihrem Rücken (die Sonne darstellend) liegt und mit ihren ausgestreckten Armen und Beinen das Dach trägt (wie der Himmel). Die beiden Beine waren auf der Nord-Seite, und die Tür auf der sechsten Stufe markierte die Geschlechtsteile."[10]

Der ‚Speicher der Reinen Erde' war nicht nur ein Abbild des Welt-Körpers. In seinen Teilen spiegelten sich auch die Reproduktionsprozesse – sexuell und materiell –, durch die der Welt-Körper sich selbst und das Volk der Dogon regeneriert:

„Der Speicher und alles, was er enthielt, war deshalb ein Bild des Welt-Systems der neuen Ordnung, und die Art und Weise, nach der dieses System funktionierte, wurde dargestellt durch das Leisten der inneren Organe. Diese Organe nahmen symbolische Nahrung auf, die die üblichen Verdauungskanäle und die Blutzirkulation durchlief. Aus den Abteilen 1 und 2 (Magen und Muskelmager.) wanderte die symbolische Nahrung in Abteil 6 (Darm) und von da in alle anderen in Form von Blut und schließlich Atem, der in der Leber und in der Gallenblase endet. Der Atem ist ein Dampf, eine Form von Wasser, welcher das Leben erhält und tatsächlich das Prinzip des Lebens ist."[11]

Das ‚Wort der Dogon' – ähnlich dem Samen des Erd-Körpers – tragen sie in ihren Schlüsselbeinen, die man Speicher der Klein-Hirse nennt, – jener Nahrung, die das Volk in Zeiten der Hungersnot rette-

---

[10] Ogotemmêli, S. 39.
[11] Ogotemmêli, S. 39.

te.¹² Das Schlüsselbein ist bei den Dogon der Beschützer der Lebenskraft, der Persönlichkeit und der Sprache. Es ist im Wasser des Schlüsselbeins, wo die symbolischen Körner keimen, die die Energie des Individuums erzeugen je nach Rang, Rolle und Beruf in der Gemeinschaft. Zur Erzeugung der Sprache braucht man den wie eine Schmiede arbeitenden Körper: die Lungen pumpen die Luft ein und aus, das Herz erwärmt das Wasser. Die Milz ist der gegen den Magen schlagende Hammer; die Leber ist der Amboß; der gekrümmte Darm zerteilt die Nahrung und die Wörter und gibt die besten Stücke an die Gelenke, um den Körper zu stärken. Das Zäpfchen im Rachen repräsentiert die Zangen des Schmieds, die die Wörter auf ihrem Weg in den Mund ‚greifen' und aus ihm herausleiten. Nachdem der Sprecher die feucht-warmen Klänge der Sprache in seinem Körper wie ein Schmied bearbeitet hat, muß er sie noch in verständliches Sprechen verwandeln. Die Arbeit, mit der man den Klängen ihren spezifischen und relativen Charakter verleiht, wird mit der Arbeit des Webens verglichen. Der Mund ist wie ein Webstuhl, auf dem verständliches Sprechen gewebt wird, das sich für all die verschiedenen Gelegenheiten, Funktionen, Rollen und Aktivitäten im Leben der Dogon eignet. Die Nerven des Schädels und die Kiefer werden mit den vorderen und hinteren Stützbalken verglichen, die den Webstuhl/Mund tragen, die Zähne sind der Kamm und die Zunge ist das hin- und herfliegende Schiffchen. Der Hals oder besser die Stimmbänder sind wie die Zugbänder, die das typische Knarren des Webstuhls erzeugen. Das Auf und Ab des Rachen-Zäpfchens vergleicht man mit dem Kettfaden und die Wörter selbst mit den Schußfäden des Webers. Der Akt des Sprechens – reden, zuhören, reden – ähnelt den Hin- und Herbewegungen der Hände und dem Auf und Ab der Füße, womit die Stellung der Kettfäden gewechselt wird. Das Hin und Her von Sprechen und Weben spiegelt sich auch in dem ständigen Wechsel von hoher und niedriger Tonlage, von weiblichen und männlichen Klängen, die den endlosen Dialog der Geschlechter in den Wechselgesängen und den Tänzen der Dogon ergeben, – wie in den Geräuschen der Webstühle, die die Dogon-Kleider, die Bräuche und die Dogon-Gemeinschaft zusammenweben.

Auch bei den Fali im Norden Kameruns in West-Afrika sehen wir, daß die Welt als ein Körper organisiert ist, und daß Platz und Funktion jedes Lebewesens analog zu den Körperteilen, den Körperfunktionen

---

¹² Calami-Griaule, op. cit., Teil I, Kap. 5; Teil IV, Kap. 1.

und -beziehungen beschrieben werden.[13] Wir können nicht jedem Aspekt der Fali-Kosmographie nachgehen, aber es lohnt sich, ihre grundlegenden Elemente zu betrachten. Das Universum teilt sich in vier konstitutive Elemente, die so angeordnet sind:

Norden

Wasser

Westen   Luft   Leere   Feuer   *Osten*

Erde

Süden

Jede dieser Haupt-Klassen sind bestimmte Farben und mythische Tiere zugeordnet. Rot und das Krokodil gehören in den Osten, weiß und die Kröte in den Norden, hellblau und die Schildkröte in den Süden, schwarz und der Affe in die Mitte, und der Westen gleicht der Eidechse, deren Mischfärbung dem Schwarz-Weiß-Gefieder des Perlhuhns ähnelt. Ganz allgemein ist der Osten die Region für alles, was mit Leben, Kraft, Reichtum, Fruchtbarkeit, Hitze und Wissen zu tun hat, während der Westen (oder Norden) die Region der Schwäche, des Hungers, der Impotenz, der Kälte, des Unwissens und des Todes ist.

Die terrestrische Welt stellt man sich in Begriffen einer analogen Vierteilung des Körpers und der Fali selbst vor. So ist die Gruppe der Kangou im Osten der Kopf, die Tinguelin im Süden sind der Rumpf, die Bossoum im Norden die Arme, und die Bori-Peske im Westen sind die ausgestreckten Arme eines Mannes, der auf seiner rechten Seite liegt und die Erde befruchtet, – eine Vereinigung zugleich des Männlichen und Weiblichen und des Himmels und der Erde. So läßt sich die Welt als ein Quartett mit einer Ordnung darstellen, wie sie Abbildung 1 zeigt.

Jede der vier Haupt-Gruppen ist ihrerseits in vier Stämme unterteilt, die jeweils einer der vier wichtigsten Körper-Einteilungen entsprechen. Aufbauend auf diesem Vierer-Fundament finden wir dann ein

---

[13] Jean Paul Lebeuf, *Lêhabitation des Fali: Montagnards du Cameroun septentrional*, (Hachette) Paris 1961.

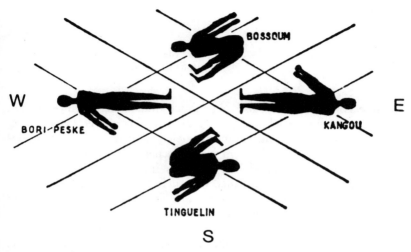

Abb. 1 Jean-Paul Lebeuf, *L'habitation des Fali*, (Hachette) Paris 1961, S. 437.

Klassifikationsschema für Getreide, Tiere, Vögel, Insekten und den Grundriß, die Inhalte und Funktionen des Hauses – alles entsprechend dem Körper-Schema. Jeder dieser Kategorien wird der Welt je nach den beiden Haupt-Klassen der ‚Welt des Bekannten' (Menschen, ihre Institutionen und Aktivitäten, eßbares Getreide und Haustiere) und der ‚Welt des Unbekannten' (wilde Tiere, Reptilien, Vögel, Insekten und Fische) aufgeprägt.

Bei den Tinguelin sieht der Welt-Körper also ungefähr so aus:

(1) Kopf	*(Osten)*	Menschen und eßbares Getreide
(2) Brust		das die Familie beherbergende Haus
	(Westen)	
(2a) Magen		wilde Tiere, Vögel, Fische, Reptilien, alles was im Busch lebt

33

(3) rechter Arm   die Hirsefelder

    (Süden)

(3a) linker Arm   Anbau von Erdnüssen

    (Norden)

(4) untere Gliedmaßen   die Erde, in die die eßbaren Getreide
                                    gepflanzt werden.

Unsere Vorfahren waren also unglaublich einfallsreich, wenn es darum ging, eine Welt zu zeichnen, in der sie einen erkennbaren Platz hatten. Nach meiner Auffassung ist dies die gleiche Kreativität, die wir in der Kultur der Antike und ihrem europäischen Erbe bewundern. Die Kontinuität anthropomorphen Denkens im Westen von den Vor-Sokratikern bis zur Renaissance wie auch in den Gesellschaften des Ostens, Afrikas und Amerikas gibt uns ein Recht, einen universalen Denkmodus beizubehalten, der für unser Menschsein wesentlich ist. Ich halte – mit anderen Worten – den Anthropomorphismus für ein potentiell radikales Erbe, welches in unserer Mythologie und Poesie bewahrt ist, und das uns an den fundamentalen Zusammenhalt zwischen den Gestalten der Menschheit, der Gesellschaft und des Universums erinnert – eine Gestalt jeweils in der anderen dargestellt. Wie in Platons *Timaeus* dargestellt, denkt die gebildete Gesellschaft sich selbst immer noch als einen Welt-Körper, der alle anderen Körper einschließt, womit sie jede der vier Familien – die himmlischen Götter (einschließlich der Sterne, der Planeten und der Erde), die Vögel der Lüfte, die Fische im Meer und die Tiere auf dem Land – einander näherbringt und damit auch der intelligiblen Gestalt des göttlichen Schöpfers. Nach dieser Gestalt bildet der Demiurg den materialen Weltkörper, eine perfekte Kombination der vier Elemente in einem recht glücklichen Verhältnis:

„Von diesen vier Elementen hat nun aber die Weltbildung ein jedes ganz empfangen. Denn aus *allem* Feuer und Wasser, aus aller Luft und Erde hat sie der Schöpfer gebildet, wobei er keinen Teil von irgend etwas und keine Kraft von Außen her übrig ließ, indem er das Bezweckte, daß sie zuvörderst ein ganzes, aus vollkommenen Teilen soviel als möglich vollkommenes Wesen sei, da nämlich kein Stoff mehr übrig gelassen worden, aus welchem ein Anderes *der* Art hätte werden können, und endlich, daß sie weder Alter noch Krankheit befalle, weil er bedachte, daß, wenn um den gebildeten Körper Warmes und Kaltes, und was sonst bedeutende Kraftäußerungen enthält, von außen sich herumstellt und ihn zu einer ungünstigen Zeit betrifft, dies ihn auflöse und durch Herbeiführung von Alter und Krankheit hinfällig mache. Aus diesem Grund also und zufolge dieser Überlegung bildete er aus allen Grenzen dieses eine Ganze vollkommen und frei von Alter und Krankheit, und gab ihm an Gestalt die für ihn passende und geeignete."[14]

Es mindert ja keineswegs den *Timaeus,* wenn man auf seine Ähnlichkeit mit dem Mythos des Ogotemmeli verweist. Das großartige ihrer gemeinsamen Konzeption des Welt-Körpers macht sie vergleichbar. Der Demiurg ordnet Chaos mit seinem Körper, der seinerseits die Ordnung und Unordnung im Universum reflektiert. Die Gestalten der Wahrheit, Schönheit und Gerechtigkeit ergeben daher eine gut begründete Kosmographie genau deshalb, weil sie dem Körper eingeschrieben sind, der „gebaut ist wie der Himmel, der sie umschließt". Der menschliche Körper ist so Brücke für allen mikrokosmischen und makrokosmischen Austausch, wie in dem babylonischen System von Astrobiologie und Astrogeographie, die heute in den Horoskopen unserer Zeit weiterleben. Diese Denksysteme sollte man nicht als eine Lieschen-Müller-Version von Psychologie und strenger Hypothesenprüfung ansehen. Es sind vielmehr *heilige Systeme.* Das heißt, es geht in ihnen um Parallelen zwischen der Einheit von Planeten, den Sternen und dem menschlichen Körper. Wie Leonhard Barkan erklärt, parallelisieren die planetarischen und die Tierkreiszeichen-Systeme Anatomie und Kosmographie, um uns Vorhersagen und Spielräume für unsere Phantasie zu liefern:

„Das planetarische System ist mit dem menschlichen Körper nicht astronomisch gekoppelt, sondern aufgrund der Metamorphose der Planeten zu Göttern, die menschliche Gestalt und Persönlichkeit besitzen. Wenn wir dieses System über seine ursprünglich eng gesteckten Phantasiegrenzen hinausführen, kann der Kosmos eine externe Bühne bilden, auf der Dramen abspielen und dann auf unsere Anatomie abbilden lassen. Wenn wir uns ausschließlich auf die Ebene der Anatomie beschränken, dann sind diese Dramen so voraussagbar, wie jede Planetenbewegung; wenn man aber eine anthropomorphe Bedeutung der Planeten über das Leben der Götter hinzunimmt, dann erhalten die Dramen im Rahmen der menschlichen Anatomie oder der ganzen Gruppen eine potentiell größere Vielfalt."[15]

Eine schöne Darstellung des menschlichen Astralleibes und seiner Dramen findet sich in Geoffrey Tory's Bild des *enzyklopädischen Menschen* (Abbildung 2), dessen Glieder mit den neun Musen und den sieben Künsten identifiziert werden, und bei dem sich die Tugenden in den Händen und den Füßen befinden. In dieser werden Himmel

---

[14] Platon, *Timaeus* 32c–33b (übers. v. F.W. Wagner, Breslau 1841).
[15] Barkan, op. cit., S. 24.

und Erde in den menschlichen Künsten harmonisiert, die ihrerseits die Harmonie zwischen Körper und Geist, wie auch die zwischen Individuum und Gesellschaft wiederholen.

Die biblische Analogie zwischen dem Körper Gottes und dem menschlichen Körper führte die rabbinischen Gelehrten in spitzfindige Probleme, die ich in Kapitel 2 kurz behandle.[16] Die konkret-beschreibenden und die figurativen Überlieferungen der Mikro-Kosmographie waren typisch für das Denken des Mittelalters und der Renaissance. In Natur-Philosophie, Theologie, Mystik, Recht und Dichtung finden wir laufend Rückgriffe auf die Körper-Metapher als Schlüssel zu den Prinzipien der Ordnung und Hierarchie von Menschen und Kosmos, von denen wir einiges in den Vorstellungen vom politisch-gesellschaftlichen Körper (body politic) untersuchen werden (Kapitel 3). Wie diese konkret-beschreibenden und bildhaft-metaphorischen Überlieferungen funktionierten, hat Barkan vorzüglich beschrieben:

„Im literarischen Bild des Körpers als Mikrokosmos werden die konkreten und die figurativen Visionen ineinander verknüpft; aber in der Geschichte der Natur-Philosophie blieb während des Mittelalters und der Renaissance die bildhaft-metaphorische Überlieferung von der konkret-beschreibenden unabhängig und sehr viel stärker der Hauptströmung des Denkens verhaftet. Die figurative Sicht des Menschen als Mikrokosmos entwickelt sich aus einer großen Vielfalt philosophischer Traditionen und Epochen, aber sie besteht immer aus zwei Bestandteilen: einer *Methode* – der metaphorischen Vorstellung, die ein nicht-humanes Phänomen in ein äquivalentes der menschlichen Erfahrung transformiert, und einem *Inhalt* – nämlich der Idee, daß im Menschen schon enthalten ist, was er in der ihn umgebenden Welt wahrnehmen kann. Dies sind die Voraussetzungen des Humanismus – des klassischen und mittelalterlichen ebenso wie des Humanismus' der Renaissance. Die Methode rühmt des Menschen Geist, und der Inhalt seine *conditio*."[17]

So wird von Pico della Mirandola in der Renaissance der Ruhm und Ruf des Menschen allein seinem Körper zugeschrieben im Glauben, daß es nur des Menschen Physiognomie ist, die im Himmel wie auf Erden frei bestimmbar sei. Nur der Mensch kann zum Engel oder zur Bestie werden, oder – wie wir heute hinzufügen würden – zum Roboter. Jede einzelne dieser Möglichkeiten tritt für uns jedoch nur in dem Maße auf, wie wir einzigartige Körper-Wesen sind. Danach kann der

---

[16] Über den Streit zwischen anthropomorphen und allegorischen Interpretationen der Bibel vgl. A. Marmorstein, *The Old Rabbinic Doctrine of God, II. Essays in Anthropomorphism*, (Oxford University Press) Oxford 1937.
[17] Barkan, op. cit., S. 28.

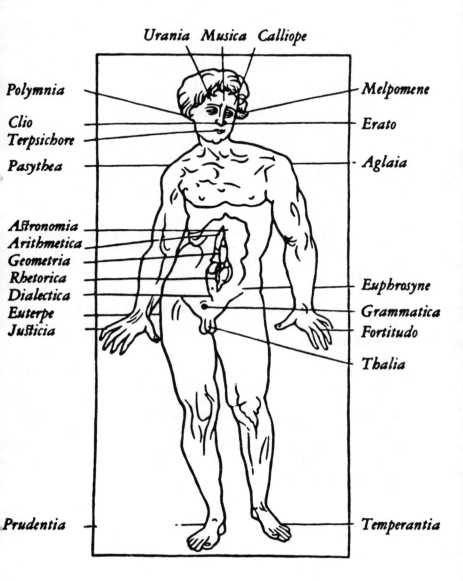

Abb. 2 Der enzyklopädische Mensch.
Aus: Geoffrey Tory, *Champfleury* (1529), Buch II.

Geist im bildhaften Sinne das gesamte Universum umfassen, *homo omnis creatura*. Dies ist die Vorstellung, aus der sich Religion, Wissenschaft, Recht und Poesie der ganzen Welt speiste, bis Kopernikus, Galilei und Newton die anthropomorphe Kosmographie durch die moderne Physik ersetzten. Damit geriet der Welt-Körper ins Abseits und wurde zu etwas, das mit dem menschlichen Körper und den menschlichen Fabeln über die kosmischen Einflüsse nichts zu tun hatte. Bacon und Locke reduzierten den Körper auf seine fünf Sinne – die unhistorischen offenen Rezeptoren der natürlichen Welt Newtons. Unter diesen Vorzeichen sind Auge und Geist des Menschen lediglich Spiegel der empirischen Welt. Darüber hinaus sollen sie weder sehen noch träumen, – und sie brauchen das auch gar nicht. Gottes Uhrwerk läuft ohne ihn, und bei richtiger Erziehung sollten unsere Uhren genau so laufen, denn unsere Körper und Sinne sind ja gleich jedem anderen natürlichen Objekt. Es war natürlich Blake, der Locke's Philosophie der fünf Sinne verwarf, um noch einmal jenen imaginativen Körper aufzustellen, mit dessen Hilfe wir sowohl dem Naturalismus als auch der Philosophie des Übernatürlichen widerstehen können.[18] Blake kämpfte gegen die Zerstückelung und die naturwissenschaftliche Anatomie des vegetativen Körpers, gegen seine Schrumpfung und seinen Zerfall, gegen seine gefallenen Sinne, die der Sünde, der Keuschheit und dem Abscheu geopfert wurden – selbstzerstörerisch und unbefriedigt. Der Körper des Philosophen ist ein gefallener Körper, naturhaft und einäugig, fragmentiert und voller Sehnsucht nach Ganzheit durch die radikal passive Beherrschung der Welt und unserer Selbst, der gegenüber wir meist bloße Zuschauer sind. Die *Augen-Kultur* verkrüppelt das Selbstbewußtsein, indem sie es wie ein externalisiertes, ausgestoßenes Ding – *pars extra partes* – betrachtet. Der natürliche Körper bindet sich an das Reale und Gegenwärtige, vor allem an Sexualität und Eigentum und zieht sich auf einen Punkt zusammen, dem Universum abgewandt innerhalb des vierfach imaginativen Körpers von Albion:[19]*

---

* *Anm. des Hsg.*: „ „Albion" ist der poetische (vermutlich keltische Name) für England. RG
[18] Thomas R. Frosch, *The Awakening of Albion: The Renovation of the Body in the Poetry of William Blake,* (Cornell University Press) Ithaka 1974.
[19] *The Complete Prose and Poetry of William Blake,* hsg. v. David V. Erdman, (University of California Press) Berkeley 1982, S. 257.

„Und jeder Mensch war vierfach, mit jeweils vier Gesichtern.
Einem nach Westen
Einem nach Osten Einem nach Süden Einem nach Norden. die Pferde
Vierfach
Und das blasse Chaos lichtete sich darunter; oben, drumherum!
Mit Augen wie der Pfau
Gemäß den menschlichen Nerven der Sinne, die Vier Ströme des
Wassers des Lebens
Südlich standen die Nerven des Auges. Östlich in Strömen der
Freude die Nerven der
weit-offenen Nasen Westlich, floß der Ur-Sinn der Zunge. Nördlich
stand
Das labyrinthische Ohr. Umschreibend & Beschneidend die
exkrementhaften
Düfte & Bedeckend ins Leere verfliegend enthüllend die Züge des
Menschen
Nach außen drängend der Körper des Todes ewig in Tod &
Auferstehung
Ihn zum Leben erweckend unter Beulah's Blumen jauchzend in
Einheit
Der Vier Sinne in Linie, Umfang & Form, für immer
In Vergebung der Sünden, welche ist Selbst-Zerstörung. Dies ist
der Bund
Jehova's."

(Jerusalem, 98, 12–23)

Es ist wichtig, die autosymbolische Arbeit des Körpers nicht auf „die sexualisierte Welt" zu reduzieren, wie Mircea Eliade es nennt.[20] Die Anthropomorphisierung der Welt greift auf alle Teile des Körpers zurück. Deshalb verwende ich den Ausdruck *Geschlechts- oder Familien-Körper* (gendered or familied body), damit klar wird, daß ich auf eine Verwandtschaft von Männern, Frauen und Kindern, von vergangenen und zukünftigen Generationen verweise, die durch einen ganzen Schatz von Zugehörigkeit, Plazierung und *common sense* miteinander verbunden ist. Dies ist der erste Körper der Gesellschaft – der wilde Körper aller menschlichen Kultur. Der geschlechtliche Körper ist nicht der sexualisierte Körper. Das ist von Otto Rank überzeugend dargelegt worden. Die anthropomorphe Projektion des Körpers stellt eher ein Interesse an Ganzheit und Identität dar als an Regeneration, die bloß eine Übergangsphase im kreativen Prozeß ist: „Jene Theorien, die behaupten, daß künstlerische Kreativität der Ausdruck des Sexualtrie-

---

[20] Mircea Eliade, *The Forge and the Crucible: The Origins and Structures of Alchemy*, (Chicago University Press) Chicago 1978, S. 34–42.

bes ist, haben nur eine Übergangsphase des Menschen als Kreatur genutzt, um die Vorstellung vom Menschen als Schöpfer zu säkularisieren. Es ist ja in der Tat diese letztere Konzeption – manifestiert in der Idee Gottes – nichts weniger als eine Objektivation eines kreativen Dranges, der sich mit Selbst-Reproduktion nicht länger zufrieden gibt, sondern weiter gehen muß, um einen ganzen Kosmos als Schauplatz für dieses Selbst zu erschaffen."[21] So sind auf der Suche nach Mikrokosmen des Universums, die Leber und der Nabel, der Kopf, der Mund, die Halswirbel, die Eingeweide und der Schoß, alle schon Quellen des Symbolischen gewesen. Auf umständlichen Wegen von der Tier-Anbetung, von Babylon über Ägypten und Griechenland zum Christentum gab es eine doppelte Verschiebung – mikrokosmisch von der Kultur des „niederen Körpers" zur Kultur des „höheren Kopfes" und makrokosmisch von den irdischen zu den himmlischen Kulturen. Nach diesem Muster atmet die Welt wie ein Körper atmet, und jeder wird bewohnt, so könnte man sagen, von einer materialen und einer spirituellen Seele, dem Atem des Lebens. Die griechische *psyche* und die lateinische *anima* bezeichnen beide die Atem-Seele, das sichtbare, greifbare Leben, das kommt und geht; dieses verschiebt sich von den unteren in die oberen Körperpartien, bis der Intellekt und die Vernunft zum Sitz der Seele werden. Auf die gleiche Weise wird die Welt zu Fleisch, Logos der Welt, das heißt Gott.

Lévi-Strauss hat darauf verwiesen, daß wir uns nicht von den sogenannten Primitiven mit der Begründung trennen können, ihnen fehle das uns eigene Interesse an der objektiven Klassifikation von Dingen, Ereignissen und Beziehungen, aus denen sich Wissenschaft aufbaut.[22] Die Kompetenz der ersten Menschen, die Tiere, Pflanzen, Früchte und Mineralien ihrer Umwelt zu kategorisieren, ist sprichwörtlich. Dies ist im übrigen eine aktive, pragmatische Kompetenz und nicht nur ein passives Wissen, das sich auf esoterische Wörterbücher beschränkt. Ebenso zeigen diese kategorialen Systeme eine intrinsische Vorliebe für Ordnung statt Chaos; in dieser Hinsicht liegt primitives Denken in einer ungebrochenen Linie mit der Wissenschaft. Wir sollten uns auch nicht durch die Gewohnheit der ersten Menschen täuschen lassen, die Attribute Heiligkeit, Unreinheit und Tabu zu verteilen, wo die Wissenschaft vielleicht bloß von „Angemessenheit" oder

---

[21] Otto Rank, *Art and Artist: Creative Urge and Personality Development*, (Agathon Press) New York 1968, S. 134–135.
[22] Claude Lévi-Strauss, *Das wilde Denken*, (Suhrkamp) Frankfurt 1968.

adäquater Generalisierung spricht. Die Differenz ist hier sehr gering. Dinge sind heilig, soweit sie an ihrem Platz sind, sich an die ihnen eigenen Normen halten und der Ordnung nicht zuwider laufen oder sie bedrohen, an der Menschen ein Interesse haben, wenn ihre Angelegenheiten sich gedeihlich entwickeln sollen.

Wir müssen vielmehr primitive Klassifikationen als Vorläufer der modernen Wissenschaft betrachten, deren eigene Strategie darin bestand, von der sinnhaften Welt zu abstrahieren, in der sich die frühen Menschen anfangs befanden, und in der sie – wie Vico uns sagt, – gezwungen waren, mit ihrem sinnhaften Geist zu denken. Es waren außerordentlich eindrucksvolle Leistungen der ersten Männer und Frauen, die Töpferei und Weberei, die Metalle, Landwirtschaft und die Domestikation der Tiere so wie ihre Geburts-, Heirats- und Sterbe-Riten hervorbrachten. Man kann sich all diese Elemente der Zivilisation gar nicht anders vorstellen denn als Ergebnis der menschlichen Präferenz für Ordnung und Kalkulierbarkeit, die sich noch in den geringsten Mitteln zur Schaffung der Zivilisation zeigt. Ich meine hier die Kunst, Mythos und Religion, in denen sich die Erinnerungen an die Erzeugung der Ordnung sammeln. Wir dürfen deshalb nicht übersehen, daß der neolithische Mensch eine lange wissenschaftliche Tradition aufbaute, die der modernen Naturwissenschaft immer noch zugrunde liegt. Lévi-Strauss meint sogar, daß es hier um zwei komplementäre Traditionen des wissenschaftlichen Forschens gehe, die sich in dem Maße unterscheiden, wie sie der „sinnlichen Intuition" näher oder ferner liegen, oder dem, was ich mit Vico den *sensorischen Geist* (sensory mind) genannt habe:

„Anstatt das Werk einer „fabelbildenden Funktion" zu sein, die der Wirklichkeit den Rücken zuwendet – wie so oft behauptet wird – liegt der Hauptwert der Mythen und Riten darin, Beobachtungs- und Denkweisen, wenn auch nur als Restbestände, bis heute zu erhalten, die einer bestimmten Art von Entdeckungen angemessen waren (und es ohne Zweifel bleiben werden): jenen Entdeckungen, die Natur zuließ, unter der Voraussetzung der Organisation und der spekulativen Ausbeutung der sinnlich wahrnehmbaren Welt in Begriffen des sinnlich Wahrnehmbaren. Diese Wissenschaft des Konkreten mußte ihrem Wesen nach auf andere Ergebnisse begrenzt sein als die, die den exakten Naturwissenschaften vorbehalten bleiben; aber sie war nicht weniger wissenschaftlich, und ihre Ergebnisse waren nicht weniger wirklich. Zehntausend Jahre vor der anderen erworben und gesichert, sind sie noch immer die Grundlage unserer Zivilisation."[23]

Weit davon entfernt, eine frühe Stufe des Denkens zu sein oder eine, die man mit den modernen Fortschritten ruhig verkümmern lassen

---

[23] Lévi-Strauss, op. cit., S. 29.

kann, machen jene Künste einer sinnlichen Intuition, die Lévi-Strauss unter den Ausdruck *bricolage* faßt, gerade das aus, was wissenschaftliche Praxis möglich macht. Der Bastler ist nicht an bestimmte Materialien oder Verfahren eines überkommenen Handwerks gebunden. Er wechselt vielmehr zu einem benachbarten Handwerk, wann immer ein Zwang zur Improvisation entsteht. Diese Notwendigkeit kann er in den verfügbaren Materialien erkennen, obwohl sie nicht ausdrücklich zum Einbau in solche Konstruktionen vorgesehen sind. Der Bastler als Akteur ist unabhängig von der ihm verfügbaren konzeptuellen und instrumentellen Ausstattung, und so ist er in der Lage, ihre eingebauten Zwänge in neue Möglichkeiten zu verwandeln, die die Grenzen der alten weit überschreiten, ohne sie zu verletzen. Mythisches wie wissenschaftliches Denken implizieren beide intellektuelle Basteleien. Diese gemeinsame Wurzel ist bedeutsamer als der längst abgenutzte Hinweis auf die evolutionäre Distanz zwischen Wissenschaft und Mythen-Konstruktion. Aus jedem vorgefertigten Material schafft der Bastler – so kann man sagen – neue Strukturen aus Ereignissen, oder Notwendiges aus Kontingentem, während der Wissenschaftler Ereignisse aus den Strukturen kreiert, die er der Natur aufzwingt. In beiden Fällen treten vermittelnde Artefakte auf – ob als Modelle oder als Miniaturisierungen – in denen mit der Teil-Ganzheit-Struktur des Objektes in einer Synthese natürlicher und sozialer Ereignisse experimentiert wird. Wissenschaft ist – in einer weiteren Analogie – wie ein Spiel, insofern beide – Wissenschaft und Spiel – Ereignisse durch Aufzwingen einer Struktur kreieren, während Bastelei und Mythos sich darin ähneln, daß sie historische und soziale Ereignisse als unzerstörbare Teile für rekombinierte Strukturen des Neuen und des Gleichen behandeln.

In diesem und in den folgenden Kapiteln möchte ich uns also dazu bringen, die zukünftige Gestalt von Welt, Natur, Gesellschaft und menschlicher Familie so zu denken, indem wir unsere frühere Kreativität der Selbst-Gestaltung zusammenfügen. Um – anders gesagt – die Zukunft lebenswert zu machen, dürfen wir nicht auf diejenigen hören, die versuchen, sie von der Vergangenheit abzukoppeln und für die Fahrt in die Zukunft gleichsam eine Automatik einzuschalten. Unsere Zukunft ist nicht ein Irgendetwas, das wir uns aufdrängen lassen wie ein „neues" Waschmittel. Die elitären Visionäre der Zukunfts-Technologie reduzieren die menschliche Zukunft auf ein Element unserer allgemeinen Kultur passiven Konsums, auf ein Versprechen von passiver Gesundheit und passivem Glück. Als ganz normale Menschen, und das sind wir ja die meiste Zeit alle, müssen wir erkennen, daß die moderne Gesellschaft samt ihrer künftigen Technologien des Geistes, des Körpers und der politischen Ökonomie ohne das enorme Erbe vergangener menschlicher Leistungen nicht weit gekommen wären. Als alltäglicher Mensch muß man deshalb auf einer Zusammenführung mit unserer Kulturgeschichte bestehen, die uns überhaupt erst an die Grenze des Modernismus gebracht hat. Wir müssen auf unsere Verwandtschaft mit der Welt bestehen, mit der Natur und der Wildnis und den verschiedensten Familien-Kulturen dieser Erde, wir müssen uns klarmachen, daß es eine geringere Distanz zwischen unserer Vergangenheit und der Gegenwart gibt als zwischen dem Heute und einem Morgen ohne uns.

Ich glaube und bin überzeugt, daß dies die Tiefenstruktur des Anthropomorphismus ist. Als solche ist sie weder naiv noch nostalgisch. Natürlich werden einige zu dem entgegengesetzten Schluß gelangen, wenn man sich von der Schwäche und Fehlbarkeit menschlicher Projektionen leiten läßt. Aus dieser Sicht wäre der Anthropomorphismus der letzte Irrtum eines kraftlosen Humanismus, unfähig in einem Kosmos zu leben, der sich weigert, unser Abbild zu sein. Paradox ist dabei nur, daß der gegenwärtig so modische Anti-Humanismus der sozialen und literarischen Systeme mit ihren subjektfreien Akteuren völlig entgegengesetzt zur partizipatorischen Epistemologie der heutigen Physik verläuft, die das vormoderne Paradigma einer uhrwerkhaften Welt längst aufgegeben hat. Die moderne Physik berücksichtigt in ihrer Theorie des Wissens wieder die fundamentalen Effekte einer leibgebundenen Wahrnehmung. Das Komplizenverhältnis zwischen *leibhaftigem Träger des Wissens* (embodied knower) und den Objekten des wissenschaftlichen Wissens verlangt, daß der Anthropomorphismus als konstitutiver Grundzug des modernen Wissens betrachtet wird und nicht als Idol menschlicher Ignoranz.

Von jenen, die die Implikationen der modernen Quanten-Physik verstanden haben, wird dringend dazu aufgerufen, ganzheitliches Denken zu erneuern.[24] Natürlich werden damit alle liberalen Warnungen vor den Irrtümern und Ungeheuerlichkeiten des Totalitarismus in den Wind geschlagen. Aber das wirkliche Problem ist unser *Bewahren* (conservation), ob wir den Welt-Körper erhalten können oder nicht, und der wahre Feind ist der Neo-Individualismus, wie wir ihn in

---

[24] Vgl. Morris Berman, *The Reenchantment of the World*, (Cornell University Press) Ithaka 1981.

Nord-Amerika und in West-Europa vermarktet finden (es soll hier nicht impliziert werden, daß die industrialisierten Volkswirtschaften der sozialistischen Staaten für die humane Zukunft der Menschheit weniger gefährlich sind). Es ist ebenso leicht wie es gefährlich ist, uns mit den ewigen Neuigkeiten einer Zukunft zu verführen, die ohne uns produziert wird. Wohin wir auch immer sehen, überall gibt es Projekte um Leben und Geist, Gefühle und Verhalten, unsere Arbeit und Heimat so umzubauen, um uns einer Zukunft der Hoch-Technologie anzupassen, in der wir immer überflüssiger werden und uns damit den bereits marginalisierten Völkern der Welt hinzugesellen, deren kranke, verhungerte und obdachlose Körper keinen Frieden und keine Würde mehr finden auf der Stufe von Maschinen-Gesellschaften, die sie beherrschen und abschieben.

Wir haben die Idee einer entfalteten Kosmographie betrachtet, begründet auf den Artikulationen und den vitalen Funktionen des kommunikativen Körpers des Menschen. Diese Vorstellung vom Körper der Welt könnte in einer Gesellschaft abseitig erscheinen, die auf einer industriellen Unterwerfung der Natur aufbaut. Mit jeder Beobachtung der Auswüchse dieser Naturbeherrschung auf Zuwendung, wie der heutigen, werden wir erneut und natürlich, an unsere Verwandtschaft mit dem Welt-Körper erinnert und damit an unser Bedürfnis zu respektieren, was von seiner Ganzheit übrigblieb. Radikaler Anthropomorphismus fordert, daß wir die zukünftige Gestalt des Menschen denken, und zwar einem Gesetz des Bewahrens entsprechend, das der Natur Vorrang vor dem Leben gibt, doch dem Leben Vorrang vor der Gesellschaft, und das der Familie Vorrang vor uns selbst einräumt. Wenn wir uns an dieses Gesetz halten wollen, müssen wir die Zukunft als Gegenwart denken, um sie nicht von unserem alltäglichen Leben und den Fundamenten der moralischen Kritik zu trennen, die in unserem leiblich-sinnlichen Wissen von Gut und Böse, das wir einander antun, wurzeln. In diesem Sinne bieten die folgenden Kapitel einen rückwärts gewandten Blick für unsere Orientierung in die Zukunft.

2. *Kapitel:* Die sozialen Körper

Wenden wir uns vom Körper der Welt ab, um die kleinere Welt der menschlichen Gesellschaft zu betrachten, so stellen wir überraschend fest, daß die Menschen sich die Beziehung zwischen ihrem individuellen Leben und den gesellschaftlichen Institutionen auch im bildlichen Rahmen des menschlichen Körpers vorgestellt haben. Lévi-Strauss bemerkt dazu:

> „Die australischen Stämme des Flusses Drysdale nördlich von Kimberley teilen die Verwandtschaftsbeziehungen, deren Gesamtheit den sozialen ‚Körper' bildet, in 5 Kategorien, die nach einem Körperteil oder nach einem Muskel benannt werden. Da es verboten ist, einen Unbekannten auszufragen, gibt dieser seine Verwandtschaft dadurch bekannt, daß er den entsprechenden Muskel spielen läßt. Auch in diesem Fall ist folglich das ganze System der sozialen Beziehungen, das selbst wiederum für ein System des Universums steht, auf die anatomische Ebene projizierbar."[1]

Wir bilden uns dies wiederum selbst ein, daß Gesellschaft, insofern sie uns überhaupt beherrscht, über unser Bewußtsein verfügt und nicht über unseren Körper. Beide Seiten dieser Wirkungskontrolle bringen uns in überaus ambivalente Verhältnisse. Wir wollen lieber glauben, daß wir unsere Körper beherrschen, als daß diese es tun – und vergessen dabei meist den öffentlich politischen Körper, der von dieser Ordnungsvorstellung impliziert wird (was im nächsten Kapitel untersucht wird).[2] Ganz ähnlich sind wir uns der Tatsache der Herrschaft der Gesellschaft über uns wohl bewußt. Aber wir bilden uns halt lieber ein, daß Gesellschaft durch Intellekt und Konsens auf uns einwirken, nicht aber direkt auf unsere Körper: Das sähe eher nach einer sklavenartigen Beziehung aus. Im letzten Kapitel werden wir diesbezüglich einige spezielle Probleme aus der Praxis der modernen Bio-Macht ansehen, d.h. die biotechnologische Redefinition des Geist-Körper-Verhaltens als Grundlage des therapeutischen Staates. Im Moment möchte ich mich jedoch auf das Argument konzentrieren, daß generell

---

[1] Lévi-Strauss, op. cit., S. 197.
[2] Als elegante Einführung in die verschiedenen Dimensionen der Körpermetapher im soziologischen Denken vgl. Donald G. MacRae, „The Body and Social Metaphor", in Jonathan Benthall und Ted Polhemus (Eds.) *The Body as a Medium of Expression: An Anthology*, (Dutton) New York 1975, S. 59–73.

eine soziale Ordnung niemals ein bloß kognitives Konstrukt ist oder ein abstraktes Regel- oder Kategorien-System, dem die Individuen sich freiwillig oder unfreiwillig anpassen. Ich behaupte dagegen, daß es eine verleibliche Logik der Gesellschaft samt ihrer sozialen Zuordnungen gibt, die eine kommunikative Tiefenstruktur des öffentlichen Lebens bereitstellt.

Zu diesem Zweck werde ich eine entschieden Durkheim'sche Konzeption des Zusammenhangs unserer beiden Körper – des physischen und des kommunikativen – entwickeln. Grundlegendes Merkmal für diese Auffassung von sozialer Organisation ist die Erforschung der Kategorisierungen leiblicher Einstellungen, Funktionen und Beziehungen ihrer Mitglieder als sozial gelernte und als sozial sanktionierte Verkörperungen der „*Sozio-Logik*" von Gesellschafts-Körpern.

Ein schönes Beispiel für diese Argumentation hat Robert Hertz in seiner Studie über die rechte Hand vorgelegt.[3] Soweit wir sehen können, scheint die Ähnlichkeit zwischen rechten und linken Händen eine vollkommene zu sein. Doch wir wissen, daß wir unsere Hände ziemlich unterschiedlich gebrauchen; wir vernachlässigen, vermeiden oder verachten sogar die linke Hand, während wir die rechte vorziehen und ihr alle möglichen Privilegien einräumen. Jedem von uns fallen Beispiele von Ungleichheiten ein, die wir bei besonderen Gelegenheiten unseren Händen zuschreiben – wie etwa bei Begrüßungen oder Hochzeits-Zeremonien. Natürlich gibt es bei diesen Praktiken alle erdenklichen Variationen. Die ganze Sache kann man als albernen Aberglauben abtun oder aber mit ein paar kurzweiligen Kenntnissen der Gehirn-Forschung loswerden. Die letztere erklärt das Problem mit der funktionalen Asymmetrie des Gehirns, wobei eine Dominanz der linken Hirnhälfte für die Dominanz der rechten Hand verantwortlich gemacht wird. Wie bei so vielen anderen soziologischen Phänomenen sind auch in diesem Fall die konkurrierenden Erklärungen selbst soziale Phänomene.

Merkwürdigerweise führt uns der leise Verdacht, daß wir es hier mit Aberglauben und nicht mit Wissenschaft zu tun haben, auf die richtige Spur, – obgleich dieser Verdacht auf eigener Hochachtung gegenüber der Wissenschaft als Schlüssel jedes Verstehens beruht. Wenn wir es von der anderen Seite her betrachten, so können wir ohne weiteres eine organische Asymmetrie als grundlegendes Phänomen zugestehen. Die meisten Menschen sind Rechtshänder, relativ

---

[3] Robert Hertz, *Death and the Right Hand*, (Free Press) Glencoe, Ill. 1960.

wenige Linkshänder (von Natur aus, wie wir sagen können) und andere scheinen beidhändig begabt und in beide Richtungen erziehbar zu sein. Doch diese Tatsachen reichen nicht aus, um die massive gesellschaftliche Präferenz für die rechte gegenüber der linken Seite zu erklären. Es gibt – kurz gesagt – eine alles durchdringende dualistische Symbolik, in der die rechte und die linke Hand als Teile der Weltordnung assimiliert werden. Hertz schreibt:

„Wie könnte der menschliche Körper, der Mikrokosmos, dem alles beherrschenden Gesetz der Polarität entgehen? Die Gesellschaft und das ganze Universum haben eine Seite, die heilig, edel und kostbar ist, und eine andere, die profan und gewöhnlich ist: eine männliche Seite, stark und aktiv, und eine andere, die weiblich (schwach und passiv); oder in zwei Worten: eine rechte und eine linke Seite, und trotzdem sollte der menschliche Organismus allein symmetrisch sein? Ein kurzes Nachdenken zeigt uns, daß dies eine schiere Unmöglichkeit ist. Eine derartige Ausnahme wäre nicht nur eine unerklärliche Anomalie, sie würde auch die gesamte Ökonomie der geistigen Welt zerstören."[4]

Nachdem wir so aufmerksam bereits die Symbolik des Welt-Körpers behandelten, reicht ein kurzer Hinweis auf ihre Bedeutung für die rechte Hand. Wir können verstehen, warum Menschen Stärke oder Schwäche, Rechtschaffenheit oder Verworfenheit, Glückliches oder Böses je verschiedenen Seiten ihres Körpers zuschreiben und diese Verteilung dann zwischen männlichen und weiblichen Körpern wiederholen. Im übrigen besteht die Ungerechtigkeit solcher Zuschreibungen nicht darin, daß die eine Seite der anderen vorgezogen wird; jede wäre ohne die jeweils andere ja undenkbar. Gerechtigkeit liegt in der Komplementarität der geschlechtlichen Unterteilung, das Böse in der Störung des Systems. Eine solche Ökonomie gilt auch im Jüngsten Gericht, wo die erhobene Rechte des Herrn die Auserwählten auf ihren Platz im Himmel weist und die nach unten gerichtete Linke den Verdammten den Weg in die Hölle. Deshalb hebt man die rechte Hand zum Gebet, betritt mit dem rechten Fuß einen heiligen Ort, nimmt den Ehering in die rechte Hand und steckt ihn auf den linken Finger; die rechte Hand schwört den Eid, verteilt den Segen und stoppt den Verkehr. In all diesen Fällen übermittelt die rechte Hand die gütigen und gesegneten, lebensspendenden und lebenserhaltenden Kräfte aus der eigenen rechten Region der Welt. In dieser Symbolik gelten die linke Seite und die linke Hand, ebenso wie die politische Linke als Störerin von Güte und Gerechtigkeit, wo immer die Linke versucht, die Herrschaft über die Rechte zu erlangen. Und wenn wir als unstet erscheinen – beim Tanzen wie in der Politik – wenn es mal

---

[4] Hertz, op. cit., S. 98.

nach links und mal nach rechts geht, könnte es nicht sein, daß wir nach wie vor einen tiefen Respekt für die Balance zwischen Gut und Böse in unserem Leben haben?

Diese Analogie weiterführend werde ich zeigen, daß – *wie wir Gesellschaft mit unseren Körpern denken, – so denken wir auch unsere Körper vermittels der Gesellschaft.* Ich werde mich dabei auf verschiedene Studien von Mary Douglas stützen[5], weil sie einerseits die körperlichen Bindungen zwischen Individuen und Institutionen so anschaulich illustrieren, und andererseits die diesbezüglichen Thesen von Psychologen und Soziologen zum körperlichen Verhalten relativieren, die man sonst versucht wäre, als natürliches, gänzlich biopsychologisches Verhalten aufzufassen. So zeigen alle Gesellschaften merkwürdige Verhaltensweisen, die sich auf die Sorge um körperlichen Schmutz konzentrieren. Manchmal sind es Körperteile, Körperfunktionen, ganze Körper oder auch Klassen von Körpern, die als Quellen der Reinheit oder der Verunreinigung betrachtet werden. Wir halten uns zwar alltäglich sauber, aber zu besonderen Anlässen waschen und striegeln wir uns zusätzlich – zu Verabredungen und Besprechungen, zu Beerdigungen wie zu unseren Hochzeiten. Wir sind genauso bemüht, unseren eigenen Schmutz zu meiden, ihn aus dem Blickfeld zu schaffen, wie wir den Schmutz von anderen meiden. Wie bei so vielem anderen, was körperbezogen ist, sind unsere Sorgen um den Schmutz eher moralischer als physischer Art. Mary Douglas bemerkt:

„Gelingt es uns, die Momente der Krankheitsverursachung und der Hygiene aus unserer Vorstellung von Schmutz auszuklammern, bleibt die alte Definition von Schmutz als etwas, das fehl am Platz ist. Das ist ein äußerst vielversprechender Ansatz. Er impliziert zwei Bedingungen: einen Komplex geordneter Beziehungen und eine Übertretung dieser Ordnung. Schmutz ist dann niemals ein einmaliges, isoliertes Ereignis. Wo es Schmutz gibt, gibt es auch ein System. Schmutz ist das Nebenprodukt eines systematischen Ordnens und Klassifizierens von Sachen, und zwar deshalb, weil Ordnen das Verwerfen ungeeigneter Elemente einschließt. Diese Vorstellung von Schmutz führt uns direkt in

---

[5] Mary Douglas, *Reinheit und Gefährdung. Eine Studie zu Vorstellungen von Verunreinigung und Tabu*, (Dietrich Reimer Verlag) Berlin 1985; *Natural Symbols: Explorations in Cosmology*, (Penguin) Harmondsworth 1973; *Implicit Meanings: Essays in Anthropology*, (Routledge & Kegan Paul) London 1975 und *Cultural Bias*, Occasional Paper No. 35, Royal Anthropological Institute of Great Britain and Ireland, London 1978. Professor Douglas war so freundlich, ausführlich eine frühere Fassung dieser Arbeit kritisch zu kommentieren. Ich fürchte, daß sie das Gefühl haben muß, sie habe ihre Bemühungen, mich vom Zauber der Körper fernzuhalten, an einen unverbesserlichen Chiliasten verschwendet. Trotz alledem, ihre Arbeiten sind wichtig für mein Denken.

den Bereich der Symbole und verspricht eine Verbindung mit Reinheitssystemen, deren Symbolgehalt augenfälliger ist."[6]

Nahrung in unserem Mund ist da, wo sie hingehört: sieht man, wie wir sie kauen oder sie uns übers Kinn läuft, dann ist es ekelig. Nachlässige Esser riskieren soziale und moralische Ablehnung – die Pein, für unzivilisiert oder für ein Schwein gehalten zu werden. Wieder sehen wir hier, daß der Körper nicht nur eine biologische Einheit ist. Beim Essen geht es nicht bloß um Ersatz von Körperenergien. Soweit es aber darum geht, kommt Essen einer Fütterung nahe – und dafür wäre McDonald's ein geeigneter Platz als das Maxim. Menschen müssen natürlich essen, aber um soziale und moralische Akzeptanz zu erhalten, müssen sie so essen wie ihre Angehörigen essen, die Mitglieder ihrer eigenen Rasse, Kaste, Klasse, Religion und ihrer eigenen Altersklasse. Und nicht – wenn sie erwachsen sind – wie Tiere, Wilde, Heiden oder Babys.

So gewinnen wir vielleicht Einsicht in die ansonsten merkwürdigen Diät-Regeln und die Abscheu des Leviticus*, aber ich hoffe so, auch unsere eigene Eßkultur verständlicher zu machen:

Und der HERR redete mit Mose und Aaron und sprach zu Ihnen:
Redet mit den Israeliten und sprecht: Dies sind die Tiere, die ihr essen dürft unter allen Tieren auf dem Lande.

Alles, was gespaltene Klauen hat, ganz durchgespalten, und wiederkäut unter den Tieren, das dürft ihr essen.
Nur diese dürft ihr nicht essen von dem, was wiederkäut und gespaltene Klauen hat: das Kamel, denn es ist zwar ein Wiederkäuer, hat aber keine durchgespaltenen Klauen, darum soll es euch unrein sein;

den Klippdachs, denn er ist zwar ein Wiederkäuer, hat aber keine durchgespaltenen Klauen; darum soll er euch unrein sein;
den Hasen, denn er ist auch ein Wiederkäuer, hat aber keine durchgespaltenen Klauen; darum soll er euch unrein sein;
das Schwein, denn es hat wohl durchgespaltene Klauen, ist aber kein Wiederkäuer; darum soll es euch unrein sein.

Vom Fleisch dieser Tiere dürft ihr weder essen noch ihr Aas anrühren; denn sie sind euch unrein.
Dies dürft ihr essen von dem, was im Wasser lebt: alles, was Flossen und Schuppen hat im Wasser, im Meer und in den Bächen, dürft ihr essen.
Alles aber, was nicht Flossen und Schuppen hat im Meer und in den Bächen von allem, was sich regt im Wasser, und allem, was lebt im Wasser, soll euch ein Greuel sein.

---

[6] Douglas, *Reinheit...*, S. 48.
* *Anm. des Hsg.:* „Leviticus", Titel des alten Gesetzbuches, d.h. drittes Buch Moses (folgende Zitate: 3. Moses 11, 1–23 und 41–45) RG.

Von ihrem Fleisch dürft ihr nicht essen und ihr Aas sollt ihr verabscheuen, denn sie sind ein Greuel für euch.
Denn alles, was nicht Flossen und Schuppen hat im Wasser, sollt ihr verabscheuen.
Und diese sollt ihr verabscheuen unter den Vögeln, daß ihr sie nicht esset, denn ein Greuel sind sie: den Adler, den Habicht, den Fischaar,
den Geier, die Weihe mit ihrer Art und alle Raben mit ihrer Art,
den Strauß, die Nachteule, den Kuckuck, den Sperber mit seiner Art,
das Käuzchen, den Schwan, den Uhu, die Fledermaus, die Rohrdommel, den Storch,
den Reiher, den Häher mit seiner Art, den Wiedehupf und die Schwalbe.

Auch alles kleine Getier, das Flügel hat und auf vier Füßen geht, soll euch ein Greuel sein.
Doch dies dürft ihr essen von allem, was sich regt und Flügel hat und auf vier Füßen geht; was oberhalb der Füße noch zwei Schenkel hat, womit es auf Erden hüpft.
Von diesen könnt ihr essen die Heuschrecken, als da sind: den Arbe mit seiner Art, den Solam mit seiner Art, den Hargol mit seiner Art und den Hagab mit seiner Art.

Alles aber, was sonst Flügel und vier Füße hat, soll euch ein Greuel sein.

(3. Mose 11, 1–23)

Was auf der Erde kriecht, das soll euch ein Greuel sein, und man soll es nicht essen.
Alles, was auf dem Bauch kriecht, und alles, was auf vier oder mehr Füßen geht, unter allem, was auf der Erde kriecht, dürft ihr nicht essen; denn es soll euch ein Greuel sein.
Macht euch selbst nicht zum Greuel an allem kleinen Getier, das da wimmelt, und macht euch nicht unrein an ihm, so daß ihr dadurch unrein werdet.
Denn ich bin der HERR, euer Gott. Darum sollt ihr euch heiligen, so daß ihr heilig werdet, denn ich bin heilig; und ihr sollt euch nicht unrein machen an irgendeinem Getier, das auf der Erde kriecht.

(3. Mose 11, 41–45)

Der Sinn dieser Regeln hat Bibel-Forscher lange Zeit sehr beschäftigt. Im großen und ganzen wurden sie entweder als sinnlose, lediglich dogmatischen Zwecken dienende Regeln betrachtet, oder sie wurden als Allegorien für Tugenden und Laster angesehen. Jedenfalls ist es schwierig zu erkennen, was allgemein die Abgrenzung von reinen und unreinen Tieren bestimmt, auch wenn einige Fälle mit praktischen Hygieneregeln übereinstimmen. Wo allegorische Interpretationen verfolgt werden, ist dies selten mehr als ein frommer Kommentar – so etwa, wenn Philo die Fische mit Flossen und Schuppen akzeptabel findet, weil sie Ausdauer und Selbstkontrolle symbolisieren, während Fische ohne Flossen und Schuppen von der Strömung weggeschemmt werden, ohne zu widerstehen und sich durch Gebete zu erheben! Verständlicher werden die Regeln jedoch, wenn wir die wiederholte Aufforderung beachten, die mit den verschiedenen Verboten in bezug auf Tiere, Geburt, Aussatz, Hautkrankheiten und die Sexualsekrete des Körpers einhergeht – die Aufforderung nämlich, *heilig* zu sein: „Denn ich bin der HERR, der euch aus Ägyptenland geführt hat, daß ich euer Gott sei. Darum sollt ihr heilig sein, denn ich bin heilig." (3. Mose 11, 45)

Wir werden nun nach den Verbindungen zwischen dem Heiligen und Abscheulichen suchen. Gottes wesentliches Werk ist Ordnung zu schaffen, durch die der Menschen Angelegenheiten gedeihen – ihre Frauen, ihr Vieh und ihre Felder werden fruchtbar gehalten, ihre Feinde, Lügner, Betrüger und Abtrünnige werden ferngehalten oder zerstört. Der Heilige respektiert Gottes Ordnung und erfreut sich so seines Segens. Wer Gottes Ordnung antastet, läuft Gefahr, seinen Segen zu verlieren und seine Strafe erleiden zu müssen. Daher muß jedes Ding in Gottes Ordnung seine eigene Art respektieren und darf sie nicht durch Hybris, Promiskuität oder Perversion gefährden: „Du sollst nicht bei einem Mann liegen wie bei einer Frau; es ist ein Greuel. Du sollst auch bei keinem Tier liegen, daß du an ihm unrein werdest.

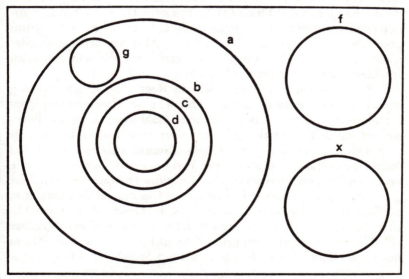

Abb. 3 Landbewohner (a), die mit vier Beinen laufen oder springen; (b) zum Essen geeignet; (c) domestizierte Herden und Geflügel; (d) geeignet für den Altar; (f) unrein: Kriterien für (a) nicht ausreichend; (g) unrein: Kriterien für (b) nicht ausreichend; (x) unrein: schwärmende Tiere.
(Aus: Mary, Douglas „*Deciphering a Meal*" in: „Implicit Meanings", op. cit.)

Und keine Frau soll mit einem Tier Umgang haben, es ist ein schändlicher Frevel." (3. Mose 18, 22 und 23) Heiligkeit besteht also darin, die Gattungen der Schöpfung zu bewahren, und es ist diese Vorschrift, die den Gesetzen über reines und unreines Fleisch zugrunde liegt. Um den Bund zwischen Gott und Israel zu erhalten, ist es dem Land, seinem Vieh und seinem Volk, ist es den Israeliten untersagt, die Kategorien der Erde, des Wassers und des Himmels zu vermischen, zu verwirren oder in Unordnung zu bringen. Wie Mary Douglas uns zeigt (vgl. Abb. 3), tritt eine Ordnung nach folgendem Schema auf:
(1) Tiere werden nach dem Grad ihrer Heiligkeit kategorisiert, von den abscheulichen bis zu denen, die für den Tisch, aber nicht für den Altar geeigneten, bis zu den fürs Opfer geeigneten Tieren. Diese Grade der Heiligkeit gelten für alle Tiere sowohl im Wasser, auf dem Lande und in der Luft.

(2) Nur Haustiere dürfen zu Opfergaben verwendet werden. So sind in dem Schema in der Kategorie der Landtiere (a) jene Vierfüßler mit gespaltenen Hufen, die wiederkäuen (b) zur Speise geeignet und unter diesen bilden die domestizierten Schafe und Rinder (c) das Reservoir für das Erstgeborenen-Opfer (d) des Priesters. Die restlichen Kategorien repräsentieren anomalische Geschöpfe, die zwischen zwei Gattungen stehen, oder hybride Merkmale von Mischformen haben oder sonstwie quer zu allen Kategorien liegen – wie die schwärmenden Insekten – und daher am abscheulichsten sind.

Wir können nunmehr zeigen, wie die Regeln der Unterscheidung zwischen Tieren dazu dienen, die Trennung der Israeliten von ihren Nachbarn zu stützen. Das gemeinsame Mahl identifiziert die Juden sowohl für sich selbst als auch gegenüber Fremden. Es konstituiert eine politische wie auch eine religiöse Grenze zwischen Juden und Nicht-Juden. Läßt sich über diese Verbote etwas Genaueres sagen, bevor wir ihre übrigen syntaktischen Relationen betrachten? Jean Soler geht davon aus, daß man die mosaischen Gesetze auf den Bericht in der Schöpfungsgeschichte beziehen muß, das Geschenk der menschlichen Nahrung[7]: „Und Gott sprach: Sehet da, ich habe euch gegeben alle Pflanzen, die Samen bringen, auf der ganzen Erde, und alle Bäume mit Früchten, die Samen bringen, zu eurer Speise." (1. Mose 1, 29)

---

[7] Jean Soler, „The Dietary Prohibitions of the Hebrews", in: *The New York Review of Books*, 14. Juni 1979, S. 24–30. Vgl. auch Edmund R. Leach, „Genesis as Myth", in: John Middleton (Ed.): *Myth and Cosmos: Readings in Mythology and Symbolism*, (Natural History Press) Garden City, N.Y. 1967, S. 1–13.

Anfangs ist in der Schöpfung das Paradies offenbar ein vegetarisches Paradies. Adam soll allerdings nicht vom Baum der Erkenntnis essen. Unsterblichkeit behält Gott sich selbst vor. Er allein ist Quelle des Lebens. Der Mensch darf deshalb kein Leben nehmen. Diese Differenz zwischen Gott und Mensch findet sich in ihrer jeweiligen Nahrung wieder. Nur Gott kann ein lebendes Opfer annehmen. Wie kam dann der Mensch dazu, zu töten und Fleisch zu essen? Davon wurde Noah durch Gott insofern befreit, als Gott seine Schöpfung rettete, obwohl er deren Gewalt und Mord erkannte. Der dritte Bund – zwischen Gott und Moses – trennt die Hebräer vom Rest der Menschheit; und hier finden wir die Unterscheidungen (Schnitte) des Sabbat, der Beschneidung und der reinen und unreinen Tiere, die zusammen ein symbolisches System bilden, das dazu dient, die religiöse und politische Identität der Juden zu bewahren. Insbesondere wird das Tabu des Blutes bekräftigt, etwa wenn der Priester mit dem Blut des Opfertieres ein Friedensopfer zelebrieren muß, um Gott wegen der Schlacht-Haltung gnädig zu stimmen. Ganz entsprechend sind die für Tisch und Altar geeigneten Tiere nur Pflanzen- und keine Fleischfresser, als ob die Tiere selbst das Schlachtverbot beachteten, – zumindest im Bericht der Schöpfungsgeschichte: „Aber allen Tieren auf Erden und allen Vögeln unter dem Himmel und allem Gewürm, das auf Erden lebt, habe ich alles grüne Kraut zur Nahrung gegeben. Und es geschah so." (1. Mose 1, 30)

Soler meint deshalb, es sei der „hufartige Fuß", der die pflanzenfressenden Tiere von den krallenbewehrten Raubtieren des Landes und der Luft unterscheidet. Zu erklären bleibt, warum reine Tiere zwei weitere Kennzeichen haben, nämlich „Spalt-Hufe" und „Wiederkäuer". Das letzte Merkmal hat den Sinn, Schweine auszuschließen, die – obwohl Huftiere und Pflanzenfresser – auch Fleisch fressen.

Was bleibt ist eine gewisse Unsicherheit über wilde pflanzenfressende Tiere: daher die Betonung des „gespaltenen Hufes", auch wenn diese Regel solche Grenzfälle unter den Haustieren wie Kamele, Hasen, Pferde und Esel, die auch Pflanzenfresser sind, aus der Kategorie der reinen Tiere ausschließt. Gleichwohl, um geopfert zu werden, müssen reine Haustiere perfekte Exemplare ihrer Gattung sein. Kein Tier – und keine Person – mit einem Makel darf an der heiligen Opferzeremonie teilnehmen. Nach der gleichen Logik der Unversehrbarkeit oder der Identität und des Heiligen darf in der Küche oder im Bett nichts vermischt werden, was die Ordnung der Dinge verwirrt. Soler schreibt:

„Ohne Zweifel erklärt sich daraus das geheimnisvollste Verbot der Bibel: „Du sollst das Böcklein nicht kochen in der Milch seiner Mutter." (2. Mose 23, 19 und 34, 26; 5. Mose 14, 21). Diese Worte sind ganz wörtlich zu nehmen. Sie beziehen sich auf eine Mutter und ihr Junges. Man kann sie so übersetzen: Du sollst nicht eine Mutter und ihren Sohn in ein und denselben Topf tun – und noch viel weniger in ein und dasselbe Bett. Hier wie anderswo geht es um die Aufrechterhaltung einer Unterscheidung zwischen zwei Klassen oder zwei Typen von Beziehungen. Die Scheidung durch einen sexuellen oder kulinarischen Akt aufzuheben, bedeutet, die Ordnung der Welt zu untergraben. Jedermann gehört nur zu einer Art, zu einem Volk, einem Geschlecht, einer Kategorie. Und in der gleichen Weise hat jedermann nur einen Gott: „Sehet nun, daß ich's allein bin und ist kein Gott neben mir!" (5. Mose 32, 39). Kern dieser Ordnung ist das Prinzip der Identität, institutionalisiert als Gesetz jedes Seins."[8]

Kehren wir zu der von Mary Douglas vorgeschlagenen Analyse zurück. Wir können jetzt verstehen, wie sich die Reinheit der Kategorien durch metonyme Begriffsverschiebung in der Reinheit von Personen und Tieren wiederholt. Die Juden und ihre Tiere werden durch die Rituale der Reinheit in der gleichen Weise voneinander unterschieden und miteinander verbunden wie die Juden von den anderen Völkern und ihren Tieren unterschieden werden. So werden der erstgeborene Sohn und die erstgeborenen Rinder und Schafe in gleicher Weise dem Gottesdienst geweiht: ein Merkmal, durch das sich das Volk und seine Tiere von anderen Völkern und Tieren abheben. Als die Erstgeborenen der Israeliten sind die Leviten die Richter über ihre Reinheitsgebote, und unter den Leviten selbst dürfen wiederum nur die völlig Makellosen das Allerheiligste betreten – das vollkommen abgeschlossene Sanktuarium zwischen Gott und dem Menschen. Die jüdischen Speisegesetze kann man deshalb als das ansehen, was Vico ein „strenges Poem" genannt hätte – gewidmet dem politischen Schutz eines Volkes, dessen Heiligkeit ein Merkmal seines Überlebenswillens ist.

Läßt sich noch mehr darüber sagen, warum die Juden (und die Muslime) kein Schweinfleisch essen? Tatsächlich gibt es noch eine ganze Reihe weiterer Fragen, die im Hinblick auf den taxonomischen Status des Schweines zu klären sind – einmal abgesehen von der ganz anderen Sicht des Schweines als Protein-Lieferant. Hören wir noch einmal Leviticus (3. Mose 11, 1–3). Das Schwein ist ein unreines Tier – wie der Hase, das Kaninchen und das Kamel wird es verabscheut. Diese Tiere sind unrein, weil sie nicht zugleich gespaltene Hufe und die Fähigkeit zum Wiederkäuen haben. Das Schwein ist außerdem das einzige Landtier mit gespaltenem Huf, das nicht wiederkäut. Aufgrund

---

[8] Soler, op. cit., S. 30.

von Einwänden ihrer Kritiker[9] gelangte Mary Douglas zu der Auffassung, daß Tier-Taxonomien – weil Anomalien entweder verabscheut oder verehrt werden können – am besten in bezug auf soziale Regeln des Wohnens und der Heirat zu verstehen sind. Nach Durkheim können wir erwarten, daß die Grenzen von Natur-Klassifikationen ebenso durchlässig oder undruchlässig sind wie die Grenzen der sozialen Systeme, zu denen sie gehören.[10] Soziale Grenzen werden (unter anderem) nach den Heiratsregeln festgelegt, den Regeln der Exogamie und des Inzest-Verbots, deren Sinn es ist, Fremde in den Stammes-Kreis aufzunehmen. Die Israeliten hatten kein Verbot der Ehe zwischen Vettern und Cousinen ersten Grades, das bedeutete, daß Ehen innerhalb der Familie der Vorzug vor ehelichen Verbindungen mit anderen Sippen oder Stämmen der Israeliten oder mit Fremden gegeben wurde. Von Feinden umgeben, waren die Juden durch das Problem des Fremden besonders irritiert, vor allem weil einige, wie z.B. die Samariter behaupteten, ebenfalls Israeliten zu sein. Die Juden konnten Kriegsgefangene heiraten und offensichtlich hatten sie so die Kanaaniter absorbiert. Fremde zu heiraten schloß das Risiko ein, ihre Speisen essen zu müssen, und es war dann eher wahrscheinlich, daß ein Schwein zur Hochzeit geopfert wurde als ein Kamel oder Hase. Genau so wie die Juden auf ihrer historischen Identität bestanden, bestanden sie deshalb auch auf der Identität Jahwehs und ihrer eigenen Klassifikation reiner und unreiner Tiere. Mary Douglas schließt daraus: „Wenn immer ein Volk sich übergriffen und Gefahren ausgesetzt fühlt, übernehmen die Speisegesetze, mit denen der Körper seinen Zugang regelt, die Rolle einer lebhaften Analogie für den Korpus ihrer gefährdeten kulturellen Kategorien.[11]

Hier haben wir also ein schönes Beispiel für die Sozio-Logik jener Verkörperung, die dem Begriff des politischen öffentlichen Körpers zugrundeliegt, dessen allgemeiner Geschichte wir uns im nächsten Kapitel zuwenden werden. Vorher sollten wir uns jedoch eine direkte

---

[9] Ralph Bulmer, „Why is the Cassowary not a Bird? A Problem of Zoological Taxonomy among the Karam of the New Guinea Highlands", in: *Man*, New Series 2, März 1967, S. 5–25; S.J. Tambiah, „Animals Are Good to Think and Good to Prohibit", in: *Ethnology*, 8. Oktober 1969, S. 424–459. Beide Artikel sind leicht zugänglich in Mary Douglas (Ed.): *Rules and Meanings: The Anthropology of Everyday Knowledge*, (Penguin) Harmondsworth 1973.
[10] Vgl. Durkheim und Mauss, op. cit.
[11] Mary Douglas, „Deciphering a Meal", in ihrem Buch *Implicit Meanings*, S. 272.

materialistische Herausforderung von Mary Douglas' politischer Theorie der Schweine-Taxonomie und der politischen Geschichte ansehen. Unter einer ganzen Reihe von Aufsätzen mit direkten und indirekten Antworten auf Mary Douglas, die eine recht stürmische Debatte auslösten, finden sich die Spekulationen von Marvin Harris über die bei Juden und Moslems vorherrschende Haßliebe gegenüber dem Schwein. Einmal werden sie, die Schweine-Verächter, vom Genuß des in Lamb's Essay gefeierten saftigen Schweinebratens ausgeschlossen, außerdem wird ihnen ein äußerst effizienter Protein-Produzent vorenthalten:[12]

„Das Schweine-Tabu findet man häufig in dem riesigen Gebiet der Herden-Nomaden der alten Welt – von Nordafrika über den Mittleren Osten bis nach Zentralasien. Aber in China, in Südost-Asien, Indonesien und Melanesien war und ist das Schwein eine vielfach genutzte Nahrungsquelle für Fett und Proteine, wie übrigens auch im modernen Europa und der westlichen Hemisphäre. Die Tatsache, daß das Schwein in den großen Herdenzonen der alten Welt tabuisiert war, ebenso wie in vielen Flußtal-Kulturen, die an diese Zone angrenzten, legt die Vermutung nahe, daß die biblischen Tabus als adaptive Reaktionen betrachtet werden müssen, und zwar in den großen Landstrichen, verursacht durch ökologische Veränderungen als Folge von Intensivierung und Erschöpfung der aufsteigenden Länder der Staaten und Imperien des Altertums."[13]

Harris argumentiert, daß mit der Entwicklung der antiken Staaten und ihrer so bedingten anwachsenden Bevölkerung es nötig wurde, von der Aufzucht von Schweinen, Schafen, Ziegen und Rindern für die Fleischproduktion abzugehen und mehr Land unter den Pflug zu nehmen für den Anbau von Weizen, Gerste und anderes Getreide, womit ein zehnmal höherer Kalorienertrag erreicht wurde als bei gleichem Aufwand mit der Tierzucht. Kurzum, Harris behauptet, es habe eine Entscheidung gegeben, Getreide anzubauen und damit die Menschen zu ernähren, statt bei geringerem Ertrag fleischproduzierende

---

[12] Marvin Harris, „Pig Lovers and Pig Haters", in: ders.: *Cows, Pigs, Wars and Witches: The Riddles of Culture*, (Fontana) London 1977, S. 31–186, sowie ders.: „Forbidden Flesh", in: ders.: *Cannibals and Kings*, (Fontana) London 1978, S. 142–154. Vgl. auch Marshall Sahlins, „Culture as Protein and Profit", in: *The New York Review of Books*, 23. November 1978, S. 45–53 und ders.: „Cannibalism: An Exchange", in: *The New York Review of Books*, 22. März 1979, S. 45–47; und Marvin Harris, „Cannibals and Kings: An Exchange" in: *The New York Review of Books*, 28. Juni 1979, S. 51–53. Schließlich sollte jeder, der sich für das Format dieser Kontroverse interessiert, einen hervorragenden Aufsatz – samt Kommentar und Replik von Harris – von Paul Diener und Eugene E. Robkin lesen: „Ecology, Evolution, and the Search for Cultural Origins: The Question of Islamic Pig Production" in: *Current Anthropology*, 19. September 1978, S. 493–540.

[13] Harris, *Cannibals and Kings...*, op. cit. S. 203–204.

Tiere zu züchten und zu ernähren. Darüber hinaus änderte sich der Zweck der Haustierhaltung; aus einer Quelle von fleischlichen Proteinen wurde eine Protein-Quelle auf der Basis von Milch. Diese besondere Strategie mag vernünftig gewesen sein, meint Harris, was aber den Konsum der wichtigsten Aminosäuren anging, so führte der Wechsel von der Fleisch- zur Pflanzennahrung zu einem niedrigeren Ernährungsstandard, auch Gesundheit und Vitalität gingen zurück. Weil es für Schweine außerdem keine andere Verwendung gibt als zur Produktion fleischlicher Proteine, war es das erste Haustier, dessen Aufzucht zu kostspielig wurde, obwohl der Kalorienertrag des Schweines zwei- oder dreimal so groß ist wie der von Rind oder Huhn: So fiel das Schwein unter ein religiöses Tabu. Dieser Wandel der Nahrungsfunktion des Schweines war zu einem großen Teil Folge des veränderten Verhältnisses von Wald zu Weideland, da das Schwein im Wald jene Arten von Knollen, Wurzeln, Früchten und Nüssen findet, die es am effektivsten in Fleisch umsetzt. Vor allem findet das Schwein im Wald den von ihm benötigten Schatten, weil Schweine – so sagt Harris – ihre Körpertemperatur nicht durch Schwitzen regulieren könen (tatsächlich schwitzen Schweine wie es eben Schweine tun, nämlich durch Suhlen).[14] Als die Israeliten nach Palästina kamen, machten sie sehr schnell Weideland aus den Bergwäldern in Judäa und Samaria. Folglich wurde Schweinezucht sehr viel teurer, wie verlokkend sie auch gewesen sein mag. Die Tabuisierung des Schweines als unreines Tier bekräftigte deshalb den Zwang, auf ihre Domestizierung in großem Maßstab zu verzichten, da sie auf zusätzliches Getreidefutter angewiesen wären, das sich für die menschliche Ernährung effizienter verwenden ließ.

Harris weiß, daß diese materialistische Erklärung eine gewisse Redundanz enthält. Wäre der Mensch von Natur aus ein *homo oeconomicus*, was sollte ihn dann angesichts der ineffizienten Schweinezucht überhaupt reizen, Schweine zu züchten? Warum sollten die Armen in Irland einen fleischlosen Freitag einlegen, wenn sie mühelos feststellen konnten, daß Fisch eine weitaus billigere Protein-Quelle für sie ist?[15] Dennoch behauptet Harris, daß das Kosten-Nutzen-Prinzip ebenso gut auf die übrigen unreinen Tiere anwendbar ist, insofern sie

---

[14] B.A. Baldwin, „Behavioral Thermoregulation" in: J.I. Monteith und L.E. Mount (Eds.): *Heat Loss from Animals and Man*, (Butterworth) London 1974, S. 97–117.
[15] Vgl. hierzu Mary Douglas, „The Bog Irish", in ihrem Buch *Natural Symbols*, op. cit., S. 59–76.

sowohl knapp als auch nur durch Jagen erreichbar waren. Weil Hirten normalerweise keine guten Jäger oder Fischer sind und auf diese Weise wohl nur wenig Fleisch erhalten hätten, beweisen die Tabus des Leviticus im dritten Buch Mose, daß seine Autoren eher fähige Ökonomen als schlechte Ärzte waren oder gar unter einem Klassifikationswahn zu leiden hatten. Statt das Schweine-Tabu als Ausdruck eines besonderen Interesses der Israeliten an Taxonomien und religiöser Identität zu betrachten, kann man es ebenso wie andere Eigentümlichkeiten nur als ökonomische Antwort auf eine sich wandelnde Nahrungsbasis verstehen, so folgert Harris: „Der Zusammenhang zwischen dem zunehmenden Mangel an tierischen Proteinen auf der einen Seite und der Praxis von Menschenopfern und Kannibalismus der Entwicklung von kirchlichen Redistributionsfeiern und der Tabuisierung des Fleisches bestimmter Tiere auf der anderen Seite beweisen unmißverständlich die kausale Priorität von materiellen Kosten und Nutzen gegenüber religiösen Überzeugungen; dies gilt nicht notwendig für alle Zeiten, aber fast mit Sicherheit für die hier behandelten Fälle."[16]

Ich kann diese Kontroverse nicht abschließen, ohne ihren Zusammenhang mit der Struktur-Analyse der Kategorisierung von Menschen, Tieren und Nahrungsmitteln aufzuzeigen. Dies allerdings nur in der einfachsten Form: Ich möchte Harris' Kritiker, Marshal Sahlins, Gehör verschaffen und muß mich in das Labyrinth der Lévi-Strauss'-schen Gedankenwelt begeben.[17] Es liegt nahe, in Harris' These eine starke Version der materialistischen Argumente zu sehen, die für eine marxistische Anthropologie charakteristisch wären. Doch Sahlins verwirft Harris' Reduktion der praktischen Vernunft auf eine schiere Kalkulation gerade im Namen einer marxistischen Kultur-Anthropologie. Im Grunde geht es um das Verhältnis der Menschen zu ihren Nahrungsmitteln. Man könnte annehmen, daß dieses ein bloß bioökonomisches Verhältnis ist. Der Mensch muß ernährt werden, um mindestens die Energie zu ersetzen, die zu ihrem Erwerb aufgewandt wurde. Das ist die einzige Bedeutung sowohl von Futter als auch von Essen. Doch Menschen unterscheiden sich selbst offenkundig von den Tieren, die gefüttert werden, während wir essen. Wenn man die vor allem gelernte und sozial organisierte Klassifikation von für eßbar

---

[16] Harris, *Cannibals and Kings*, op. cit., S. 154.
[17] Vgl. Marshall Sahlins, *Culture and Practical Reason*, (University of Chicago Press) Chicago 1976; Edmund Leach, *Claude Lévi-Strauss*, New York 1970; Claude Lévi-Strauss, *Mythologica* I, *Das Rohe und das Gekochte*, (Suhrkamp) Frankfurt 1974; und ders.: „Le triangle culinaire", in: *L'Arc*, No. 26, 1965, S. 19–29.

oder für nicht-eßbar gehaltenen Nahrungsmitteln bedenkt und auch die komplizierten Vorschriften beim Zubereiten und Servieren, so wird es ziemlich unwahrscheinlich, daß Harris' Kosten-Nutzen-Theorie schon die ganze Erklärung ist. In der Tat ist jede Art von Utilitarismus ein schlechter Ratgeber für das, was Konsumenten sich ausdenken mögen, um ihr Leben zu verlängern, um schöner, sexy und selbstbewußt zu erscheinen. Utilitarismus und Materialismus ist eher jene Bewußtseinsform, mit der die bürgerliche Gesellschaft ihre nicht-rationale Ökonomie vor sich selbst verbirgt, wie wir in Kapitel 4 sehen werden.

Die symbolischen Werte, die sowohl im Produktions- wie im Konsumptions-Sektor der Wirtschaft zirkulieren, lassen sich nicht auf eine pragmatische Logik der Effizienz reduzieren, es sei denn, wir verheimlichten uns selbst die umfassende Kultur-Ökonomie, in der wir arbeiten und konsumieren. Diese These will Sahlins belegen und er liefert so eine eigene Erklärung[18] für die kulturellen Präferenzen, die den amerikanischen Ernährungsgewohnheiten zugrundeliegen. Er greift dazu auf Arbeiten von Douglas, Edmund Leach und Lévi-Strauss zurück, deren wesentlichen Kern wir bereits dargestellt haben. Fleisch ist demnach der Mittelpunkt einer amerikanischen Mahlzeit. Steak, insbesondere, gilt dabei als Männernahrung. Das ist amerikanisch, es erinnert an harte Arbeit auf der Ranch, die Geschichten von Cowboys und Indianern und die Lebensweise von Menschen in der Zwischenstation vom Nomaden zum Stadtbürger. Amerikaner essen Fleisch. Sie essen Steaks, Hamburger, Schinken und Schweinefleisch; aber sie essen keine Pferde oder Hunde. Anders als die Franzosen verfüttern sie Pferdefleisch nicht einmal an ihre Hunde. Vielmehr verwenden sie einige Mühe darauf, ihre Hunde und Katzen so zu ernähren wie sich selbst, obgleich sie ihren Tieren mehr Innereien geben, als sie selbst essen würden.

Wie sollen wir diese Merkwürdigkeiten erklären? Wieder können wir konkurrierende Erklärungen heranziehen. Die Amerikaner, werden manche sagen, sind die geschäftigsten Leute der Welt. Zusammen verbrauchen und produzieren sie deshalb im Kollektiv enorme Mengen an Energie vom elektrischen Strom bis zum Heizöl, auf der individuellen Ebene sind es Proteine. Der amerikanische Körper ist eine Energie-

---

[18] Sahlins, „Food Preference and Tabu in American Domestic Animals", and „Notes on the American Clothing System", in: ders.: *Culture and Practical Reason*, op. cit., S. 170–204.

Fabrik; sie produziert Gesundheit, Kraft, Jugend, Lächeln, Sex und Zufriedenheit. Ganz natürlich ist die amerikanische Ernährung auf all dies abgestimmt. Trotz ihrer nahrungswissenschaftlichen Fehler sind die Fast-Food-Stores symptomatisch für amerikanische Ernährung. Mit anderern Worten, Amerikaner essen hoch im Sattel („high on the hog") und wenn sie anhalten und sich umsehen, dann sehen sie einige, die nicht so üppig essen: Arme, Erfolglose, Faule oder Kranke, oder auch Food-Freaks, die aus dem alltäglichen Fluß ausgestiegen sind und vegetarische Diät genießen und irgendeine friedliche Lebensphilosophie. Fleisch ist das Rückgrat des American Way of Life und dort gleichbedeutend mit Kraft und Fleiß.

Der Darstellung von Leach folgend wollen wir die Reihe von Haustieren betrachten, die in abnehmender Eßbarkeit – Rinder, Schweine, Pferde, Hunde – mit einer Reihe von sozialen Beziehungen korrellieren, der abnehmende Grade sozialer Gemeinschaft und/oder Tischgenossenschaft entsprechen.[19] So fällt auf, daß es ziemlich scharfe Unterscheidungen zwischen eßbaren und nicht eßbaren Tieren gibt, ganz ähnliches in der Kategorie der eßbaren Tiere – Rinder und Schweine – mit ihrer strengen Unterscheidung zwischen dem „Fleisch" und den „Innereien" der Tiere. Amerikaner beachten, anders gesagt, ein Eß-Tabu bezüglich Pferden und Hunden und es wird ihnen übel – um das mindeste zu sagen – vor Innereien. Warum denken sie ihre Nahrung in dieser Weise?

Dem Argument von Leach folgend können wir beobachten, daß das Eß-Tabu mit der Verwandtschaftsreihe insofern korreliert, als Pferde und Hunde die menschliche Gesellschaft teilen, Namen haben, Freunde sind und sogar geliebt werden. Rinder und Schweine sind in dieser Hinsicht weniger menschlich. Vom Fleisch dieser Tiere essen würde weniger bedeuten, das eigentliche Tier, sondern seine Innereien zu essen, womit erneut die Grenze zwischen Mensch und Tier aufrechterhalten wird – und dies trotz der täglichen Notwendigkeit, sie zu verletzen. Diese Grenze wird damit sozioökonomisch reproduziert, daß sich die höheren Schichten mehr Steaks leisten können als die niederen, während die ärmeren, insbesondere die Schwarzen gezwun-

---

[19] Edmund Leach, „Anthropological Aspects of Language: Animal Categories and Verbal Abuse", in: Eric H. Lenneberg (Ed.): *New Directions in the Study of Language*, (MIT Press) Cambridge 1964, S. 23–63. Tatsächlich ist Leach's These komplizierter, als sie hier dargestellt wird. Er beschäftigt sich mit dem Zusammenhang zwischen Graden der sexuellen Tabuisierung und bestimmten Tier-Kategorien, um deren Verwendbarkeit als Schimpfworte erklären zu können.

gen sind, sich mit Billigerem („cheaper cuts") und natürlich den Innereien zu begnügen.

Können wir Gesellschaft radikal und neu mit unseren Körpern denken? Oder bleiben wir in kategorialen Systemen stecken, die nur uns denken? Um zum Schluß zu kommen, möchte ich einen zweiten Blick auf den symbolischen Status von Fleisch in der amerikanischen Ökonomie werfen. Man meint allgemein, die Amerikaner wären die am besten ernährten Menschen der Welt. Es gehört zu dieser Alltagsweisheit, daß amerikanische Hilfsprogramme typisch die Form von Nahrungsmitteln und Getreide an anderswo hungernde Völker annimmt. Tatsächlich haben amerikanisches Dumping von Milchprodukten und der Protein-Mythos ganz erhebliche transnationale Auswirkungen auf schwächere Agrargesellschaften.[20] In Wirklichkeit sind die Vereinigten Staaten in der Nahrungsproduktion ebenso wenig Selbstversorger, wie in irgendeinem anderen Produktzweig, auf den die amerikanische Wirtschaft so stolz ist. Die schreckliche Wahrheit ist, daß die Vereinigten Staaten ebenso wie die andere westliche Welt Proteine aus der unterernährten (und oft hungernden) Dritten Welt im Überschuß einführt. Der Geograph und Ernährungswissenschaftler Georg Borgstrom schreibt: „Über Ölsaaten (Erdnüsse, Palmkerne, Copra etc.), Ölsaatprodukte und Fischmehl erhält die westliche Welt gegenwärtig eine Million Tonnen mehr Proteine aus der hungernden Dritten Welt, als dieser in Form von Getreide geliefert wird. Mit anderen Worten, der Westen tauscht etwa 3 Millionen Tonnen Getreide-Proteine gegen 4 Millionen Tonnen hochwertiger Proteine anderer Sorten, die dem Getreide alle überlegen sind."[21]

Noch erstaunlicher ist der Produktionsprozeß selbst, der die amerikanische Passion für Fleisch als wichtigstes Gericht zu Hause, im Hotel oder in den Fast-Food-Restaurants befriedigt. Der Kreislauf beginnt mit der enorm erhöhten Produktivität des amerikanischen Getreides infolge der genetisch manipulierten Saatgutverbesserungen und des Gebrauchs von Düngemitteln und Pestiziden. Wir übergehen die in der Folge auftretenden Gesundheitsrisiken dieser Produktion, obwohl sie natürlich bedeutsam sind für die Themen, die im späteren

---

[20] Vgl. M.A. Crawford und J.P.W. Rivers, „The Protein Myth", in: F. Steele und A. Bourne (Eds.): *The Man/Food Equation*, (Academic Press) New York 1975, S. 235–245.
[21] Georg Borgstrom *The Food and People Dilemma*, (Duxbury Press) Belmont, Calif. 1973, S. 64.

Kapitel über medizinische Körper behandelt werden sollen. Die Amerikaner verteilen großherzig Getreide, verschwenden Nahrungsmittel und laden Milchprodukte (per Dumping) im Ausland ab, aber nichts beseitigt soviel amerikanisches Getreide wie das amerikanische Mastkalb. Bei der Umwandlung von pflanzlichen in tierische Proteine verbraucht ein durchschnittliches Mastkalb sechzehn Pfund Getreide, um ein Pfund Fleisch auf den Mittagstisch zu bringen, Schweine brauchen sechs, Truthähne vier und Hühner drei; ein Pfund Getreide bringt einen halben Liter Milch. Oder, will man das Problem aus der anderen Richtung betrachten: ein Hektar Getreide ergibt fünf mal mehr Proteine als ein Hektar, mit dem Fleisch produziert wird; ein Hektar mit Bohnen, Erbsen oder Linsen ist zehn mal ertragreicher und ein Hektar mit Blattgemüse bringt fünfzehn mal soviel Protein. Das amerikanische Mastkalb ist eine Proteinfabrik im Rückwärtsgang!

Um Fleisch im amerikanischen Lebensmittelmarkt seinen Ehrenplatz zu halten, muß man zudem die Fütterungsmaschinen in Gang halten – die Zwangsfütterung von Getreide, Sojabohnen, Milchprodukten, Fischmehl und Weizenkeimen unter Fließbandbedingungen, mitsamt der Zugabe von Hormonen und Antibiotika, – mit gelegentlichen Gesundheitsrisiken für den amerikanischen Verbraucher und dem sicheren Hungerrisiko für Millionen anderswo auf der Welt. Der Autor von *Diet for a Small Planet* bemerkt dazu:

> „Wenn wir von Milchkühen absehen, so beträgt bei amerikanischem Vieh die durchschnittliche Umwandlungsrate 7 Pfund Getreide und Sojamehl für die Produktion von einem Pfund eßbarem Fleisch. (Man beachte, daß diese eine Durchschnittszahl für relativ gute (Hühner) und schlechte Futterverwerter (Mastkälber) ist). Nach dieser Schätzung haben wir von den 140 Millionen Tonnen Getreide und Sojabohnen, die wir 1971 an Rinder, Geflügel und Schweine verfüttert haben, nur *ein Siebentel* oder nur 20 Millionen Tonnen an Fleisch zurückbekommen. *Der Rest, fast 118 Millionen Tonnen Getreide und Sojabohnen, wurde dem menschlichen Konsum entzogen*. Obwohl wir im Export von Getreide und Sojabohnen in der Welt führend sind, ist diese unglaubliche Menge, die durch Viehzucht „verloren" gegangen ist, doppelt so groß wie unser gesamter gegenwärtiger Export. Diese Menge genügt, um jedes einzelne menschliche Wesen auf der Erde an jedem Tag des Jahres mit mindestens einer Schale Getreidespeise zu versorgen."[22]

Wir sind also, was wir essen oder nicht essen; und das gleiche kann man von der Gesellschaft sagen. Unsere Körper sind sozial auf fast jede nur denkbare Art und Weise und doch sind es unsere Körper,

---

[22] Frances Moore Lappé, *Diet for a Small Planet*, (Balantine) New York 1975, S. 13–14.

die wir von der Gesellschaft verlangen als unseren intimsten und privatesten Besitz. In einer Welt, in der Millionen hungern und andere unter Übergewicht leiden gibt es Leute, die sich „Eß-Schmuck" auf Plastik anstecken: Ringe, Nadeln, Halsketten und Ohrringe in *junk-food*-Formen: wie Hamburger, Hot Dogs und Apple-Pie. Zudem verbreiten Kochbücher und Gourmet-Magazine, was man „Gastro-Pornos"[23] genannt hat, entführen den urbanen Ästhetiker in die ländliche Idylle frischer Früchte und Gemüse, verschmelzen New York und die Provence, mischen Moral und Wahnsinn, Ökonomie und Extravaganz, all das in einer Welt von Sensationen zweiter Hand, deren einzige Konkurrenz die Welt der Sex-Bücher zu sein scheint, deren Metaphern gleicherweise gastronomisch sind. Man könnte hinzufügen, daß beides solipsistische Künste sind, Idylle einer selbstsüchtigen Versöhnung mit dem Verfall der verleiblichten Familie.

In diesem Kapitel wollte ich zeigen, wie sich zwei soziale Ordnungen verbinden, beide fleischorientiert, dennoch aus unterschiedlichen Ordnungen politischer Ökonomie und Religionen. Im Falle des biblischen Judentums bekräftigen Religion und Politik ihren Überlebenswillen, in einem heiligen Mahl zelebriert. In Nordamerika betont das totemische Mahl einen temporeichen Arbeitsfleiß, der im immer schnelleren Schnellimbiß gefeiert wird. Ich plädiere dafür, daß wir unsere Fleisch-Kultur unter dem Aspekt der Welt-Ernährungswirtschaft neu durchdenken. Wir müssen auch ein kritisches Gesundheitsbewußtsein für unsere restlichen Nahrungsmittel entwickeln, für ihren Weg vom Bauern durch Fabriken und Läden, Küche und Restaurant. Inzwischen gibt es große Sorgen über die Gesundheitsgefährdungen, die in unsere Ernährung hineinfabriziert werden. Jedermann muß darüber aufgeklärt werden. Unsere Familien und Schulen, wie auch die Massenmedien, müssen Kinder, Jugendliche und junge Familien über diese Themen unterrichten. Diese Aufgabe darf nicht dem guten Willen der Nahrungsmittelkonzerne überlassen bleiben, die ihre Supermärkte „familiengerecht" machen. Wir müssen also darauf insistieren, daß *die Familie ein denkender Körper* sein sollte, dessen Verstand in jeder gesunden Gemeinschaft und durch jedes Mittel gefördert werden sollte. Im weiteren Verlauf dieses Buches folgen genauere Vorschläge in der Absicht, die kritische Funktion der Familien-Intelligenz stark zu machen.

---

[23] Alexander Cockburn, „Gastro-Porn", in: *The New York Review of Books*, 8. Dezember 1977, S. 15–19.

3. *Kapitel:* Der politische Körper*

Jede politische Gemeinschaft muß einen symbolischen Ausdruck schaffen für ihren Glauben an die Ursprünge der Verhaltensordnung ihrer Mitglieder, um ihren Erhalt und alle möglichen Gefahren zu deuten. So taucht der Symbolismus des *politischen Körpers* wieder auf, wenn wir über das Wesen von Ordnung und Unordnung in menschlichen Gemeinschaften reflektieren. Von den plebejischen Aufständen in Rom bis zu den 68er Unruhen an den Hochschulen und den heutigen Anti-Atomkriegs-Protesten hat der menschliche Körper die Sprache und selbst den Text bereitgestellt für jeden politischen Protest und seine Konfrontation mit jenen Behörden, die die Inhumanität des Öffentlichen verwalten. Diese rhetorische Konzeption des politischen Körpers, für die ich eintrete, unterscheidet sich von der Rhetorik einer administrativen Politik-Wissenschaft darin, daß sie zu einer erheblichen Stärkung der *kommunikativen Kompetenz einer Bürger-Demokratie* beitragen wird. Bisher hat die Logik einer berechnenden Rationalität die Erstellung und Aufrechterhaltung sozialer Ordnung beherrscht und mit alternativen Gesellschaftsideen für utopisch oder irrational erklärt. Aber die repressiven Akte bürokratischer Rationalität haben zwangsläufig ihre Kritiker zur Suche nach neuen politischen Symbolen gezwungen – eine Suche, die sich anhand einer Analyse der klassischen Begriffe der Öffentlichkeitslehre als recht vernünftig erweisen läßt. Der politische Körper ist grundlegend für die Struktur unseres politischen Lebens. Er hält am Ende die Grundlagen bereit für jede letztinstanzliche Berufung, auf die man in Zeiten tiefer Krisen der Institutionen, in Hungersnot und Entfremdung, zurückgreifen kann, wenn es gilt, die elementaren Bindungen politischer Autorität und des sozialen Konsenses zu erneuern. Unser Plädoyer für die Logik des Körpers sucht das heute vorherrschende technologische und büro-

---

* *Fn des Hsg.:* Der englische Titel „The Body Politic" ist nicht einfach übersetzbar. Der „Staats-Körper" wäre zu eng an politische Institutionen und ihre Herrschaft geknüpft, der „Körper des Öffentlichen" wäre etwas zu weit. Der englischsprachige Begriff des „Politischen" hat eben einen weiteren Horizont als im Deutschen: John O'Neill's „Body Politic" bewegt sich in der Nachbarschaft von „Politics of Pain" (Anselm Strauss), eine Sprache des Politischen, die den deutschen Begriff des Politischen zur Erweiterung zwingt. (RG)

kratische Wissen zu erneuern und als alltägliches *Bio-Wissen* in Person und Familie einzubetten, deren Leben ansonsten durch die korporative* Wirtschaft und ihre therapeutischen Mittel verwaltet wird. Die Dringlichkeit dieses Problems wird in Kapitel 5 sichtbar, wenn wir auf die Technologien der medikalisierten Herrschaft eingehen, die den therapeutischen Staat kennzeichnen.

Von Leonard Barkan haben wir den Vorschlag, in der Entwicklung des anthropomorphen Bildes von Universum und Gesellschaft grob drei Stufen zu unterscheiden:
(1) *einfacher Anthropomorphismus:* Diese Stufe nannten wir den Welt-Körper. Wie Vico gezeigt hat, hatten die ersten Menschen nichts außerhalb ihres Körpers, um Kosmos und Gesellschaft zu denken;
(2) *der organische Kosmos:* Auf dieser Stufe ist die Körper-Symbolik im Denken über Universum und Gesellschaft abstrakt geworden und die Rätsel dieser Symbolik werden erforscht. Wichtige Elemente des antiken und des mittelalterlichen philosophischen, kosmologischen und theologisch-politischen Denkens wurden uns so überliefert, wie wir in diesem Kapitel sehen werden, das auch die folgende Stufe behandelt:
(3) *die Erneuerung des politischen Körpers:* Von Zeit zu Zeit wird die Symbolik des menschlichen Körpers wiederbelebt, um die menschliche Gestalt der Menschen wieder geltend zu machen, die von sozialen und politischen Kräften bedroht sind, die Männer und Frauen wie Dinge oder Automaten zu verwalten suchen.[1] Hier können wir dann von radikalem Anthropomorphismus sprechen und ich werde diesen Gedanken weiterführen im Versuch, den politischen Körper in Reaktion auf das Dilemma des alltäglichen Lebens im modernen Verwaltungsstaat mit seinen therapeutischen Apparaten ganz neu zu denken.

Wir verschaffen uns zunächst einen Überblick über das Erbe des klassischen und mittelalterlichen Denkens über den politischen Körper. Plato konnte einen Zugang zum Wesen der *Polis* nur finden, indem er nach dem Integrations-Prinzip suchte, das aus der *Polis* mehr als nur eine physische oder natürliche Ansammlung machte.[2] Während zwar der menschliche Körper ein natürliches Kollektiv für Männer und Frauen bildet, gilt gleichwohl die Tatsache, daß das soziale und

---

* *Fn des Hsg.:* Der Vf. spielt mit dem Begriff der „corporate economy" sowohl die „Körperschaft" als auch die internationalen Dimensionen der „korporativen" Konzernwirtschaft an, obgleich „korporativ" in der politischen Soziologie auch noch einen anderen Wortsinn hat, ist die Begriffswahl „korporative Kultur, Wirtschaft" etc. hier zwingend. RG
[1] Barkan, op. cit., S. 62.
[2] Platon, Politeia II, 372a–374d.

politische Leben sie zusammenbringt aufgrund eines der natürlichen Notwendigkeit überlegenen Prinzips. Männer wie Frauen sind rationale und moralische Wesen zugleich. Die wahre *polis* entsteht so aus einer „Ersten Stadt", das heißt aus nichts anderem als *dem Körper im Großen*. Die „Erste Stadt" konstituiert sich als System des Austausches von Wünschen und Bedürfnissen, welches Männer und Frauen kollektiv vereint, genauso wie ihre verschiedenen körperlichen Bedürfnisse sie dazu nötigen, ihre individuellen biologischen Konstitutionen beizubehalten. In dieser „Ersten Stadt" werden Wohlergehen und Harmonie durch die Koordination der Künste von Handel und Kommerz erreicht, so wie die Gesundheit des Körpers sich aus der Befriedigung der Bedürfnisse seiner verschiedenen Glieder ergibt. Allmählich jedoch wird die „Erste Stadt" fiebrig in ihrer Jagd nach Luxus, läßt sich auf Kriege ein und wird sich in der Folge durch Aufnahme einer Klasse von Wächtern reorganisieren, deren rechte Erziehung wiederum eine Klasse von Philosophen und ihre Einsicht in das wahre Wohlergehen der Polis erforderlich macht. Obgleich die wahre Gesundheit des Körpers nichts anderes ist als das, was er vor der Krankheit war, gibt es für die Kunst seiner Wiederherstellung kein Vorbild in der Natur. Die Arbeit des Arztes und – in Analogie dazu – die Arbeit des politischen Philosophen ist die Arbeit der Vernunft. Einsicht in die wahre Aufgabe dieser Arbeit erzielt man dadurch, daß man die Polis als eine Seele im Großen behandelt, – aber ich kann auf diese Argumentation nicht weiter eingehen.

Die vielleicht berühmteste Beschreibung des revolutionären Gesellschaftskörpers stammt von Menenius Agrippa, der versucht, in einer kritischen Phase der römischen Geschichte den plebejischen Aufstand zu verhindern:

Vor langer Zeit, als die Glieder des menschlichen Körpers miteinander noch nicht wie heute übereinanderstimmten, sondern als jedes seine eigenen Gedanken hatte und Worte, um sie auszudrücken, da ärgerten sich die anderen Körperteile über die Tatsache, daß sie dafür sorgen sollten, alles für den Bauch heranzuschaffen, der selber faul war – umgeben von seinen Dienern – und nichts zu tun hatte, außer sich über die schönen Dinge zu freuen, die sie ihm gaben. Also verschworen sich die unzufriedenen Glieder, daß die Hand keine Nahrung zum Mund tragen solle, daß der Mund nichts von dem annehmen solle, was ihm angeboten wurde und daß die Zähne nichts zum Kauen akzeptieren sollten. Doch – oh weh! – Während sie versuchten, sich den Magen durch Aushungern zu unterwerfen, schwanden sie selbst und der ganze Körper zu nichts dahin. So wurde offenbar, daß auch der Magen eine nicht unbedeutende Aufgabe zu erfüllen hat: Er empfängt Nahrung, in der Tat, aber er versorgt seinerseits auch die anderen Glieder, indem er an alle Körperteile durch all seine Adern das Blut zurückgibt, das er durch den

Verdauungsprozeß gemacht hat; und von diesem Blut sind unser Leben und unsere Gesundheit abhängig.³

Wie wir wissen, hat man auf die Symbolik des Staatskörpers während er ganzen Antike und des Mittelalters zurückgegriffen. Aristoteles, Cicero, Seneca und viele andere Schriftsteller benutzten immer wieder die Bilder von Harmonie, Balance, Fieber und Disproportion als grundlegende Figuren des politischen Denkens. Eine wesentliche Erweiterung dieser Denkfiguren findet sich beim Apostel Paulus in der Lehre vom *mystischen Körper:* Die Einheit in der Differenz, von den Gliedern des menschlichen Körpers zusammengehalten, wird als Basis für die charismatische Einheit der Mitglieder der christlichen Gesellschaft aufgefaßt, wo jeder seine Talente zum Wohle der Anderen einsetzt und zwar immer als eine Gabe Gottes und nicht als eigenes Vermögen. Die Erhabenheit der christlichen Konzeption einer Einheit in der Differenz ist wunderbar verdeutlicht in den kreisförmigen Figuren des Körpers Christi (vgl. Abb. 4), der zugleich den Baum des Lebens enthält und seine Glieder intim beschützt. Hier, durch diese beiden innig verbundenen Figuren, den Kreis und den Baum, betreten wir den grenzenlosen Raum Gottes, der gleichwohl die Proportionen des leibhaftigen Menschen-Sohnes hat. Paulus beschreibt dieses Bild so:

Es sind verschiedene Gaben aber es ist ein Geist.
Und es sind verschiedene Ämter; aber es ist ein Herr.
Und es sind verschiedene Kräfte; aber es ist ein Gott, der
wirkt alles in allen.
In einem jeden offenbart sich der Geist zum Nutzen aller. (1. Kor. 12, 4–7)
Denn wie der Leib einer ist und doch viele Glieder hat, alle
Glieder des
Leibes aber, obwohl sie viele sind, doch ein Leib sind: so
auch Christus.
Denn wir sind durch einen Geist alle zu einem Leib getauft,
wir seien Juden oder Griechen, Sklaven oder Freie, und sind
alle mit einem Geist getränkt.
Denn auch der Leib ist nicht ein Glied, sondern viele.
Wenn aber der Fuß spräche: Ich bin keine Hand, darum bin ich
nicht Glied des Leibes, sollte er deshalb nicht Glied des
Leibes sein?
Und wenn das Ohr spräche: Ich bin kein Auge, darum bin ich
nicht Glied des Leibes, sollte es deshalb nicht Glied des
Leibes sein?

---

³ Livy, *The Early History of Rome,* Buch I–IV von *The History of Rome from its Foundation,* (Penguin) Harmondsworth 1960, S. 141–142.
⁴ Vgl. John A.T. Robinson, *The Body: A Study in Pauline* Theology (SCM Press) London 1952.

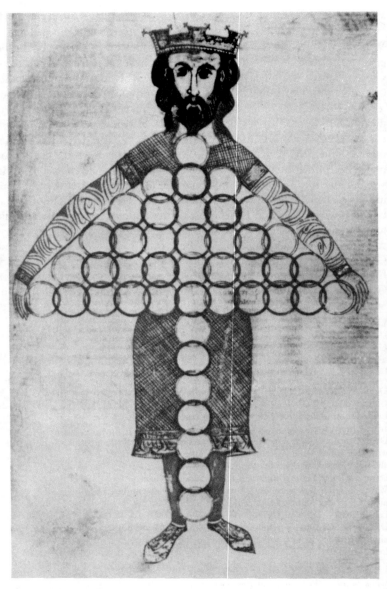

Abb. 4 Buchillustration: Christus, ca. 1341; Wiederabdruck aus Alzbeta Güntherova und Jan Misianik: „Illuminierte Handschriften aus der Slowakei", (Artia) Prag.

Wenn der ganze Leib Auge wäre, wo bliebe das Gehör? Wenn er
ganz Gehör wäre, wo bliebe der Geruch?
Nun aber hat Gott die Glieder eingesetzt, ein jedes von ihnen
im Leib, so wie er gewollt hat.
Wenn aber alle Glieder ein Glied wären, wo bliebe der Leib.
Nun aber sind es viele Glieder, aber der Leib ist einer.
Das Auge kann nicht sagen zu der Hand: Ich brauche Dich nicht;
oder auch das Haupt zu den Füßen: Ich brauche Euch nicht.
Vielmehr sind die Glieder des Leibes, die uns die schwächsten
zu sein scheinen, die nötigsten;
und die uns am wenigsten ehrbar zu sein scheinen, die
umkleiden wir mit besonderer Ehre; und bei den unanständigen
achten wir besonders auf Anstand;
denn die anständigen brauchen's nicht.
Aber Gott hat den Leib zusammengefügt und dem geringeren Glied
höhere Ehre gegeben
damit im Leib keine Spaltung sei, sondern die Glieder in
gleicher Weise füreinander sorgen.
Und wenn ein Glied leidet, so leiden alle Glieder mit,
und wenn ein Glied geehrt wird, so freuen sich alle Glieder
mit. (1. Kor. 12, 11–26)

Eine der bemerkenswertesten Weiterentwicklungen der Symbolik des politischen Körpers ergab sich aus der Verknüpfung von bestimmten Lehren der hoch-mittelalterlichen politischen Theologie mit der rechtlichen Fiktion der zwei Körper des Königs – dem *natürlichen Körper* und dem *politischen Körper:*

„Der König hat zwei Eigenschaften, denn er hat zwei Körper, von denen der eine ein natürlicher Körper ist mit natürlichen Gliedern wie bei jedem Menschen, und mit diesem Körper ist er – wie alle Menschen – Leidenschaften und dem Tod unterworfen; der andere Körper ist ein politischer Körper, dessen Glieder sind seine Untertanen, und zusammen mit seinen Untertanen bildet er – wie Southcote gesagt hat – die Körperschaft (Corporation) und der König und seine Untertanen sind Teil dieser Körperschaft, er ist das Haupt und sie die Glieder, und er hat die alleinige Herrschaft über sie; dieser Körper ist nicht – wie der andere – Leidenschaften und dem Tod unterworfen, denn, was diesen Körper angeht, stirbt der König niemals, und sein natürlicher Tod wird (wie Harper sagt) in unserem Recht nicht als Tod des Königs bezeichnet, sondern als sein Ende, wobei mit diesem „Ende" (Demise) nicht gemeint ist, daß der politische Körper des Königs tot sei. Es gibt vielmehr eine Trennung der zwei Körper, der politische Körper geht von dem natürlichen Körper, der nun tot bzw. der Königswürde entkleidet ist, auf einen anderen natürlichen Körper über. Gemeint ist also eine Übertragung des politischen Körpers des Königs dieses Reiches von einem natürlichen Körper auf einen anderen."[5]

Die Fiktion von den zwei Körpern des Königs geht, schaut man den Wortlaut der obigen Passage genauer an, auf die Korporations-Lehre

---

[5] Ernst Kantorowicz, *The King's Two Bodies,* (Princeton University Press) Princeton 1957, S. 13.

der römischen Kirche zurück, die zur Zeit der Karolinger aus den Paulus-Texten entwickelt wurde. Vereinfacht gesagt, wurden der mystische Körper Christi (der Eucharist) und der Körper Christi (die Kirche und die irdischen Gläubigen aller Zeiten) miteinander verschmolzen als Antwort auf die Kontroverse über die tatsächliche Gegenwart Christi in der Eucharistie. So wurde der Körper der Eucharistie einfach *corpus christi* (vorher die christliche Gesellschaft) und die Kirche wurde zum *corpus mysticus* – vorher Ausdruck für den Körper der Eucharistie. Genau zu der Zeit also, als die Kirche allmählich als säkulare Macht neben anderen säkularen, legalen und politischen Institutionen anerkannt wurde, liefert sie diesen Institutionen die Unterscheidung zwischen dem natürlichen Körper Christi und seinem spirituellen oder kirchlichen Körper. Ernst Kantorowicz schreibt dazu:

„Es war üblich geworden, von der Kirche als dem „mystischen Körper Christi" zu sprechen (*corpus Christi mysticum*), was sakramental allein Sinn macht. Jetzt aber wurde aus der Kirche, die bisher der mystische Körper Christi war, ein mystischer Körper eigenen Rechts. Das heißt, der Organismus der Kirche wurde zu einem „mystischen Körper" in einem beinahe juristischen Sinne: eine mystische Körperschaft. Die Veränderung der Terminologie wurde nicht willkürlich eingeführt. Sie bezeichnete einfach einen weiteren Schritt dem Ziel entgegen, die klerikal-körperschaftliche Institution des *corpus ecclesia iuridicum* mit dem *corpus ecclesia mysticum* zusammenzuführen und damit den Begriff des „mystischen Körpers" zu säkularisieren."[6]

Darüber hinaus erleichterte es dieser terminologische Wandel dem Papst, das politische Oberhaupt des säkularen politischen Körpers der Kirche statt des eucharistischen Kirchen-Körpers zu sein. So war auch die Terminologie vorbereitet für die juristische Aneignung der spirituellen und transzendentalen Prädikate des mystischen Körpers durch den streng säkularen politischen Körper. Es blieb den Juristen überlassen, die Lehre von der korporativen Kontinuität des Staates auszuarbeiten. Insbesondere war da das Problem, den König mit zwei Körpern auszustatten, so daß sein politischer Körper sein natürliches „Ende" überleben konnte. Wir können hier nicht die Argumente verfolgen, mit denen weitere Unterscheidungen eingeführt wurden, um die öffentlichen und privaten Eigenschaften des Königs zu behandeln, die unveräußerliche Souveränität des Volkes und die entsprechenden Ansprüche aus dem positiven und dem Naturrecht. Ich möchte hier nur betonen, daß die mittelalterliche Theorie der politischen Körper-

---

[6] Kantorowicz, op. cit., S. 201.

schaft niemals in die Nähe der Fiktionen des organischen oder totalitären Staates des späten 19. Jahrhunderts geriet. Ganz im Gegenteil, die mittelalterliche Tradition trennte scharf zwischen der Souveränität des Staates und der des Individuums. Diese Tradition hat sich immer gegen jede Fiktion des Staates als einer höheren geistigen Einheit gewehrt. Ich werde weiter unten dafür plädieren, einige Teile dieser Tradition wiederzubeleben. Während der Renaissance haben politische Denker die Körper-Symbolik weitergeführt, um das Verhältnis zwischen dem Kopf des Staates und seinen Gliedern neu zu denken.[7] Als z.B. Aeneas Sylvius (1466) sein Werk *De ortu et auctoritate imperie romani* schrieb, eine Abhandlung über die Ursprünge und Macht der römischen Herrschaft, da war es für ihn durchaus denkbar, daß man unter Umständen den Kopf des Fürsten wie eine Hand oder einen Fuß opferte, wenn sich dadurch das Leben des politischen Körpers retten ließ. Für dieses Denken war es axiomatisch, daß dem Leben des Körpers Priorität gegenüber dem Leben seiner Glieder zukam: hierin verbarg sich auch die Möglichkeit der Verteidigung von Lüge, Betrug und Unrecht gegenüber Individuen, wenn dies dem Staatskörper diente. Natürlich sah Aeneas Sylvius (der spätere Papst Pius II) überhaupt nichts heilsames in einem enthaupteten Staat. Doch für spätere Königsmorde wäre die Sache vielleicht viel schwieriger gewesen, wenn es nicht die Lehre von den zwei Körpern des Königs gegeben hätte, – einerseits den weltlichen, den man beseitigen kann, der andere spirituell und deshalb biologisch unzerstörbar. Wie die Körper-Symbolik mit Blick auf einen möglicherweise kopflosen Staat funktioniert, hat Sir John Fortescue sehr schön in seiner Rechtfertigung einer moderaten Monarchie in den Jahren 1468 bis 1471 beschrieben:

„Der Heilige Augustinus hat im 19. Buch seines Werkes *De Civitate Dei* im Kapitel 23 gesagt, *Ein Volk sei ein Körper von Menschen, vereint durch die Zustimmung zum Gesetz und die Gemeinsamkeit der Interessen.* Doch ein solches Volk verdient nicht, ein Körper genannt zu werden, solange es akophal ist, d.h. kopflos. Es ist nämlich wie bei natürlichen Körpern – was nach einer Enthauptung übrig bleibt ist kein Körper, sondern das, was wir Rumpf nennen, so auch beim Staats-Körper: eine Gemeinschaft ohne Haupt ist auf gar keinen Fall ein Körper. Daher sagt Aristoteles im ersten Buch seiner *Politik: Wann immer ein Körper aus vielen einzelnen zusammengesetzt ist, wird einer herrschen und die anderen werden beherrscht werden.* Wenn also ein Volk sich in einem Königreich oder irgendeinem anderen Staatskörper organisieren möchte, muß es immer einen Mann zur Regierung des ganzen Körpers einsetzen, der in Analogie zu einem Königreich (vom Lateinischen *regendo*) üblicherweise *Rex* oder König genannt

---

[7] Paul Archambault, „The Analogy of the ‚Body' in Renaissance Political Literature", in *Bibliothèque d'Humanisme et Renaissance*, 29, 1967, S. 21–63.

wird. Wie also der natürliche Körper aus dem Embryo wächst – von einem Kopf gelenkt –, so geht das Königtum aus dem Volk hervor und existiert als ein mystischer Körper, der von einem Mann als Kopf regiert wird. Und so wie im natürlichen Körper nach Aristoteles das Herz die Quelle des Lebens ist, die das in ihr enthaltene Blut an alle Glieder weitergibt, wodurch diese belebt und beseelt werden, so ist im Staats-Körper der Wille des Volkes die Quelle allen Lebens, die das Blut, nämlich die politische Voraussicht im Interesse des Volkes in sich trägt und an den Kopf und alle Körperglieder übermittelt, wodurch der Körper erhalten und beseelt wird."[8]

Zwischen Aeneas Sylvius und Sir John Fortescue stellen wir also einen interessanten Handel fest. Wenn der Vorrang des Kopfes über Herz und Bauch bewahrt bleibt, so tendiert der Staatskörper zur Autorität. Wenn dagegen die vitalen Leistungen des Herzens und des Magens betont werden, ergibt sich eine Tendenz zur gemäßigten Monarchie. (Es wäre falsch, im letzten Fall von Demokratie zu sprechen, weil noch keiner einen Körper mit vielen Köpfen favorisiert hat.) Um das Bild ein wenig zu variieren: Der Fürst als der Arzt des politischen Körpers kann auch als Quelle von Schwierigkeiten angesehen werden, unter denen seine Patienten leiden, und es mag wahrscheinlicher sein, daß sie geheilt werden, wenn er die Anwendung seiner kruden Medizin unterläßt. Dieser Meinung war übrigens Montaigne, dessen Skepsis gegenüber der Medizin sogar noch größer war als die gegenüber der Philosophie: „Die Erhaltung von Staaten ist etwas, was wohl unser Verstehen übersteigt. Wie Plato sagt, ist eine zivile Regierung eine mächtige Angelegenheit und schwer zu zerstören. Sehr oft überdauert sie tödliche innere Krankheiten, das Unheil ungerechter Gesetze, die Tyrannei wie die Ignoranz von Beamten und die Zügellosigkeit und den Aufruhr des Volkes.[9] Doch wo der Fürst eher als philosophischer Arzt gesehen wird (wie bei Budé oder bei Erasmus) finden wir ein vertrauensvolleres Bild des Fürstenamtes als es ansonsten durch fürstliche Ignoranz und Korruption gerechtfertigt wäre. In beiden Fällen tut der politische Körper gut daran, robust und ausgewogen zu sein und sich nicht den Extremen der Temperamente und des Reichtums zu unterwerfen, wenn er die Dienste seiner Herrscher überleben soll. Daher gründete Machiavelli auch seine rüden politischen Ratschläge auf die Fähigkeit des „gemischten" Körpers, Wandel und Zerstörung

---

[8] Sir John Fortescue, *De laudibus legum Angliae*, hsg. und übers. von S.B. Chrismes, (Cambridge University Press) Cambridge 1942, S. 31.

[9] *The Complete Essays of Montaigne*, übers. von Donald M. Frame (Stanford University Press), Stanford 1965, Buch III 9:732–733. Vgl. auch Carol E. Clark, „Montaigne and the Imagery of Political Discourse in Sixteenth Century France", in: *French Studies*, 24. Oktober 1970, S. 337–355.

zu überleben und sich selbst zu erneuern.[10] Im allgemeinen jedoch diente die Körper-Symbolik den Interessen einer gemäßigten Monarchie, vorzüglich ausgedrückt durch Sir John Fortescue:

„In der Tat ähnelt das Gesetz, welches aus einer Gruppe von Menschen ein Volk macht, den Nerven des physischen Körpers, denn, wie der Körper durch die Nerven zusammengehalten wird, so wird dieser mystische Körper zusammengehalten und zu einem Ganzen vereint durch das Gesetz: *lex*, was sich von dem Wort ‚*ligando*‘ herleitet. Aber die Glieder und Knochen dieses Körpers, welche eine solide Grundlage für die Wahrheit abgeben, auf der die Gemeinschaft ruht, bewahren ihre Rechte durch das Gesetz, so wie der natürliche Körper sich der Nerven bedient. Aber so wie der Kopf des physischen Körpers nicht seine Nerven verändern kann oder seinen Gliedern die eigene Kraft oder die ihnen zustehende Versorgung mit Blut verweigern kann, so kann der König als Haupt des politischen Körpers nicht die Gesetze dieses Körpers verändern oder unaufgefordert und gegen den Willen des Volkes dieses Volk seiner eigentlichen Substanz berauben. Dies, Fürst, ist die Form für die Institution des politischen Königtums, aus der Du die Macht ersehen kannst, die der König im Respekt vor dem Gesetz und seinen Untertanen, ihren Körpern und ihren Gütern ausüben kann, und er hat die Macht dazu, weil sie vom Volk ausgeht, so daß es ihm nicht erlaubt ist, sein Volk mit Hilfe irgendeiner anderen Macht zu regieren."[11]

Diese Sätze werden belegen, so meine ich, daß mein folgender Versuch, bestimmte Figuren der antiken und der mittelalterlichen Konzeption des politischen Körpers[12] zu erneuern, keine Umkehr der liberalen, individualistischen Tradition bezweckt zugunsten irgendeiner organismischen oder totalitären Konzeption des politischen Lebens. Ich meine vielmehr, daß wir überhaupt nur deshalb den politischen Staatskörper neu zu denken haben, weil der moderne liberale Verwaltungsstaat sich den Zwängen der „Organisation" unterworfen hat. Zugegeben, angesichts des modernen Verwaltungsstaates und der Begleiterscheinung des bürgerlichen Privatismus ist es schon eine enorme Herausforderung an die politische Phantasie, jenes Bild des politischen Körpers wiederbeleben zu wollen.

Die politische Rhetorik bewegt sich mit ihrem ganzen Gewicht in die andere Richtung. Das heißt, der politische Diskurs wird immer mehr durch die Legitimationsbedürfnisse des Verwaltungs-Staates geformt, durch seine öffentlichen und privaten Programme zur Vertei-

---

[10] Nicole Machiavelli, *Discorsi, Gedanken über Politik und Staatsführung*, (Kröner) Stuttgart 1966.
[11] *De Laudibus legum Angliae*, op. cit., S. 33.
[12] Vgl. Otto Gierke, *Political Theories of the Middle Age*, (Cambridge University Press) Cambridge 1958, S. 67–71.
[13] Vgl. Jürgen Habermas, *Legitimationsprobleme im Spätkapitalismus*, (Suhrkamp) Frankfurt 1973.

lung sozioökonomischer Güter und Dienstleistungen.[13] Um staatliche Interventionen in wesentlichen Bereichen des sozialen und ökonomischen Lebens zu ermöglichen, ist es notwendig, die Administration dieser Bereiche als Aufgabe expertiser technischer Wissenschaften zu verstehen, deren professionelle Praxis nach einem Klienten- oder Patienten-Modell seiner Bürger verlangt. So zeige sich – wie Jürgen Habermas argumentiert –, daß der Verwaltungs-Staat die Entpolitisierung der Öffentlichkeit betreibt, indem er gleichzeitig (1) *bürgerliche Privatisierung* (das Streben nach Konsum, Freizeit und Karriere im Austausch für politische Abstinenz) und (2) *Entpolitisierung der Öffentlichkeit* als ideologische Rechtfertigung von (1) hervorbringt, und zwar mittels Elite-Theorien des demokratischen Prozesses und technokratischer System-Theorien, die die Macht der Verwaltung rationalisieren.[14]

Diese beiden Strategien ermutigen eine Art von Familialismus, der sich von jeder öffentlichen und kritischen Vernunft abgelöst hat. Dieser Prozeß wird durch die Abhängigkeit des liberalen Wohlfahrtsstaates von der Politik der multinationalen korporativen Unternehmen noch verstärkt. Und tatsächlich ist ja der Wohlfahrtsstaat weitgehend gezwungen, die Fiktion der politischen Souveränität in einem Schatten-Kampf mit einem höchst agilen Gegner aufrechtzuerhalten, der nicht einmal im selben Ring kämpft. Die multinationalen Unternehmen können darüber hinaus davon ausgehen, daß ihre Ressourcen-Verteilung auf private und öffentliche Güter und Dienstleistungen *ex post facto* ratifiziert wird, insofern der Staat die Lücke zwischen den Versprechungen und den tatsächlichen Leistungen des Marktes durch seine eigene wirtschaftliche Aktivität absichert, auch wenn dieser behauptet, damit nur ein vernünftiges Sozial-Programm zu erfüllen. Diese Strategien verlangen einen technischen Stil des politischen Diskurses, dem die Vorstellung des politischen Körpers fremd ist.

Es ist jedenfalls eine Tatsache, daß Männer und Frauen, insbesondere aber viele junge Leute, mit der Organisation ihres Lebens unzufrieden sind. Sie erleben dieses Unglück nicht einfach als Ergebnis wirtschaftlicher Ausbeutung, sondern eher als Zustand einer zunehmenden linguistischen *Entfremdung* von dem bürokratischen und administrativen Diskurs der Experten, die im Namen von Staat, Schule, Kliniken oder Sozialbehörden agieren. Die Rationalisierung der verwalteten Gesellschaft setzt voraus, daß der politische Diskurs problemspezifisch und

---

[14] Habermas, op. cit., S. 54–56.

einer dezisionistischen und kalkulatorischen Vernunft unterworfen ist. Zudem kommt die Verwissenschaftlichung von Sprache und Darstellungsweise der Sozialwissenschaften nun ihrerseits dem Bestreben der Ämter entgegen, Institutionen und soziales Verhalten nach Maßstäben maximaler Effektivität zu verwalten. Solche Vorbereitung erweist sich jedoch als wenig hilfreich für den täglichen Umgang mit Arbeitslosigkeit, Ignoranz und jugendlichen Selbstmorden oder Schwangerschaften, mit denen Familien, Kirchen und Sozialämter so gut wie eben möglich fertig werden müssen. Aber damit nicht genug, die Fähigkeit einer verwalteten Gesellschaft, sich im großen und ganzen Treu und Glauben zu sichern, indem sie dafür an Diensten partizipieren läßt, reduziert politische Partizipation auf den Anspruch auf „Information" über unabänderliche Ereignisse, die zu mißbilligen wir in Wahlen ein residuables Recht haben. In der Kombination wirken diese Prozesse auf die kommunikative Kompetenz von Bürgern, Familien, Kirchen und Gemeinden ein, der Diskurs über die idealen Werte des politischen, wirtschaftlichen und sozialen Lebens wird marginalisiert und zum Geschwätz entfremdet, dem jede rationale – d.h. entscheidungsrelevante – Grammatik fehlt. An anderer Stelle habe ich gezeigt, daß zum Beispiel Straßentheater, Rockmusik und die Punksprache trotz ihres scheinbar irrationalen und destruktiven Auftretens tatsächlich Ausdruck der kommunikativen Kompetenz von Gruppen sind, die gegen die militärische und korporative Dominanz auftreten. Auf den ersten Blick erscheinen diese Bewegungen nach Sprache, Kleidung und Improvisation der Beteiligten als ganz armselige Versuche, die Legitimität des korporativen, ökonomischen und politischen Systems anzugreifen. In Wirklichkeit zeigen sie aber eine hoch gebildete und raffinierte Rationalität einer ausgewachsenen Subversion von Massenloyalität und ziviler Privatisierung. Gerade mit ihrer Überschreitung der Grenzen zwischen öffentlicher und privater Sprache verdeutlichen sie die Willkür etablierter Interessen und das Zusammenspiel zwischen politischer Information und dem Schweigen der Öffentlichkeit. Hinter den Eskapaden der 60er Jahre verbarg sich noch kaum artikuliert das Recht, an den intellektuellen, sprachlichen und künstlerischen Ressourcen des politischen Körpers teilzuhaben, dessen Glieder andernfalls an Schweigen und Gehorsam erkranken. Diese Forderungen kamen von gebildeten Studenten aus der Mittelschicht, deren Ausbildung in eben jenem Sinne einer Ausweitung der Universitäten samt Rationalisierung des Erziehungssystems zu ihrer eigenen Rekrutierung für Aufgaben in der Wirtschaftsgesellschaft gedacht war.

Es waren gerade diese Leute, die mit Geschlecht und Kleidung, Arbeit und Autorität herumexperimentierten, die Konventionen zwischen Kindern und Erwachsenen in Frage stellten und eine strikte Trennung zwischen Kunst und Politik anzweifelten. Auf besondere Weise waren sie zugleich Nutznießer und Opfer der Rolle der Medien in der modernen Politik. Als Nutznießer profitierten sie von der Publizität und ihrer öffentlichen Darstellung, die für internationale Verbreitung der Studentenbewegung sorgte, Opfer waren sie insofern, als die Darstellung ihrer körperlichen Possen, Zusammenstöße und Konfrontationen in den Medien dazu diente, ihre so greifbare Unordnung und die Irrationalität ihrer Forderungen augenfällig zu machen.

Sowohl in den Medien, als auch in der akademischen Welt, hat es erhebliche ideologische Anstrengungen gegeben, die 60er Jahre aus unserem politischen Gedächtnis zu streichen. Doch stärker als je zuvor suchen nun die Menschen nach vernünftigen Artikulationen des politischen Körpers und äußern ihre Sorge um Umweltverschmutzung, Völkermord, Verfall der Familie, Bedrohungen der körperlichen Integrität von Frauen und Kindern, ungesunde Ernährung, unzulängliche Medikamente und dergleichen mehr, denn es sind diese Fragen, aus denen politische Wohlfahrt erwächst und den Menschen einsichtig wird. Familien und Individuen wollen wissen, welche Institutionen und Mächte ihre geistige und physische Gesundheit gestalten, was ihre Arbeitsbedingungen und ihren Lebensstandard bestimmt und was die Chancen von Krieg und Frieden beeinflußt. Unter dem Gesichtspunkt dieser fundamentalen Sorge sollten wir, so meine ich, traditionelle Vorstellungen der Organisations- und Verwaltungs-Wissenschaft ersetzen durch ein Drei-Ebenen-Modell des politischen Körpers:

Ebenen	*Institutionen*	*Diskurs*
der Bio-Körper	Familie	Wohlergehen, Gesundheit, Krankheit
der produktive Körper	Arbeit	Selbstkontrolle, Ausbeutung
der libidinöse Körper	Persönlichkeit	Glück, Kreativität, Unzufriedenheit

Der politische *Bio-Körper* bietet eine Darstellungsebene, in der die Interessen von Männern und Frauen an ihrem Wohlergehen, körperlicher Gesundheit und ihrer Reproduktion erfaßt werden. Das Wohl der Familie ist Sinnbild für die Befriedigung dieser Bedürfnisse. Der *produktive politische Körper* repräsentiert eine komplexe Organisation von Arbeit und Intellekt, in der materiale und soziale Reproduktion des Lebens zusammenspielen. Auf dieser Ebene spricht man etwa von einem aktiven und kreativen Arbeiter. Der *libidinöse politische Körper* repräsentiert ein Wunsch-Niveau, das die Ordnung der Person vervollständigt, insofern es die Güter von Familie und Markt transzendiert und nach jener höchsten, obgleich unerreichbaren Form von Verständnis strebt, nämlich nach Liebe und Glück.

Solange Männer und Frauen weiterhin in Familien geboren werden und miteinander leben, werden die körperliche, die soziale und die libidinöse Ordnung des Lebens keine voneinander trennbare Welten bilden. Deshalb läßt sich auch der politische Körper so wenig auf rein ökonomistische Befriedigungen reduzieren wie etwa auf die Träume der Erotik. Es ist eine besondere Eigenart der Metaphern des politischen Körpers, daß wir uns mit ihrer Hilfe vom *Mechano-morphismus* distanzieren können, d.h. von Maschinen-, Kybernetik- und Organisationsmetaphern, die das Problem der politischen Legitimität auf rein kognitivistische Wissenschaften reduzieren. Mit diesem Perspektivenwechsel werden die *verleiblichten Rationalitäten* des alltäglichen Lebens wieder in ihr Recht eingesetzt – Familie, Überleben, Gesundheit, Selbstachtung, Liebe und Gemeinsamkeit. Die Menschen sind sich der notwendigen Wechselbeziehungen zwischen ihrer Familie und ihren wirtschaftlichen und persönlichen Verpflichtungen bewußt. Sie beurteilen den Nutzen ihrer Arbeit im produktiven Bereich des politischen Körpers nach dem Gewinn für ihr individuelles und ihr Familienleben. Sie sind bereit, zugunsten ihres Familienlebens Abstriche von den Ambitionen ihres individuellen Lebens und ihrer libidinösen Bedürfnisse zu machen. Kurzum, die Menschen haben ein ziemlich komplexes Verständnis ihres Berufslebens, das sich nicht auf das einfache Muster utilitaristischen oder dezisionistischen Denkens reduzieren läßt, von dem ihre Kalkulationen im ökonomischen Bereich bestimmt werden.

Nachdem wir diese drei Ebenen des politischen Gesellschaftskörpers unterscheiden, können wir auf noch weitere Distanz zu naturalistischen Theorien der politischen Legitimität gehen, indem wir eine bestimmte Entwicklungslinie der Ethik als grundlegenden Mythos des politischen Lebens einführen. Die drei Ebenen, Familie, Ökonomie und persönliches Leben, repräsentieren eine historisch-ethische Entwicklung der Anthropomorphose und erlauben uns außerdem, Widersprüche oder Restriktionen und Regressionen innerhalb des politischen Körpers zu identifizieren. Entfremdung können wir auf diese Weise als ein komplexes Phänomen identifizieren, das nicht nur den produktiven, sondern auch den biologischen und den libidinösen Körper berührt. Anders gesagt, Entfremdung läßt sich nicht allein durch die Befriedigung organischer Bedürfnisse oder die reibungslose Organisation von Produktionsbeziehungen aufheben, denn damit werden die libidinösen Bedürfnisse des Körpers noch nicht befriedigt. Ebenso wenig können wir unsere libidinösen Träume von unseren Verpflichtungen im familiären und wirtschaftlichen Leben lösen. Eine kritische Theorie der Legitimität des politischen Körpers ist zugleich eine Konstitutionstheorie der sozialen Entwicklung und der öffentlichen Anerkennung jener Stellen, an denen diese Entwicklung blockiert wird oder auseinanderfällt.

Das Paradox einer modernen korporativen Kultur besteht darin, daß sie den libidinösen Körper aufheizt, seine Sinnlichkeit reizt und verführt, während sie zur gleichen Zeit die libidinösen Reaktionen auf ihre Produkte standardisiert und portioniert. In Nordamerika ist der libidinöse politische Körper das Produkt der korporativen Kultur und ihrer Huldigung an die junge, weiße, hübsche, heterosexuelle Welt der Gesundheit und des Überflusses. In diesem Sinne spiegelt sich in diesem Körper eine ungesunde Verzerrung des politischen Lebens der Gesellschaft und eine Verdrängung der Unfähigkeit der Gesellschaft, mit den Problemen der Armen und Kranken, der Alten und Häßlichen, der Schwarzen, fertig zu werden. Alles, was mit dem hohlen Bild Suburbias nicht übereinstimmt, wird isoliert und in die Ghettos von Rasse, Armut, Verbrechen und Wahnsinn abgedrängt. Es ist deshalb ganz natürlich, daß die politischen Kämpfe als Integration in den rassistischen Wohlstandskontext des korporativen Kapitalismus die Gestalten von *black power,* weißer Vergewaltigung, Frauenbewegung und Jugendprotest annehmen.

Andererseits diskreditiert eine kritische Theorie der politischen Legitimität keineswegs die Rationalität von Alltagstheorien, mit deren Hilfe die Menschen die eigene politische Erfahrung in Kategorien von Familie, Arbeit und Person interpretieren. Aus diesem Grund wird jede der drei Ebenen des politischen Körpers durch eine charakteristische Institution repräsentiert – die Familie, die Ökonomie und die Person –, der wiederum ein ihr je entsprechender Diskurs-Bereich zugeordnet wird. Obgleich die verschiedenen Institutionen und Diskurs-Bereiche des politischen Körpers analytisch differenziert werden, kann man sagen, daß sie zusammen einen evolutionären Prozeß ausmachen, in dem die Kongruenz der drei diskursiven Ordnungen die allgemeine Wohlfahrt maximiert. Jede Gesellschaft muß sich biologisch, materiell und geistig reproduzieren. Diese Zwänge artikulieren sich auf den institutionellen Ebenen von Familie, Arbeit und Persönlichkeit, auf denen der Diskurs auf die jeweils relevanten Vorstellungen von Wohlergehen, Gesundheit, Leiden, Entfremdung und Selbstverwirklichung konzentriert ist.

Ich kann hier nicht auf das vielfältige sozialwissenschaftliche Wissen und auf die alternativen soziökonomischen Institutionen eingehen, die auf diesen verschiedenen Ebenen des politischen Körpers entwickelt werden (diese werden wir in Kapitel 5 als Funktionen des biomedizinischen Diskurses eingehend untersuchen). Ich möchte jedoch darauf hinweisen, daß die Artikulation des libidinösen Körpers zu Diskursen und Ansprüchen führt, die sehr unterschiedlich die Institutionen von Familie und Arbeit bedrücken und – bis heute – die Institutionalisierung dieser „revolutionären" Ansprüche weithin als Herausforderung an alle Arten von wissenschaftlichem, sozialem und politischem Wissen gilt. Aber auch so können wir schon jetzt eine Ausweitung des Habermas'schen Programms vorstellen, und zwar in der rationalen Begründung einer idealen Kommunikationsgemeinschaft im Rahmen einer spezifischen Diskurs-Pragmatik des geschilderten Drei-Ebenen-Modells des politischen Körpers. Für eine solche Ausweitung wäre es notwendig, eine Typologie des Wissens und der Geltungsansprüche bezüglich des Bio-Körpers zu generieren, auch bezüglich des produktiven Körpers und des Libido-Körpers – und zwar auf den entsprechenden institutionellen Ebenen – auf denen zudem Kriterien der Dringlichkeit, der demokratischen Kraft und dergleichen mehr zu entwickeln sind. Das Geschäft der Politik sollte – irgendwie ohne dem Autoritarismus Vorschub zu leisten – die zum Guten befähigten Bürger fördern. Politische Legitimität muß daher in Familien-Kontexten und Gemeinschaften alltäglicher Überzeugungen und Aktivitäten gründen, die echte politische Erziehung regenerieren, ohne die Person einer politischen Wissenschaft zu unterwerfen, die außerhalb des Lebens des politischen Körpers bleibt. Jean Bethke Elshtain bemerkt dazu:

„Will man das Ideal eines Familien-Lebens als Ort der Humanisierung anstreben und sichern, so gilt es – ganz im Gegensatz zu gewissen unreflektierten radikalen Orthodoxien – Druck auf soziale Strukturen und Arrangements zu erzeugen, aber diese nicht etwa zu bestätigen. Denn in dem Maße, wie die Welt der Öffentlichkeit mit all ihrer politischen, ökonomischen und bürokratischen Macht in die Privatsphäre eindringt und sie aushöhlt, sollte diese – und nicht die private Welt – das Angriffsziel des Sozialrebellen und der feministischen Kritik sein. Eine Verdrängungspolitik zu unterstützen, die die Privatsphäre und alles, was zwischen uns und einer Sphäre der Macht oder einer marktbesessenen Definition allen Lebens steht, weiter erodiert, heißt den Diskurs über öffentliche, politische Themen zu unterdrücken – und zwar selbst dann, wenn man gleichzeitig die Symptome der destruktiven Effekte dieser Politik als „gutes Zeichen" dafür auffaßt, daß radikale Veränderungen nicht mehr weit sind."[15]

Um mit einem positiven Programm anzufangen, insistieren wir auf Anthropomorphismus und Familialismus als Grundwerten des politischen Diskurses und versuchen, die beiden Fehlentwicklungen von Neo-Individualismus und Staatsgläubigkeit zu korrigieren. Um den Identitäten, Entscheidungen und Interpretationen, die das soziale System als quasi-natürliche Umwelt des öffentlichen Lebens erzeugt, Sinn und Wert zu verleihen, lassen sich die folgenden Thesen zur Verteidigung einer familien-bezogenen Politik aufstellen:
(1) Menschliche Wesen werden zu Menschen in Familien.
(2) Die menschliche Familie ist die Grundlage allen zivilen und politischen Lebens.
(3) Die menschliche Familie ist die erste Wiege von Intelligenz, Vernunft, Liebe und Gerechtigkeit.
(4) Politischer Familialismus führt nicht zur Wiedereinführung von Tribalismen; vielmehr repolitisiert er die Spaltung zwischen unserem öffentlichen und unserem privaten Leben.
(5) Maternalismus und Feminismus sind letztlich Verteidigungen der Familie gegen den Staat.
(6) Eine jede Familie schuldet jeder anderen Familie das Recht auf Nachkommenschaft.
(7) Jede Familie bezeugt die Integrität und Heiligkeit der menschlichen Familie.

Wie Elstain insistierte, kann es nie zu spät sein, um die menschliche Familie im Interesse der Verteidigung unseres öffentlichen Lebens wieder aufzubauen. In der Tat wird jede vorzeitige Verkündung des Endes der Familie nur den Staat stärken auf Kosten genau der Individuen, die ihre Hoffnungen auf sozioökonomische Entwicklungen setzten, die zum Verfall der Familie führen.[16] Wir sind eingezwängt in einer merkwürdigen Mixtur aus Kommerzialisierung und Wohl-

---

[15] Jean Bethke Elshtain, *Public Man, Private Woman: Women in Social and Political Thought*, (Martin Robertson) Oxford 1981, S. 333.
[16] Vgl. meinen Aufsatz „Defamilization and the Feminization of Law in Early and Late Capitalism" op. cit.

fahrtssystem, das uns Ideale der Kernfamilie verkaufte, – und zwar in einer Form, die bis zur vollkommenen Leere standardisiert und suburbanisiert ist. Dieses Familienidyll ist zusammengebrochen und hat sich der Justiz, der Psychoanalyse und der Medizin in die Arme geworfen. Trotz alledem ist es als Vorbild für marginalisierte und Unterschicht-Familien benutzt worden, obwohl die Arten ihres Zusammenhaltes und die Weisen, wie sie sich trennen, ganz andere sind. Kurzum, es ist unübersehbar, daß die Familie vieler ihrer sozialen Funktionen beraubt und auf eine Phase im Leben der Individuen reduziert worden ist, deren primäre Ziele in Schule, Arbeit und Konsum liegen. Tatsächlich haben sich viele Individuen von der absurden Privatisierung der Familie abgewandt, um Intimität und Persönlichkeit durch die Sphäre der Politik wieder zu erreichen, was eingangs in meinem Kommentar zum politischen Körper in den revolutionären 60er Jahren bereits angemerkt wurde.

Die wirkliche Geschichte dieser Bewegungen muß im größeren Zusammenhang erst noch geschrieben werden.[17] Wir versuchen, einen Beitrag zur Zukunft dieser Bewegungen zu leisten. Das gelingt nur, wenn zuerst einmal das zentrale Problem der Stellung der Familie innerhalb des politischen Körpers begriffen wird. *Wir erleben eine massive Veränderung in unseren Vorstellungen, wo und wie Menschen erzeugt werden sollen.* Vor ein paar Jahrzehnten hätte eine solche These die Schreckensvision einer Tierzuchtstation ausgelöst, eines staatlich-medizinischen Aufzuchtbetriebes, in dem Familienleben eine verlorengegangene Erinnerung ist, ein von Wächtern des Staates zu strafender Traum. Heutzutage können wir uns die Familie außerhalb des therapeutischen Staates gar nicht mehr vorstellen.[18] Gleichzeitig beutet unsere kommerzielle Phantasie die Familie als Schonraum, als Irrenhaus und als eine lose, im Verbund mit Verwandten benutzte Geräte-Station aus; wir gehen darauf in den folgenden Kapiteln ein. Hier müssen wir zunächst den institutionellen Kontext der Prozesse der Defamilialisierung und der Privatisierung weiter untersuchen, die die politische und kritische Intelligenz der Familie als einem lebenswichtigen Element jeder Demokratie unterminieren.

---

[17] Richard Busaca and Mary P. Ryan, „Beyond the Family Crisis", in: *Democracy* 2 (Herbst 1982), S. 79–92; vgl. auch Andrew Hacker, „Farewell to the Family?", in: *The New York Review of Books,* 18. März 1982, S. 37–44.

[18] Christopher Lasch, „Life in the Therapeutic State", in: *The New York Review of Books,* 12. Juni 1980, S. 24–32.

Weil der Kapitalismus – im Sinne seines eigenen technologischen Mythos Menschen durch Maschinen ersetzen möchte, ist er zu dem Versuch gezwungen – wie vergeblich auch immer – die familien-bezogene Gesellschaft und Arbeit durch eine Konsumenten- und Dienstleistungsgesellschaft zu ersetzen. Die letztere wird unterstützt durch ihre Industrie-, Rechts- und Medizin-Technologie und eine Vielfalt neoindividualistischer Ideologien, die unsere Vorstellungen von Männern, Frauen und Kindern dahin zu ändern suchten, daß aus Familien-Wesen erst Menschen werden, wenn deren Rechte und Pflichten durch den therapeutischen Staat definiert werden. In einem solchen Staat ist das *animal sociale* eher ein Tier als ein politisches Geschöpf, da der Staat die Privatisierung der Bürger auf Kosten des öffentlichen Lebens noch ausweitet.

Ich denke hier an mehr als nur die historische Akkumulation von Waren und Dienstleistungen durch die Haushalte seit Anfang des Kapitalismus. Es geht vielmehr um eine rechtssoziologische Redefinition der Familie für neue Konsumziele des Spätkapitalismus. Dabei spielt ein pädagogischer und therapeutischer Veränderungsprozeß eine bedeutsame Rolle, in dem der Familiensinn für Zwecke des industriellen, des kommerziellen und des staatlichen Systems „umgebaut" wird. Die normale Familie wird zunehmend zu einer bloß konsumorientierten Familie degradiert. Das schließt die Entwertung jener Hausarbeit ein – Kochen, Reinigen, Betreuen – mit der die Familie nicht im Rhythmus von Industrie, Kommerz und professionalisierten Experten mitzieht. Gleichzeitig wird aber die Familie, soweit sie sich mit ihren Funktionsabgaben an die Kommerzialisierung und Professionalisierung angeschlossen hat, in ihrem Selbstverständnis überhöht. Die Folge ist natürlich eine weitere Spaltung der Familie. *Die bürgerliche Familie, deren professionell hinreichend gebildete Mitglieder daran verdienen, daß sie die Arbeiter-Familie retten, wird so zum wichtigsten Schauplatz eines defamilialisierten und feminisierten Diskurses über Familien-Gesundheit, -Erziehung und -Wohlfahrt.* Auf diese Weise werden Gesundheit und Erziehung der Kinder und ihr Konsumentenbewußtsein zu diskursiven Kanälen für eine neuerliche Ausrichtung der Familie auf Anforderungen des Spätkapitalismus. Der bürgerliche Feminismus und die Medizin-, Rechts- und Erziehungs-Berufe, natürlich auch die Werbung, wirken mit vereinten Kräften daraufhin, den „Patriarchen" der Familie seinen nunmehr aufgeklärteren Frauen und Kindern zu unterwerfen. Stuart Ewen bemerkt dazu:

„Am Tod des Patriarchen hatten Linksliberale wie Geschäftsleute ein Interesse. Gleichwohl waren ihre Interessen gegensätzliche ... Die vermarktete Frage „Wie soll man leben" bekam allmählich einen eigenartigen Charakter. Indem sie das Bild des Familien-Kollektivs benutzte, gab sich die Werbung in ihren Beiträgen zur Massenkultur alle Mühe, genau dieses Bild kollektiv zu negieren. Jeder Aspekt des Familien-Kollektivs – Ausgangspunkt von Entscheidungen, Ort der Kinderaufzucht, Auslöser von affektiv positiven Reaktionen –, all diese Aspekte wurden außenverlagert durch Verweise auf die außerhalb der Familie gelegene Warenwelt. Das kooperative Amerika hatte begonnen, sich selbst als *Vater von uns allen* zu definieren."[19]

Sicherlich erinnert man sich an die endlosen Anzeigen, Comic Strips, Cartoons, Kinder- und Familien-Serien, die – finanziert von pseudopaternalistischen Unternehmen – das Ende der patriarchalischen Familie und ihre Kapitulation vor dem *Konsum-Matriarchat* dramatisierten. Diese Szenarios haben das Amerika Hollywoods für Millionen von Leuten zum Symbol der Freiheit gemacht, deren Familien, Ehen und Dorfgemeinschaften sie unter der Knute von Autoritarismus und Mangel hielten.[20] Die belagerte Familie und ihre wegelagerischen Grotesken sind Kern der amerikanischen Gesetzlosigkeit – belächelt von der amerikanischen Justiz, die in diesen Komödien meist selbst den Clown abgibt. In Wirklichkeit wird in diesen Szenen die amerikanische Familie ebenso ausgeschlachtet wie im Szenen-Hintergrund die gewerblich heruntergekommene und monotone Suburbia. Diese Tragikomödie wird jedoch in den Städten und auf dem Land unterschiedlich ausgespielt, wie Mittel- und Oberschichten ihre eigenen Szenarios haben, wie die Arbeiter und Immigranten-Familien die ihren. Im Ergebnis führt dies zu den gewaltigen Problemen der öffentlichen Gesundheit und Moral, der Kriminalität und Unwissenheit, mit der die Ideologie einer individuellen Selbstverwirklichung behaftet ist. Diese Probleme sorgen jedoch für eine doppelte Reaktion des therapeutischen Staates, der zum einen den Neo-Individualismus stärkt und die sozio-legalen Praktiken, die seine Fehler beseitigen sollten, zugleich professionalisiert und bürokratisiert.[21] Auch hierbei sind die verschiedenen Diskurse von Szientismus und Individualismus, von Defamilialisierung und Feminismus ineinander vielfältig verwoben.

---

[19] Stuart Ewen, *Captains of Consciousness: Advertising and the Social Roots of the Consumer Culture,* (McGraw-Hill) New York 1976, S. 184.
[20] Vgl. meinen Aufsatz „Looking into the Media: Revelation and Subversion", in: Michael J. Hyde (Ed.): *Communication Philosophy and the Technological Age,* (University of Alabama Press) Tuscaloosa 1982, S. 73–97.
[21] Vgl. Burton J. Bledstein, *The Culture of Professionalism: The Middle Class and the Development of Higher Education in America.* (Norton) New York 1978.

Meiner Ansicht nach impliziert der Übergang vom frühen zum späten Kapitalismus eine Doppelstrategie der sozio-legalen Redefinition von Familialismus und Feminismus, die zur Entstehung einer neuen, den Bedürfnissen des Kapitalismus im liberalen Wohlfahrtsstaat angepaßten biopolitischen Ökonomie führt. Dieser Übergang läßt sich in Form des folgenden Stufenschemas grob zusammenfassen:

(1) **Vorindustrielle Familien-Ökonomie:** Bauern- und Handwerksarbeiten, die die ganze Familie beschäftigen

(2) **Früher Kapitalismus** (a) Die Familie zieht in die Fabrik;
(b) die Familie wird durch Gesetz aus der Fabrik
in die bürgerliche Familie „versetzt";
(c) Frauen werden feminisiert und
(d) ihre Kinder werden moralisiert, während in
der Arbeiter-Klasse
(e) Frauen feminisiert werden und arbeiten
und
(f) ihre Kinder moralisiert werden, eine gewisse
Schulerziehung erhalten und auch bald arbeiten.

(3) **Spät-Kapitalismus** (a) die Fabrik zieht in die Familie ein, d.h. der Konsum liefert die Gründe zur Arbeit;
(b) Konsum wird feminisiert und infantilisiert;
(c) der weibliche Körper wird feminisiert für
Arbeit und Konsum;
(d) sowohl in der bürgerlichen Familie wie in der Arbeiter-Familie werden die Rechts- und die Medizin-Wissenschaften zur allgemeinen Quelle von Defamilisierung und Feminismus; und
(e) der Wohlfahrtsstaat ordnet per Gesetz Transfer-Zahlungen an, um das Einkommen der Arbeiter-Familie bis zu einem Sozial-Einkommen anzuheben; während
(f) die Sozialwissenschaften für eine legale administrative und therapeutische Kultur sorgen, in der der Doppel-Diskurs von Defamilialisierung und Feminismus für alle Klassen verbreitet wird.

Trotz der marxistischen und feministischen Kritik der Familie als Reproduktionsagentur der Bourgeoisie und des Staats bleibt nach wie vor die analytische Aufgabe, die um die Familie herum entwickelten divergenten diskursiven Strategien als Bollwerk gegen den Staat zu entwickeln, gleichzeitig aber auch in ihnen den Faktor zu sehen, der ihre Kritik und Revolte gegen die soziale Ordnung limitiert. Mit anderen Worten:
Die liberal-bürgerliche Auffassung von Staat und Wirtschaftsbeziehungen besagt, daß die Bourgeoisie eine Lösung für das Pauperismus-Problem finden mußte, ohne den Sozialismus zu fördern, auch wenn damit ein Recht auf Arbeit, Erziehung und Wohlfahrt eingeräumt

werden mußte. Zugleich mußte die Bourgeoisie eine neue Grundlage für die soziale Bindung der Massen finden und sie von politischer Partizipation ausschließen.

Wie Jacques Donzelot zeigt, wurden vor allem zwei Kontroll-Strategien gewählt: (a) Philanthropie und (b) Medizin-Hygiene. Die beiden Strategien hatten zum Ziel, die Familie einerseits zum Puffer gegen den Pauperismus zu transformieren, indem man die Praktiken des Familien-Sparens und der Familien-Unterstützung förderte, und andererseits zum Bollwerk gegen ein verantwortungsloses Patriarchat, indem man Standards von Gesundheit und Moral im Namen der Kinder verteidigte. Von beiden Seiten also wurde die Familie zum Fokus philanthropischer und therapeutischer Strategien mit dem Ziel, ihr reproduktives Potential für die Wirtschaft und die Sozialordnung ohne Intervention des absoluten Staates zu erhöhen. Auf dieselbe Weise wurde die Familie gerettet, indem ihre Autonomie gegenüber dem therapeutischen Staat reduziert wurde, was wiederum der liberalbürgerlichen Vorstellung einer Gesellschaft ohne Sozialismus dient. Es ist darum kein Zufall, daß in mancher Hinsicht die Scheidungsgesetze Hand in Hand gehen mit staatlichen Gesetzen, welche patriarchalische und familiale Autorität über die Kinder aushöhlt: die Aufweichung des Ehe-Kontraktes ist der Preis dafür, daß letztlich der Staat die Eltern-Rolle übernimmt: Jacques Donzelot schreibt:

„Die moderne Familie ist nicht so sehr eine Institution als viel mehr ein *Mechanismus*. Dieser Mechanismus funktioniert durch die Disparität der familialen Konfigurationen (die Bipolarität von bürgerlicher und Arbeiter-Familie), sowie die Varianzen zwischen individuellen Interessen und dem Familien-Interesse. Seine Stärke liegt in einer sozialen *Architektonik,* deren charakteristisches Merkmal die Kopplung zwischen Interventionen von außen und Konflikten oder Macht-Differenzen innerhalb der Familie ist: der Schutz armer Kinder, mit der die Zerstörung der Familie als einer Insel des Widerstandes gelang; die privilegierte Allianz zwischen Arzt und Lehrer auf der einen, der Ehefrau auf der anderen Seite, die Verfahren des Sparens, der Erziehungsförderung und so weiter entwickeln. Die Verfahren der sozialen Kontrolle hängen viel stärker an der Komplexität der innerfamilalen Beziehungen als an den Komplexen der Familie selbst, mehr an ihrem Streben nach Verbesserungen als an der Verteidigung ihrer Errungenschaften (privates Eigentum, rechtmäßige Strenge). Ein wunderbarer Mechanismus, denn er ermöglicht dem sozialen Körper auf Marginalität mit einer fast totalen Aufhebung privater Rechte zu reagieren und positive Integrationen zu ermutigen, – also Verzicht auf politische Rechte für das private Streben nach Wohlstand."[22]

Man sollte nicht vergessen, daß die Tendenzen, die ich beschreibe, in der Praxis niemals vollständig miteinander stimmig sind. So ist es

---

[22] Jacques Donzelot, *The Policing of Families,* (Pantheon) New York 1979, S. 94.

durchaus möglich, in einem gut Teil des Familienrechts die Befreiung verheirateter Frauen aus der Autorität ihrer Ehemänner zu sehen, welches Frauen das Sorgerecht über ihre Kinder wiedergab und sie aus sexueller Monogamie entband.[23] Diese Entwicklungen haben den innerfamilialen Status von Ehefrauen wesentlich verändert. Aber weil Frauen weiterhin wenig verdienen, während der Staat eine ausreichende Versorgung mit Kindertagesplätzen verweigert, entsprechen die Rechte von Frauen im Familienrecht keineswegs den strukturellen Realitäten der wirtschaftlichen Situation arbeitender Frauen. Es ist deshalb schwierig zu sagen, in welchem Maße der Staat eher Frauen als Männer unterdrückt.

Tatsächlich läßt sich die Frage in dieser Form nicht beantworten. Man kann sich dieser Frage nur nähern, wenn man sich auf spezifische historische Phasen und politische Strategien des Kapitalismus und des liberalen Staates bezieht. Die ideologische Funktion von Sozialgesetzgebung, Sozialarbeit und Sozialpolitik als staatliche Maßnahmen hat Elizabeth Wilson analysiert. Die Existenz einer solchen Funktion impliziert aber noch keineswegs – wie ich meine –, daß es auf Seiten des Staates oder der Bourgeoisie eine Verschwörung gibt. Die kapitalistische Gesellschaft besteht aus konkurrierenden und inkongruenten Interessen, deren Gruppen- und Klassenbindungen durch die Ideologie des Allgemeinwohls abgemildert werden. Die Position von Frauen, Kindern und der Kernfamilie ändert sich je nach den miteinander rivalisierenden Interessen. Nach Wilson:

„Sozialpolitik ist lediglich ein Aspekt des kapitalistischen Staates, eine akzeptable Fassade des Kapitalismus, und die Politik der sozialen Wohlfahrt ist nichts anderes als die *staatliche Organisation des häuslichen Lebens*. Frauen erleben staatliche Repression unmittelbar im Schoße der Familie. Dies mag paradox klingen, da die Ideologie von Privateigentum und Individualismus, die sich mit dem Kapitalismus entwickelt hat, die Unantastbarkeit der Privatsphäre der Familie betont hat. Aber in vieler Hinsicht ist der Wohlfahrtsstaat – wie auch die Stellung der Frauen – voller Paradoxien und Widersprüche."[24]

---

[23] Vgl. Julia Brophy und Carol Smart, „From Disregard to Disrepute: The Position of Women in Family Law", in: *Feminist Review*, 9, 1981, S. 3–15; Mary McIntosh, „The State and the Oppression of Women", in: Annette Kuhn und Ann Marie Wolpe (Eds.): *Feminism and Materialism: Women and Modes of Production*, (Routledge & Kegan Paul) Boston 1978, S. 254–289.

[24] Elizabeth Wilson, *Women and the Welfare State*, (Tavistock) London 1977, S. 9.

So macht der Wohlfahrtsstaat große Anstrengungen, z.B. durch Sozialarbeit und psychiatrische Praxis, die Fürsorge für Kinder in der Familie zu belassen, während er gleichzeitig darauf aus ist, Gesundheitsdienste wie vor- und nachgeburtliche Versorgung, Gebären, Geburtenkontrolle und Abtreibung ebenso wie Altersfürsorge und Tod aus dem Wohnmilieu auszulagern. Letztendlich, wie wir in den beiden letzten Kapiteln sehen werden, geht jedoch die Tendenz des therapeutischen Staates dahin, seine Macht über den politischen Körper auszuweiten.

4. Kapitel: Die Konsumenten-Körper

In diesem Kapitel möchte ich auf die uns vertrauteste Vorstellung des Körpers zurückkommen, den Körper, der *Bedürfnisse* hat. Zwischen Geburt und Tod tun wir viele Dinge, einfach um den Körper zu unterhalten als ein Instrument für vielerlei andere Dinge, die wir anstreben. Wenn wir erst einmal von den intrauterinen Bedürfnissen absehen, die schon vom Moment der Empfängnis an da sind, und auch von den Bedürfnissen, die sogar im Sterbens-Prozeß da sind, dann können wir Leben zwischen diesen beiden Punkten als ein unaufhörliches Streben nach Befriedigungen denken, das uns durch die Bedingungen unseres Körpers aufgezwungen wird. Wir bedürfen des Essens und Trinkens, sauberer Luft, Ruhe und Obdach, Kleidung, wir brauchen ein bestimmtes Niveau der öffentlichen Gesundheit und Sicherheit; und wir bedürfen dieser Dinge sowohl zum Lebensunterhalt als auch zur Reproduktion einer hinreichend gesunden Bevölkerung, deren Nachkommen eine faire Chance des Überlebens haben sollen.

Körperbedürfnisse kann man also als *Grundbedürfnisse* ansehen, deren Befriedigung die einfachen, aber gesunden Freuden des Lebens ausmachen, wie Platon sie für die „erste Stadt" beschrieben hat:

„Zunächst ist zu fragen, wie sich das Leben der Bürger unter diesen Verhältnissen gestaltet. Sie werden doch wohl Brot backen und Wein keltern, Kleider und Schuhe anfertigen, Häuser bauen, und werden im Sommer meist nackt und barfuß arbeiten, im Winter genügend bekleidet und beschuht. Ihr Nahrungsmittel wird Mehl sein, das sie aus Gerste oder Weizen bereiten; das Gerstenmehl kochen sie dann, das Weizenmehl backen sie, legen die prächtigen Kuchen und Brote auf Binsen und reines Laub, lagern sich selber auf einer Streu von Taxus und Myrten und halten mit ihren Kindern ein gutes Mahl. Dazu trinken sie Wein, bekränzen sich und loben die Götter; sie freuen sich ihres Beisammenseins, zeugen nicht mehr Kinder, als sie ernähren können und hüten sich vor Armut und Krieg."[1]

Wir finden dagegen eine ambivalente Hinterlassenschaft vor. Wenn wir uns – in der Nachfolge der christlichen Tradition – eine vom Körper beherrschte Gesellschaft vorstellen würden, so könnte sie vielleicht auch wie der Garten Eden ausgesehen haben. Aber wie wir wissen, sind unsere Körper abgefallene Versionen der Körper, an denen

---

[1] Platon, Politeia II, op. cit., 372a–c.

sich Adam und Eva einst erfreuten. Da wir der Neugier Evas erlegen sind, erleiden unsere Körper nun ein Leben voll harter Arbeit, das mit dem Tode endet:

Und zum Weibe sprach Er: „Ich will dir viel Mühsal schaffen, wenn du schwanger wirst; unter Mühen sollst du Kinder gebären. Und dein Verlangen soll nach deinem Manne sein, aber er soll dein Herr sein."
Und zum Manne sprach Er: „Weil du gehorcht hast der Stimme deines Weibes und gegessen hast von dem Baum, von dem ich dir gebot und sprach: Du sollst nicht davon essen –, verflucht sei der Acker um deinetwillen! Mit Mühsal sollst du dich von ihm nähren dein Leben lang. Dornen und Disteln soll er dir tragen, und du sollst das Kraut auf dem Felde essen. Im Schweiße deines Angesichts sollst du dein Brot essen, bis du wieder zur Erde werdest, davon du genommen bist. Denn du bist Erde und sollst zur Erde werden."

(1. Mose 3, 16–19)

Wir sind also wechselnd zwischen Freud und Leid an unsere leibliche Befriedigung gekettet. So wird deutlich, wie wir ganz im Sinne jenes anderen biblischen Befehls, der Mensch solle sich die Erde untertan machen, eine großartige Zivilisation geschaffen haben, in der die Notwendigkeiten des Lebens und die Bedingungen von Arbeit und Konsum fast über jede Phantasie hinaus verfeinert worden sind. Die intellektuelle wie die künstlerische und wissenschaftliche Kultur, die kulinarische, medizinische und rechtliche, die politische und sogar die militärische Kultur gehen weit über jedes durch ein einfaches Maß körperlicher Bedürfnisse vorgegebenes Niveau hinaus. Tatsächlich ist die Ausweitung der zivilisatorischen und kulturellen Bedürfnisse derart überwältigend gewesen, daß sie Religions-, Moral- und Gesellschafts-Philosophen häufig zu dem Versuch verleitete, eine fundamentale Differenz zwischen primären, natürlichen Bedürfnissen und sekundären, d.h. exzessiven und *unnatürlichen* Bedürfnissen zu suchen. Solche Versuche der Unterscheidung zwischen primären und sekundären Bedürfnissen wurden motiviert durch die Frage nach Gut und Böse, durch das Problem der Armut inmitten von Reichtum und durch eine Sehnsucht nach Lebensweisen, die weniger egoistisch, weniger konkurrenzhaft und stärker authentisch sind als das Leben in Gesellschaftskreisen, die von dem ständigen Drang nach Reichtum, Macht und Privilegien beherrscht sind.

Schon wenn wir irgendeine der heutigen Zeitschriften durchblättern, so stellen wir rasch fest, daß uns die Frage nach *authentischen* menschlichen Bedürfnissen nach wie vor umtreibt, wir aber ziemlich unfähig sind, die Trennungslinie aufzuheben, die zwischen jener Lebensweise, die unbegrenzten Überfluß zelebriert, und dieser Welt des Elends, in der Millionen immer noch ohne Obdach oder rudimentäre Ernährung leben. In beiden Fällen ist der Körper das Abbild von Überfluß und Elend, von Diät-Kur und Hunger, von Sexualität und Verstümmelung. Dieses Paradox hat zu einer Reihe von Versuchen geführt, eine grundlegende ökonomische Anthropologie zu entdecken. Insbesondere verlangt das von uns das Verhältnis zwischen materialer und symbolischer Kultur erneut zu durchdenken, mit dem wir uns schon im zweiten Kapitel beschäftigten. Ich werde nun einige neuere Darstellungen aus dieser Richtung aufgreifen, ohne aber dabei die einmal gewählte Perspektive der politischen Ökonomie aus den Augen zu verlieren.

Das Dilemma, das uns bewegt, liegt in der Natur unserer eigenen Ökonomie. Mit ihrem Angebot, jedes unserer Bedürfnisse zu erfüllen, scheint sie uns weniger zu dienen als zu versklaven. Es ist nach John Kenneth Galbraith so, als wäre unsere Ökonomie von einem bösen Geist beherrscht:

„Wäre es so, daß ein Mensch jeden Morgen beim Aufstehen von Dämonen überfallen wird, die ihm eine unbezwingliche Gier einmal nach Seidenhemden, ein anderes Mal nach Küchengeräten, dann wieder nach Nachttöpfen oder nach Orangensaft einflößten, dann hätte man gewiß allen Grund, den Bestrebungen Beifall zu spenden, die darauf abzielen, geeignete Güter, mögen sie noch so wunderlich sein, herzustellen, um diese verzehrende Leidenschaft zu stillen. Wäre es aber so, daß seine Gier nur deshalb erwacht ist, weil er selbst zuerst die Dämonen herangezüchtet hat, und sollte sich außerdem herausstellen, daß seine Bemühungen, die Gier zu stillen, die Dämonen nur zu immer lebhafterer Aktivität anspornten, dann müßte man sich doch wohl fragen, was nun die vernünftigste Lösung sei. Der Mensch, der nicht durch konventionelle Auffassungen beeinflußt ist, wird sich fragen: Mehr Waren oder weniger Dämonen?
Wenn die Produktion die Bedürfnisse erzeugt, die sie zu befriedigen sucht, oder wenn die Bedürfnisse im gleichen Schritt und Tritt mit der Produktion entstehen, dann kann die Dringlichkeit des Bedarfs nicht mehr dazu benützt werden, um die Dringlichkeit der Produktion zu rechtfertigen. Die Produktion füllt nun eine Lücke aus, die sie selbst erst geschaffen hat."[2]

Für die Alten hätte diese moderne Erfahrung nichts Überraschendes gebracht. Tatsächlich fängt ja Galbraith's Bild von den dämonischen Kräften eines entfesselten Konsums die Idiotie einer Gesellschaft ein, die eine Ordnung anstrebt, welche sich auf Leidenschaften gründet. In Platos *Staat* zum Beispiel wird genau diese Tendenz dadurch gezügelt, daß die Leidenschaften einer Hierarchie moralischer und intellektueller Ziele unterworfen werden, deren feste Rangfolge die Gesund-

---

[2] John Kenneth Galbraith, *Gesellschaft im Überfluß*, (Droemer Knaur) München Zürich 1959, S. 169. Vgl. auch meinen Aufsatz „Public and Private Space" in *Sociology as a Skin Trade*, op. cit.

heitsordnung einer Gesellschaft garantiert. In einem solchen System wäre jedes Denken ein Monster, das die Leidenschaften oder die Elemente des Marktes oder der Arbeit herrschen läßt über jene, die die Gesellschaftsordnung denken und verteidigen. Selbst zu Beginn der Neuzeit erschien es Hobbes selbstverständlich, daß sich das Streben nach Macht nur in einem autoritären Staat ordnen lasse, der den Stolz und die Furcht des Menschen wechselseitig aufheben würde.[3] Im Gegensatz dazu findet sich in Adam Smith's *Wealth of Nations* die erstaunliche Behauptung, wenn Menschen sich nur auf ihre *privaten Leidenschaften* beschränken würden, daß dann eine *öffentliche Ordnung* resultiere, die sicherer sei als irgendetwas von Staat oder Kirche bislang geschaffenes. Des weiteren nahm man an, daß Staat und Kirche einer höheren Moral folgen würden, wenn sie sich aus dem freien Markt heraushielten, denn falls jemals die Moral gegenüber dem Laster die Oberhand gewinnen sollte, dann würde die Wirtschaft zusammenbrechen und mit ihr Kirche und Staat. In den Worten von Mandeville:

„Denn der eigentliche Sinn der Fabel, wie er in der „Moral" kurz erklärt wird, ist folgender: Zunächst soll dargelegt werden, daß es unmöglich ist, all den vornehmen Komfort des Lebens, den man in einem reichen, mächtigen und gewerbefleißigen Lande antrifft, zu genießen, gleichzeitig aber mit all der Tugend und Unschuld gesegnet zu sein, die man in einem goldenen Zeitalter sich nur wünschen kann. Daraus soll dann die Unvernünftigkeit und Torheit derjenigen erwiesen werden, die bei ihrem Streben, ein wohlhabendes und blühendes Volk zu sein, und bei ihrer erstaunlichen Gier nach all dem Gewinn, den sie als solches erlangen können, doch immer über jene Laster und Mißstände murren und klagen, die vom Anbeginn der Welt bis zum heutigen Tag von allen je durch Macht, Reichtum und Geistesbildung berühmt gewesenen Staaten unabtrennbar gewesen sind."[4]

Wer sich mit uns über solche Vielfalt von Gut und Böse und die unentwirrbare Mischung von Sinn und Unsinn in unserem Lebn immer noch wundert, mag sich mit Mandeville trösten. Aber tatsächlich sind es gerade jene Gesellschaften, in denen die Wirtschaft weitgehend autonom ist, in denen die Krone immer noch umstritten ist – ob die Krone der Produktion oder dem Konsum gebührt, Kritiker wie Galbraith glauben, daß der Konsum nur dadurch rationaler gemacht wer-

---

[3] Vgl. Michael Oakeshott, „Moral Life in the Writings of Thomas Hobbes", in: ders.: *Rationalism in Politics and Other Essays*, (Methuen) London 1967; und Albert O. Hirschmann, *The Passions and the Interests: Political Arguments for Capitalism before Its Triumph*, (Princeton University Press) Princeton 1977.
[4] Bernard Mandeville, *Die Bienenfabel oder private Laster, öffentliche Vorteile.* (Suhrkamp) Frankfurt 1968, S. 60.

den kann, daß man rationale Produktionspläne aufstellt, weil es angesichts der Werbung und im Gegensatz zu den Theoretikern einer Konsumenten-Souveränität offensichtlich ist, daß Konsumbedürfnisse eher vom produktiven Sektor ausgehen, als vom Körper des Konsumenten selbst, wie sehr auch sein Dämon oder ihre Teufelchen drängen mögen.

Aber dieser Abhängigkeitseffekt ist nicht per se für die Irrationalität des Konsumentenverhaltens verantwortlich. Denn die Wirtschafts-Anthropologie zeigt – wie wir sehen werden –, daß Wünsche in jeder Gesellschaft sehr weitgehend kulturelle Errungenschaften sind. Deshalb können wir im Falle unserer eigenen Gesellschaft die Organisation der wirtschaftlichen Tagesordnung nicht verstehen, in der privater Konsum vor dem öffentlichen den Vorzug genießt (außer wenn aus eben diesem Grund der öffentliche Konsum noch als Armen-Hilfe oder Wohltätigkeit stigmatisiert wird, obgleich das zu den Bürgerrechten zählt). Wir werden dies erst verstehen, wenn wir einen *semiologischen* Zugang zur Erklärung der Funktion von Waren finden. Um eine frühere Redensart zu wiederholen: Wir müssen gleichermaßen zu verstehen versuchen, wieso *Waren gut fürs Denken* sind, wie sie ebenfalls gut für unsere Konsumbedürfnisse sind. Aber auf dem letzteren Wege geraten wir in all die schwierigen Unterscheidungen zwischen notwendigen und unnötigen Gütern, obwohl sich für jede Ware irgendein Interesse finden läßt, sie zu produzieren oder zu konsumieren. Immer suchen wir nach religiösen, moralischen oder historischen Merkmalen, die den Vorrang eines notwendigen und natürlichen Konsums feststellen, und zwar als Wegweiser zu einer Ökonomie, die sich der allgemeinen Sozial-Ordnung unterwirft.

In seiner *Theorie der feinen Leute** hat Veblen argumentiert, daß das Streben nach Reichtum dadurch unersättlich wird, daß es nicht etwa ein natürliches Bedürfnis befriedigt, sondern sich der Befriedigung eines unersättlichen Bedürfnisses nach *sozialem Prestige* unterwirft.[5] Der soziale Mensch lebt eben nicht nur vom Brot allein. Einigen

---

* *Fn des Hsg.:* Die deutsche Fassung „Theorie der feinen Leute" hat Veblen's berühmten Titel „The Theory of the Leisure Class" leider verhunzt. Veblen beschreibt in dieser nicht-marxistischen Kapitalismuskritik die lockere Bequemlichkeit und unbefangene Muße in jener gesellschaftlichen Klasse, die sich zur „conspicuous consumption", das heißt einem sichtbar gefälligen öffentlichen Konsum verpflichtet. Veblen erklärt dies in seiner „Theorie der unbefangenen Klasse", alles andere als „feine Leute". (RG)

[5] Zur marxistischen Kritik der *Theorie der feinen Leute* vgl. Paul A. Baran, *The Longer View. Essays Toward a Critique of Political Economy*, (Monthly Review Press) New York 1969, S. 210–222.

Sozialisten ist es gleichwohl gelungen, Veblen's Botschaft so umzudrehen, als habe er den demonstrativen Konsum auf den Bürger beschränkt. Sie haben sich vorgestellt, daß in sogenannten primitiven Gesellschaften und in zukünftigen kommunistischen Gesellschaften eine Ökonomie des Prestiges fehlen würde. Die andere Seite derselben Medaille behauptet, Kapitalisten seien nicht frei, ihre „Status-Kletterei" zu universalisieren, weil wir so etwas sowohl in den Potlach-Gesellschaften an der Nordwest-Pazifischen Küste Kanadas[6] finden, aber auch in den Vereinigten Staaten und selbst in der Sowjetunion.

Anthropologische Forschungsergebnisse zeigen uns vielmehr ganz offensichtlich, daß vorindustrielle Gesellschaften in einem Zwei-Stufen-System zwischen Gütern unterscheiden und ihre Austauschbeziehungen regulieren: der (i) *Subsistenz*-Ökonomie und (ii) der *Prestige*- oder Zeremonien-Ökonomie. Selbst bei den oft zitierten Kwakiutl-Indianern spielten Subsistenz-Güter keine Rolle in der Prestige-Ökonomie, die sich auf Anhäufung von Decken und von großen gravierten Kupferstücken beschränkte. Wo es einen Austausch zwischen den beiden Systemen gab – war dies, wie Mary Douglas gezeigt hat – so geregelt, daß niemand auf Kosten seiner Nachbarn Subsistenz-Güter anhäufen konnte.[7] Viel eher könnte man argumentieren, daß die Prestige-Ökonomie – durch Feste – eine Umverteilungs-Funktion hatte, indem sie Ungleichgewichte der Subsistenz-Wirtschaft korrigierte.

In unserer eigenen Wirtschaft scheinen wir unfähig zu sein, zwischen Subsistenz- und Prestige-Ökonomie zu unterscheiden.[8] Obwohl wir von einem garantierten Mindestlohn-Niveau sprechen, werden die Güter, für die dieses Geld ausgegeben wird, nicht von der Prestige-Ökonomie unterschieden, welche die einfachsten Gebrauchswerte umdefiniert in gehässige Kategorien wie Prestige-Konsum, Lebensstil und Klassenlage. Sogenannte Transfer-Zahlungen und die meisten Güter des öffentlichen Sektors wie Gesundheits- und Erziehungs-Einrichtungen werden als Ergänzung der entsprechenden Einrichtungen des privaten Sektors verstanden. Man denke an die Mühen, die

---

[6] Ruth Benedict, *Patterns of Culture*, (Routledge & Kegan Paul) London 1935.

[7] Mary Douglas and Baron Isherwood, *The World of Goods: Towards an Anthropology of Consumption*, (Allen Lane) London 1979, darin Kap. 7: „Separate Economic Spheres in Ethnography".

[8] Vgl. Marvin Harris, „Potlach", in seinem Buch *Cows, Pigs, Wars and Witches*, op. cit., S. 81–97. Vgl. auch William Leiss, „Need, Exchanges and the Fetishism of Objects", in: *Canadian Journal of Political and Social Theory*, 2, (Herbst 1978), S. 27–48; und Vance Packard, *The Status Seekers*, (McKay) New York 1959.

wir bis vor kurzem mit der Umkonstruktion des Autos hatten. Wäre das Auto lediglich ein Transportmittel, dann wäre es eine simple Aufgabe, kleinere und im Verbrauch sparsamere Autos zu bauen, – einmal abgesehen von der Verlagerung des Massenverkehrs auf Busse und Eisenbahnen.

Das Auto ist ein symbolträchtiges Gut. Es ist nicht einfach ein Fahrzeug für Körper, sondern für Körper, welche die Ideen von Privatsphäre und Freiheit sehr hoch bewerten. Das Auto ist daher ebenso sehr ein Vehikel für die Ideologie des Individualismus wie für alles andere, was es transportieren mag. Um dieser automobilen Ideologie zu dienen, haben wir riesige Flächen für Autobahnen und Parkplätze hergegeben; wir haben unsere Städte in Vorortsiedlungen und unsere Dörfer auf dem Land in Einkaufszentren verwandelt und wir haben die alltägliche Lebensqualität ungemein verändert durch Lärm, Luftverschmutzung und den Verlust von Leben und Gesundheit zugunsten einer Maschine, die uns Jugend und Schönheit ebenso wie sexuelle und soziale Mobilität verspricht. Als *symbolisches Vehikel* bewegt sich das Auto deshalb zwischen einer Gebrauchs-Ökonomie (Transport) und einer Prestige-Ökonomie (Macht, Energie, Stil). Als solches eignet es sich vorzüglich, die von uns mit Technologie, Privateigentum und individueller Mobilität, sexueller Rivalität und sozialer Konkurrenz verbundenen kulturellen Werte auszudrücken. Trotz dieser Behauptung in der amerikanischen Werbung ist eben nicht nur der Volvo das Auto des denkenden Mannes. In unserer Gesellschaft sind alle Autos zum Denken so gut wie zum Fahren. Henri Lefebvre bemerkt: „Das Auto ist ein Status-Symbol, es steht für Komfort, Macht, Autorität und Geschwindigkeit; neben seinem praktischen Gebrauch *wird es als Zeichen konsumiert;* seine vielfältigen Bedeutungen implizieren einander, intensivieren und neutralisieren sich im Ausdruck für den Konsum und für Konsum-Symbole; es symbolisiert Glück und verschafft Glück durch Symbole."[9]

Wir begannen mit der Prüfung der These, daß die Befriedigung einfacher Subsistenz-Bedürfnisse den Vorrang des Konsums begründen könnte und damit die Produktion zur Befriedigung dieser Bedürfnisse rational und vernünftig mache. Aber wir haben festgestellt, daß wir uns als soziale Körper zu sehr viel mehr verpflichtet haben, als unserer eigenen biologischen und materiellen Reproduktion. Als kom-

---

[9] Henri Lefebvre, „The Bureaucratic Society of Controlled Consumption", in: ders.: *Everyday Life in the Modern World*, (Allen Lane) London 1971, S. 102–103.

munikative Körper sind wir an Konsum und (Re)Produktion jener Kultur und Gesellschaft beteiligt, in der wir leben. Wir können deshalb die Ökonomie nicht nur als einen Produktionsprozeß auffassen, der vom Konsum in Bewegung gesetzt und allein durch die materiale Logik des Konsums bestimmt wird. Wir müssen die Sprache von Konsum und Produktion erneut durchdenken und im Rahmen des Diskurses rekonstruieren, der nicht durch irgendeine simple utilitaristische Logik beherrscht wird. Vor allem müssen wir die logozentrische Vorstellung vom souveränen Konsumenten aufgeben, der seinen Nutzen nach seinen eigenen rationalen Bedürfnis-Präferenzen maximiert. Genau in dieser Weise funktioniert die *ideologische* Konzeption des Konsums als Mythos des bürgerlichen Denkens, welches Objekte kaum weniger fetischisiert als seine primitive Verwandtschaft. Wir können nichts dazu sagen, was ein amerikanisches Auto sei, ohne zu wissen, was die amerikanische Gesellschaft denkt und mit Autos tut. Außer den Amerikanern haben auch andere Völker ihre Auto-Mythologien. Man nehme zum Beispiel Roland Barthes' Kommentar zum Citroen D.S.19 (dies ist ein Spiel mit Worten: D.S. – französisch ausgesprochen – klingt genau so wie *déesse*, und das bedeutet „Göttin"):

„Der neue Citroën fällt ganz offenkundig insofern vom Himmerl, als er sich zunächst als ein superlativisches *Objekt* darbietet. Man darf nicht vergessen, daß das Objekt der beste Bote der Übernatur ist: es gibt im Objekt zugleich eine Vollkommenheit und ein Fehlen des Ursprungs, etwas Abgeschlossenes und etwas Glänzendes, eine Umwandlung des Lebens in Materie (die Materie ist magischer als das Leben) und letztlich: ein Schweigen, das der Ordnung des Wunderbaren angehört. Die „Déesse"* hat alle Wesenszüge (wenigstens beginnt das Publikum sie ihr einmütig zuzuschreiben) eines jener Objekte, die aus einer anderen Welt herabgestiegen sind, von denen die Neomanie des 18. Jahrhunderts und die unserer Science-Fiction genährt wurden: die *Déesse* ist zunächst ein neuer *Nautilus*."[10]

Als Objekt also funktioniert das Auto wie ein Zeichen in einem größeren Diskurs. Das gleiche gilt für Bedürfnisse. Bedürfnisse lassen sich nicht auf den Bio-Körper beschränken. Tatsächlich sind sogar die biologischen Bedürfnisse – wie wir sehen werden – vermittelte Bedürfnisse, die eine Funktion in dem größeren Diskurs der medikalisierten Gesellschaft und ihrer therapeutischen Ideologie haben. Im übrigen

---

* Die Buchstabenbezeichnung D.S. ergibt beim Aussprechen: Déesse, die „Göttin", eine Bezeichnung, die im übrigen durch den Umstand möglich wird, daß das Auto im Französischen weiblichen Geschlechts ist (Anm. d. Üb.).
[10] Roland Barthes, „Der neue Citroen", in: ders.: *Mythen des Alltags* (Suhrkamp) Frankfurt 1964, S: 76.

will ich keineswegs die Erforschung irgendwie „verzerrender" soziopsychologischer oder soziosomatischer Wirkungen auf ein ansonsten rationales Wirtschaftsverhalten empfehlen. Ich schlage vielmehr vor, die Kategorien Konsum, Produktion und Verteilung in Begriffen der Semiotik und *Rhetorik von Waren* als Diskurs-Typen neu zu durchdenken, die eine Vielfalt von sozialen Feldern vor der Subsistenz bis zur Phantasie kennzeichnen. Jean Baudrillard hat sich mit demselben Thema beschäftigt:

„Die Logik des Tausches ist deshalb grundlegend. In mancher Hinsicht ist das Individuum nichts (kaum mehr als das Objekt, über das wir anfangs sprachen), und eine vorgegebene Sprache (aus Worten, Frauen oder Waren) ist das, was zuerst existiert, – als soziale Form, auf die bezogen es keine Individuen gibt, da es sich um eine Tausch-Struktur handelt. Diese Struktur entsteht aus einer Logik der Differenzierung, die gleichzeitig auf zwei Ebenen wirkt:
1. Sie differenziert die menschlichen Elemente des Tausches in verschiedene Paare, die nicht individuiert, sondern voneinander verschieden und durch Tauschregeln aneinander gebunden sind.
2. Sie differenziert die materialen Elemente des Tausches in unterschiedene und deshalb sinnvolle Elemente.
Das gleiche gilt für sprachliche Kommunikation und ebenso für Güter und Produkte, Konsum ist Tausch. An dieser Stelle müssen wir eine vollkommen revolutionäre Analyse des Konsums einführen. *Keine Sprache existiert aufgrund eines individuellen Bedürfnisses zu sprechen* (das ergäbe bloß das zweifach unlösbare Problem, dieses Bedürfnis vom Individuum her zu begründen und es dann in einem möglichen System des Austausches auszudrücken). Sprache existiert zuvörderst – nicht als ein absolutes, autonomes *System*, sondern als eine Struktur des Austausches, die gleichzeitig ist mit der Bedeutung ansich, und in der das Individuum ausdrückt, was es sagen will. In derselben Weise existiert „Konsum" nicht wegen eines objektiven Konsum-Bedürfnisses oder einer zugrundeliegenden Intention des Subjektes gegenüber dem Objekt. Durch ein Tausch-System entwickelt sich die soziale Produktion von unterschiedlichen Materialien und ein Code von Bedeutungen und etablierten Werten. Die Funktionalität von Gütern und individuellen Bedürfnissen kommt hinzu, paßt sich an und führt zur Rationalisierung und Unterdrückung dieser fundamentalen Struktur-Mechanismen."[11]

Noch einmal wollen wir einen Blick auf Platos *Staat* werfen. In seiner Konstruktion des perfekten Staatswesens unterscheidet Plato zwischen einer ersten und einer zweiten Stadt. Er beginnt mit der Vorstellung einer ersten Stadt, in der die Menschen schlicht essen und trinken und kaum mehr tun, als nötig ist, um ihre Familien zu erhalten und zu reproduzieren. Aus irgendeinem Grund ist diese Situation unstabil

---

[11] Jean Baudrillard, *Pour une critique de l'économie politique du signe*, (Gallimard) Paris 1972, S. 76–77; vgl. Harvey Cox' Analyse der Funktionen von Miss America und Playboy in seinem Buch *The Secular City: Secularization and Urbanization in Theological Perspective*. (Macmillan) New York 1971, S. 167–178.

und die Menschen beginnen, ihre Wünsche auszuweiten. In der zweiten Stadt lassen sich Entscheidungen nicht mehr so einfach auf Momente der natürlichen Umwelt beziehen. Die Begierden sind kompliziert, Waren reichlich vorhanden. Gut und Böse lassen sich nicht mehr länger ohne besondere Mitarbeit von Philosophen und Politikern unterscheiden, die von nun an den Körper beherrschen und die Ökonomie der modernen Welt bändigen müssen. Doch die Ökonomie bleibt eine ausgesprochen moralische Ordnung. Sie behauptet, dem weltweiten menschlichen Bedarf zu dienen und sie ist der Ort, von Kreativität, Intelligenz und weiser Voraussicht, die sich ihrerseits füllt mit den Evidenzen ihrer eigenen guten Vorankündigungen. Die moderne Ökonomie erhebt den starken Anspruch, die einzige Quelle des guten Lebens zu sein und der zentrale Übungsplatz für moralische Qualitäten, die für den Erfolg von Produktion und Konsum erforderlich sind. Wenn man es so betrachtet, dann wirkt das System der sozialen Schichtung – weit davon entfernt, ein Übel zu sein – wie eine moralische Trennwand, als Instrument zur Darstellung der Stufen des guten Lebens, statt als Hindernis auf seinem Wege.

Marx hat argumentiert, daß alle Produktion gesellschaftliche Produktion ist.[12] Ich möchte unter dem Begriff „Produktion" nicht nur den Aufwand körperlicher Arbeit, sondern die Anwendung jeder leiblichen Technik in einem vereinheitlichten Feld von Produktion und Konsumption verstehen. Ich meine damit, daß wir den *produktiven Körper* als eine Ausdehnung der Ökonomie und nicht einfach als Produktionsfaktor analog zur Arbeit auffassen müssen. Wie die Arbeitskraft existieren die Fetischisierungen des produktiven Körpers allein in einer Marktwirtschaft, die fähig ist, Streß, Entspannung und Gesundheit, Krankheit, Schönheit, Spontaneität und Sexualität zu verdinglichen. Die Verdinglichung des Körpers in produktive Sektoren, die mit ihrer je eigenen Produktion und Konsumption beschäftigt sind, integriert und redistribuiert den Körper im gesamten System sozialer Arbeitsteilung. Daher ist der produktive Körper kein Produktionsfaktor in der Weise, wie sich Marx Grund und Boden, Arbeit und Kapital vorstellte. Der produktive Körper ist sowohl innerlich in die gesellschaftliche Arbeitsteilung integriert – z.B. durch die moderne Medizin – als auch äußerlich – nämlich durch Mode und Kosmetik.

---

[12] Als Analyse des Marxschen Verständnisses der Begriffe Produktion und Konsumption in den *Grundrissen* vgl. Roslyn Wallach Bologh, *Dialectical Phenomenology: Marx's Method*, (Routledge & Kegan Paul) London 1979, S. 61–69.

Der produktive Körper ist deshalb sowohl eine Ausdehnung als auch eine Intensivierung des Raumes und des Handelns in der modernen Ökonomie. Das soll nicht einfach heißen, daß die Wirtschaft die Arbeit des Körpers ausbeutet, indem sie zur Erreichung ihrer Ziele leiden läßt und als Lohn einen nur unbefriedigenden Lebensstandard bietet. Man kann Konsumenten lehren, ihre biologischen Körper vollständig zu entwerten, – bis auf die Neubewertung, die diese Körper im bereitwilligen Konsum von industriell vermitteltem Erleben und Aussehen, von Einstellungen und Eigenschaften erfahren. Die moderne Wirtschaft kann die sozial bedeutsamen Tore zum Eintritt oder Austritt aus dem Lebenszyklus kontrollieren, indem sie verfrüht junge Leute für welterfahren erklärt und alte Menschen für obsolet. Jedes physische, geistige und emotionale Bedürfnis einer Person wird schließlich in einen chemischen Wirkstoff oder eine professionelle Dienstleistung verdinglicht. Wenn wir also nicht lernen, uns zu verweigern und Widerstand zu leisten, dann wird aus dem, was früher Selbst-Bewußtsein und persönliche Identität genannt wurde, nichts als eine Konsumenten-Fähigkeit, ein residuales Selbst auf den entsprechend verdinglichten produktiven Körper zu beziehen.

Die massivste Ausbeutung des Körpers entsteht immer da, wo die Wirtschaft uns lehrt, unseren Körper in seinem natürlichen Zustand zu entwerten und ihn erst wieder aufzuwerten, wenn ihm Eleganz, Spontaneität, Lebendigkeit, Schwung, Selbstvertrauen, Gewandtheit und Frische anverkauft wurden. Hier ist die Wirtschaft eine zentrale Sozialisations-Instanz für all die Körper-Techniken, mit denen kulturelle Werte wie Jugend, Aggressivität, Mobilität und Geselligkeit vorgeführt werden. Aus dem gleichen Grund ist sie gezwungen, die normalen Lebensbedingungen von Männern, Frauen und Kindern zu verschleiern. Seit sich das Leben eher im Sitzen abspielt und weniger körperlich anstrengend ist (obgleich hier ein gewisser Mythos mitspielt – man denke nur daran, wieviele Menschen erschöpft sind!), seitdem gelingt es der Wirtschaft, körperliche Aktivitäten wie Erholung, Fitneß und Sport zu verkaufen. Der Ersatz-Konsum von Körpererfahrungen aus zweiter Hand ist eine weitere Charakteristik der Massen-Gesellschaft. Sie reicht vom Sport bis zum Theater, und so werden Gewalt und Sexualität zu wichtigen Bestandteilen ihrer Waren. Je mehr die moderne Familie auf Konsum getrimmt wird, umso mehr spaltet sie sich in Geldverdiener, die Sexualität und Reproduktion zu trennen wissen. So muß der weibliche Körper entromantisiert werden, wird zum Instrument von ausschließlich rationalen, d.h. vertragsmäßigen

Bindungen gemacht. Mit dem Vertrauen in die Pille werden die Körper junger Frauen mobil für Arbeit, schnelles Leben und Abenteuer. Physische Risiken, vom Krebs bis zur Vergewaltigung, sind alle Teil dieses körperlichen Komplexes, der seine attraktiven Melodien den jungen selbstbewußten Frauen aus der Welt von Zigaretten und Parfums vorspielt, was wir noch genauer und im Detail sehen werden.

Die moderne Ökonomie spannt uns in eine enorme Ausweitung von Wünschen und Begierden, gleichzeitig mit der Behauptung, sie befriedige diese Begierden auf moralisch einwandfreie Weise.[13] Die zwei Seiten dieser Gleichung sind Produktion und Konsum. Leider gibt uns die Volkswirtschaftslehre nur eine ganz allgemeine Vorstellung davon, daß Arbeit und Konsum mit menschlichen Mühen verbunden sind. Wir wissen natürlich, daß selbst noch heute viele Arbeiten körperliche Anstrengungen und physischen wie nervlichen Streß verlangen. Wir wissen aber weniger vom Konsum, wie man leicht an den Metaphern erkennt, die wir hauptsächlch dem Stoffwechsel entnehmen und zur Beschreibung unseres Verhältnisses zur Waren-Welt verwenden. Viele dieser Metaphern haben wenig mit Essen und Trinken zu tun und lassen sich auch über Analogien nicht so verstehen.

Ich denke, wir müssen von der *Arbeit des Konsumierens* ausgehen, um endlich zu verstehen, was uns bei der Sammlung, der Zurschaustellung und der Beseitigung von Waren abverlangt wird, die der kollektiven Repräsentation einer technischen und wissenschaftlichen Kultur dienen. Entscheidend ist, daß man zum Konsumenten nicht geboren, sondern von *Sorge auslösenden* Prozessen dazu gemacht wird: Mann und Frau werden dadurch verführt, Dinge haben zu wollen, die einen Bedarf befriedigen, der zuerst aus kommerzieller Erfindung entstanden ist. Wenige Menschen besitzen eine Vorstellungskraft, die sich mit der Fähigkeit der modernen Wirtschaft messen kann, Bedürfnisunterschiede zum Beispiel beim Konsum von Stereo-Anlagen zu produzieren. Millionen von Konsumenten werden so bereits in ihrer frühesten Kindheit mit der Last einer angelernten Unzufriedenheit beladen.

In Nord-Amerika wie in Europa ist es üblich, daß Kaufhäuser großartige Wunsch-Kataloge an private Haushalte verteilen, die über die Sehnsüchte einer Faustischen Seele weit hinausgehen. Kinder üben sich zunächst zu Weihnachten in diese Handbücher ein, lernen dann aber später, daß die Weihnachtsstimmung für jeden Einkaufstag erhal-

---

[13] Vgl. Marshall Sahlins, „La pensée bourgeoise: Western Society as Culture", in: ders.: *Culture and Practical Reason*, op. cit., S. 166–204.

ten werden sollte. Die kindliche Phantasie wird von diesen Katalogen zugleich zerstört und wiederaufgebaut. Sie sind jedoch für die Familien-Ökonomie entscheidend, insofern sie – bei den Kindern – dazu dienen, die Arbeit der Eltern in den allgemeinen Warenverkehr zu integrieren, der für ihre Arbeit somit zur Voraussetzung wird. Gleichzeitig halten diese Kataloge den Vorsprung des Konsums vor der Produktion aufrecht und so wird die Familie verletzenden Spannungen unterworfen, – sowohl zwischen ihren eigenen Mitgliedern als auch im Vergleich mit anderen Familien.

Die Konsumenten lernen auf diese Weise, *wirtschaftliche Opfer* zu bringen. Das heißt, jeder wird lernen, daß es unbedingt notwendig ist, mit der futuristischen Produktion von Bedürfnissen und ihren Befriedigungen durch die Wirtschaft Schritt zu halten, indem man gegenwärtige Bedürfnisse des Selbst zugunsten eines zukünftigen Ichs oder seiner Familie zurückstellt. Richard Senett und Jonathan Cobb formulierten dies so: „Wir kommen zu dem Ergebnis, daß die Aktivitäten, die Menschen in einer Klassengesellschaft in Bewegung halten, die sie dazu antreiben, nach mehr Geld, mehr Besitz und beruflich höherem Status zu streben, keineswegs materialistischen Bedürfnissen entspringen oder gar einer sinnlichen Freude an materiellen Dingen, sondern dem Bemühen, eine psychologische Deprivation einzurichten, die von der Klassenstruktur ihrem Leben eingeprägt wurde. Mit anderen Worten: *Die von einer Klassengesellschaft eingeflößte psychologische Motivation soll eher den Selbst-Zweifel heilen als mehr Macht über die Dinge dieser Welt und über andere Personen schaffen.*"[14]

Vielleicht ist die Körper-Metapher für die Ökonomie des Konsums ebenso aussagekräftig wie für die Angebotsseite der Produktion. Obgleich die Körper-Metapher die Ökonomie des Konsums, nachdem sie sich wie Zuckerguß verbreitet hat, nur teilweise erhellen kann, lohnt sich der Hinweis darauf, was man verliert, wenn die Implikationen dieser Metapher ignoriert werden. Die Ökonomen nehmen zum Beispiel an, daß die Produktion viel Mühe und Nachdenken kostet, aber der Konsum leicht, angenehm und kostenfrei zu haben sei. Sie können an dieser Prämisse nur festhalten, weil sie selbst dann, wenn sie sich mit dem Konsum beschäftigen, immer noch von einem körperlosen Subjekt ausgehen, einem abstrakten Lust/Unlust-Kalkulator, dessen eigener Betrieb nichts kostet: *Es gibt für die Ökonomen keine*

---

[14] Richard Senett und Jonathan Cobb, *The Hidden Injuries of Class,* (Vintage) New York 1973, S. 171.

verwirrten, getriebenen, erschöpften, enttäuschten oder verrückten Konsumenten. Jedenfalls gibt es keine Hausfrauen oder Ehemänner, Kinder, alte Leute oder Familien, für die die Rede von der Souveränität der Verbraucher ein Witz ist, bedenkt man, wie sie Haushaltsentscheidungen auf dem Markt und am Arbeitsplatz treffen müssen. Kurzum, die Ökonomen haben die Konsum-Arbeit vollkommen übersehen. Die verwirrende Wahlvielfalt für den Konsumenten zwischen Marken, Maßen und Ingredienzien, einmal abgesehen von den Angeboten an Lebensstilen, ihren Lokalitäten und Szenarien zur Entspannung und Unterhaltung und dergleichen mehr: All dies erfordert erhebliche Anstrengungen auf Seiten des Verbrauchers, und in der Tat in so großem Umfang, daß man ohne die Hilfe von Helfern von der Last des Konsums überfordert sein wird. Deshalb sind Selbstbedienungsmärkte, die von uns beträchtliche Mehrarbeit fordern, letztlich nur eine weitere Zumutung.

In der Mittelschicht, wo Konsum obligatorisch und Personal kaum zu bekommen ist, finden wir ein kompliziertes „Rollen-Set", in dem das eheliche Mann/Frau-Team an einem einzigen Tag als Pförtner, Gärtner, Koch und Chauffeur, als Gastgeber, Vater/Mutter, Liebhaber und Freund zu dienen hat. Galbraith ist praktisch der einzige Ökonom, der die Realität der Haushalts-Ökonomie und dabei vor allem die bisher von der klassischen Volkswirtschaftslehre ignorierte Rolle der Frau erkennt.[15] Die Ökonomen gehen stillschweigend von einer verschleierten Bediensteten-Rolle der Frauen bei der Abwicklung des Konsum-Prozesses der Familienhaushalte aus. Sie haben allenfalls bemerkt, wie diese Rolle in der Werbung gefeiert wird. Aber in ihren Berechnungen des Bruttosozialproduktes übergehen sie die weibliche Produktion von Haushalts-Gütern und Dienstleistungen. Galbraith schreibt:

„In kaum einer anderen Hinsicht war das Wirtschaftssystem bei der Aufstellung von Werten und der Anpassung sich daraus ergebender Verhaltensweisen an die eigenen Bedürfnisse so erfolgreich wie bei der Formung weiblicher Einstellung und Verhaltensweise ... Das Ergebnis ist von größter wirtschaftlicher Bedeutung. Gäbe es nicht die Hausfrau als Konsummanager, wären den Möglichkeiten einer Konsumausweitung enge Grenzen gesetzt. Solange die Frauen die Pflichten der Konsumverwaltung übernehmen, läßt sich der Verbrauch praktisch unbegrenzt steigern. In Haushalten mit sehr hohem

---

[15] John Kenneth Galbraith, „Consumption and the Concept of the Household" in ders.: *Economics and the Public Purpose,* (Houghton Mifflin) Boston 1973, S. 31–40, (dt.: „Konsum und der Begriff des Haushalts", in: ders.: *Wirtschaft für Staat und Gesellschaft,* (Droemer Knaur) München Zürich 1974, S. 47–56.

Einkommen wird diese Verwaltungsaufgabe ... zu einer echten Belastung. Aber selbst hier sind noch Expansionsmöglichkeiten gegeben. Frauen dieser Einkommensschicht sind meist gebildeter und als Manager geschickter. Seit die Scheidung erleichtert wurde, kann der Mann im praktischen Experiment nach der besten Managerin suchen. So sind es die Frauen in ihrer Rolle als heimliche Dienerinnen am Konsummanagement, die eine unbegrenzte Konsumsteigerung möglich machen. Wie die Dinge heute stehen (solange sich keine Veränderung ergibt), ist das ihr erhabener Beitrag zur modernen Wirtschaft."[16]

Trotz dieser Einsichten sieht Galbraith nicht, daß es eine Sache ist, die ökonomische Ideologie der Konsum-Frau zu enthüllen, und eine ganz andere, die moderne Familie so zu behandeln, als wäre sie nichts anderes als eine Konsum-Fabrik, in der vormals produktive Männer jeden Bedarf für eine konsumierende weibliche Hälfte verloren haben. Im Anschluß an seine Feststellung, daß die produktive Funktion der Männer an Bedeutung verloren habe, setzt Galbraith das Argument fort, weibliche Selbständigkeit könne nur durch Kontrolle über ein auf dem Markt verdientes Einkommen erlangt werden.[17] Sicherlich geht es um ein allgemeineres, ökonomisches und politisches Phänomen, nämlich *die Konsum-Haltung von Männern wie Frauen*, wobei die Produktionsentscheidungen auf höhere Ebenen der Wirtschaft verlagert werden. An dieser Aufspaltung ändert sich gar nichts, wenn man Frauen auf beiden Ebenen der Wirtschaft zuläßt, zumindest so lange, wie wir eine gewisse Grenzlinie zwischen Konsum-Zwang und Geld-Verdienen beibehalten. Ob er nun dieses Problem sieht oder nicht, im Endeffekt verwandelt Galbraith sein Argument für die Emanzipation der Frau in die These, daß mit dem wirtschaftlichen Übergang vom sekundären zum tertiären Sektor (d.h. mit dem Übergewicht von Dienstleistungen gegenüber Sachen) die weibliche Steuerung des Konsums von Sachen nachlassen wird, da Dienstleistungen sich von selbst konsumieren lassen und ihr Konsum kaum einer Steuerung bedarf. Aber da Dienstleistungen dazu neigen, entweder arbeitsintensiv zu sein, oder Ansprüche an den Intellekt zu stellen, ist schwer erkennbar, wieso durch Arbeit gerade in diesem Bereich die Emanzipation für irgendjemanden gesichert werden soll.

Meiner Ansicht nach ist es notwendig, daß Frauen die Steuerung des Konsums vom Standpunkt des Familien-Körpers aus durchdenken, d.h. vom Körperstandpunkt der Frauen, ihrer Männer und Kin-

---

[16] Galbraith, op. cit., S. 55–56.
[17] Galbraith, „Der gerechte Haushalt und seine Konsequenzen", in: ders.: op. cit., S. 268–276.

der. Das verlangt von Frauen auch, daß sie die verleiblichten Beziehungen zwischen der Ökonomie, dem Staat, dem Recht und der Medizin neu denken müssen, wie ich es im vorigen Kapitel zu zeigen suchte. Weil dies eine so enorme Aufgabe ist, werden sich Frauen von ihr in dem Maße abwenden, wie sie sich zu dem Glauben verleiten lassen, daß sich Freiheit, Rationalität und Unabhängigkeit allein durch den Weg zu einem Arbeitsplatz erreichen lassen.

Unter Arbeitern wird man typischerweise nicht diesen Eindruck finden, daß sich solche emanzipatorischen Wirkungen auf ihr Leben allein schon deshalb einstellen, weil sie arbeiten gehen. Vielmehr treibt sie allgemein ein Drang, sich möglichst schnell die Zeit, die sie bei der Arbeit verloren haben, in Gestalt der raffinierten Produkte zurückzukaufen, die sie sich meinen leisten zu müssen, um sich für ihr Arbeiten zu entschädigen. Diese Zusammenhänge sind schwierig zu verstehen. Man vernebelt ihre Analyse nur, wenn man ihre Strukturzusammenhänge der Böswilligkeit der Männer zuschreibt, also dem als natürlichen Frauenfeind hingestellten Mann. Als Körperwesen kann keinem von uns das soziale Schicksal von Männern wie Frauen gleichgültig sein und jeder von uns muß mit anderen teilen, was von der politischen Ökonomie verständlich wird, die unser Leben gestaltet.

Es gibt zahlreiche Beweise für den zunehmenden körperlichen und emotionalen Streß, dem arbeitende Frauen (die „Mädels") in der wundervollen Welt der Arbeit ausgesetzt sind. Natürlich gibt es eine eifrige Pharma-Industrie, die den Frauen bereitwillig Hilfe bei „ihren" Problemen anbietet, und wir können davon ausgehen, daß politischer Druck auf den therapeutischen Staat ausgeübt wird, damit Frauen mehr „Wohlfahrt" und „soziale Sicherheit" angeboten wird. Trotz der allgemein rückläufigen Entwicklung des Rauchens scheinen Frauen inzwischen resistenter gegen die Warnungen vor gesundheitsschädlichen Folgen des Rauchens geworden zu sein als Männer. Ich denke, das ist ein Beweis für die sozialen Widersprüche in ihrem Leben, das sich dem eher gefährlichen als gewagten Vergnügen des Rauchens hingibt, um die recht gemischten Freuden der Industriearbeit zu kompensieren.

Es mag daher nützlich sein zu untersuchen, wie wir den produktiven Körper in der Alltagsökonomie erleben, etwa im Text einer weitverbreiteten Zigarettenwerbung. Winston: „I smoke for only one reason"/ „Ich rauche nur aus einem einzigen Grund". Solche Anzeigen fokussieren meist den Körper einer jungen Frau oder eines jungen Mannes – gelegentlich kommt ein androgynes Bild vor. Mitgeteilt wird, daß Sex konkurrenzfähig ist, und Konkurrenz ist sexuell. Damit vermittelt der Text der Winston-Werbung die Vorstellung, man könne auf den Gipfel der Warenwelt kommen („I don't smoke a brand to be like everybody else"/„Ich rauche keine Sorte, um wie jeder Andere zu sein". Mein, sein oder ihr Körper bieten das Mittel zu solchem Erfolg. Der Körper ist zugleich Ressource und Sanktion des sozioökonomischen Erfolges. Die Sanktion des Erfolges wird enthüllt in der Schönheit und Sicherheit des Körpers. Die abgebildete Frau – ich nenne sie „Jane" – ist schön, ihr Haar gepflegt, ihre Kleidung perfekt, Schmuck und Accessoires äußerst geschmackvoll. Der Erfolg, der vom Rauchen der richtigen Zigarette herrührt, wird auch in den anderen Angeboten von Jane's Körper einsichtig – seiner Schönheit und Eleganz, seiner Raffinesse. Jane weiß, was sie will: „Ich rauche nur aus einem einzigen Grund". Der Text appelliert an die neue politische Kultur, in der Frauen wissen, was sie wollen und es auch bekommen. Nur einen einzigen Grund in diesem Leben zu haben, das wäre in der Tat eine wirklich meisterhafte Konsum-Leistung. Jeden Tag ist jeder von uns von morgens bis abends unaufhörlichen Ratschlägen unserer Umwelt ausgesetzt, was man mit seinem Leben anfangen soll. Es ist einfach phantastisch: Jane könnte den heutigen Tag in Florida verbracht haben, oder in Spanien oder Portugal. Dank ihrer Kredit-Karte könnte sie in den besten Hotels wohnen, ein Auto kaufen oder zum Essen gehen, wo immer es ihr gefällt. Die Ökonomie der Wünsche schickt uns pausenlos auf die Suche nach diesem oder jenem. Deshalb ist jemand, der nur eines will und bereit ist, in der Welt der Waren nicht davon zu lassen, ein Meister der Konsumenten, ein Souverän des Konsums.

Der Text geht weiter: „Ich rauche keine Sorte, um wie jede andere zu sein". Aber die Industriegesellschaft ist natürlich nur als Massen-Gesellschaft möglich. Massen-Produktion erzeugt Marken-Loyalitäten, unseren Kompromiß zwischen Personalität und Anonymität. Du und ich – wir alle tragen irgendeine Variante ungefähr derselben Kleidung. Wir können nur minimale Variationen an unserer Bekleidung vornehmen, um ihr eine eigene Note zu geben. Aber hier ist Jane – eine Frau ganz anders als irgendjemand sonst. Wenn das wirklich die Wirkung dieser Zigarette wäre, dann würde die Winston 10 Dollar pro Packung kosten. Aber sie muß von einer genügend großen Menge von Leuten geraucht werden, damit man sie einigermaßen billig kaufen kann, gleichzeitig aber müssen die, die sie kaufen, glauben, es sei eine ganz und gar exklusive Marke. Deshalb können wir zum Mehrwert auch noch die Phantasie hinzurechnen, die wir aufwenden, um der

Ware ihr Leben einzuhauchen, und zwar zusätzlich zur Arbeit, die für Produktion und Konsum aufgewendet wird.

Mehrwert besteht immer mehr aus Phantasie-Arbeit, die wir zugunsten des Systems leisten, um dem System den Anschein zu verleihen, es diene den Einzelnen: „Ich rauche, weil es mich freut". Indem Werbung überall behauptet, der Raucher sei eine selbstsichere und erfolgreiche Person, kommt sie auch zu der Behauptung, der Genuß von Zigaretten sei eher selbstbewußtes Verhalten als eine bloße Laune. „Super King's Extra Length gibt mir einen extra weichen Genuß ganz wirklich. Wirklicher Genuß – und wirkliches Vergnügen – all das ist wirklich Rauchen. Winston ist wirklich." Dann folgt ein eingeschobener Text: „Warnung: Der Gesundheitsminister hat festgestellt, daß Zigaretten-Rauchen Ihre Gesundheit gefährdet". Dieser Text erinnert uns an den biologischen Körper, aber gibt uns die Sorge um den Körper, während seine Wünsche von der Groß-Industrie ausgebeutet werden. Der Text warnt uns, daß Rauchen als biochemischer Vorgang gefährlich ist. Doch er läßt diese Botschaft untergehen und reduziert sie auf einen bloß nachträglichen Gedanken, der durch das Angebot der Selbst-Sicherheit in einer unsicheren Welt aufgewogen wird: Alles einfach zu haben beim Kauf von einem Päckchen Zigaretten samt dem Versprechen von Wirklichkeit und Vergnügen, Eleganz und Ansehen. Die Werbung lädt uns ein, unser biologisches Leben für unser soziales Leben aufs Spiel zu setzen. So dient Jane's Selbst-Sicherheit auch einer rebellischen Konformität.

Die von mir analysierte Werbung möchte Selbst-Sicherheit als das Beste im Leben darstellen, wofür der produktive Körper die wichtigste Ressource ist. Wenn wir das Bild ansehen, könnten wir meinen, Jane rauche nur zur Entspannung. Im Hintergrund finden sich keine Fabriken, kein Ehemann und keine Kinder. So ist Jane absolut sie selbst; sie ist jung und sie ist schön. Sie ist auf eine fabelhafte Weise für alles zu haben. Sie ist frei. Sie könnte heiraten und sie könnte es lassen. Jane ist eine Göttin. Doch weil es um die Nutzung ihrer Schönheit und Jugend geht, steckt sie mit Haut und Haaren in Arbeit. Obwohl das sorglose Drumherum sie absolut frei erscheinen läßt, ist Jane in Wirklichkeit sorgfältig aufgeputzt. Man muß sich allein die Arbeit vorstellen, die für ihr Haar nötig ist, bis es so aussieht wie auf den Werbe-Photos. Kein Mensch hat solches Haar. Es ist das Produkt einer gewaltigen chemischen Industrie, die Frisuren an Millionen Frauen verkauft, die so aussehen wollen, als hätten sie überhaupt nichts an ihrem Haar getan, um so frei zu erscheinen wie der Wind. Jane ist an einer ähnlichen Täuschung beteiligt. Indem sie zugunsten dieser Industrien arbeitet – weit davon entfernt, frei zu sein – ist sie derart beschäftigt und hat soviel Ärger um die Ohren, wie es bei dem netten Photo überhaupt nur möglich ist.

Das gleiche gilt für Jane's ebenso wohlbekanntes Gegenstück, für den Marlborough-Mann. Der einsame Cowboy ist mit niemandem verheiratet außer mit der Zigarettenmarke, die er raucht. Trotz seiner offenbaren Freiheit ist dem Marlborough-Mann sein Markenzeichen innerlich tiefer eingebrannt (genau wie der Gesundheitsminister warnt) als irgendein Brandzeichen seiner Rinder, die er in unserer Phantasie einfängt. So sind der Wilde Westen und der kettenrauchende Amerikaner des Überlebens miteinander verschnitten zugunsten der Tabak-Industrie – was uns dies auch immer kosten mag.

Meine Analyse der Zigaretten-Werbung verdeutlicht auch, daß Waren nicht einfach das sind, was sie auf den ersten Blick zu sein scheinen: Sie repräsentieren *Bindungen* an gesellschaftliche Institutionen, in denen wir alltäglich leben und denen wir von dem Moment an verpflichtet sind, wenn wir uns aus unseren Betten erheben und für sie zu essen beginnen, sie sehen, fühlen und in ihnen herumlaufen in Umgebungen, in Strukturen und Farben, die unsere moderne, saubere und bequeme Welt festlich machen. So wird das moderne Heim zunehmend entkörpert und damit entseelt. Wo immer mehr Maschinen angeschlossen werden, da wird aus der Welt der Frau eine Anlage zum Knöpfe-Drücken, so daß es fast unwahrscheinlich wird, daß Kinder die Körper-Routinen des Familienlebens lieben lernen. Lebensräume werden in einem modernen Haus geschaffen und diese Arrangements, in denen wir leben, sind bloß geringfügige Modifikationen jenes allgemeinen Wohnstils, den man auf jeder Möbelausstellung findet. Die intimsten Plätze unseres Lebens präsentieren sich so als Jedermanns-Plätze. Jedermann ist ein potentieller Käufer unseres Hauses. Diese Öffentlichkeit wird noch ausgeweitet auf den Körper und seine intimsten Verrichtungen, die so sichtbar wie möglich sein sollen – wie all die Schlaf- und Badezimmerwerbung belegt. Diese Beispiele zeigen, wie es dazu kommt, daß der Körper zu einer Ressource der kommerziellen Ästhetik einer demokratischen Gesellschaft wird, deren erstaunlichster Anblick jene schwitzenden Männer und Frauen sind, die sich recken und strecken zum Einklang mit einer Ideal-Figur, die sich ihnen immer wieder entzieht.

Natürlich konsumieren wir nicht im wortwörtlichen Sinne die Autos, Fernsehapparate, Möbel, Häuser, Kleider, Kosmetika oder das

Fernsehprogramm. Heißt das aber, daß unsere Körper dabei nicht impliziert sind? Wir müssen eher fragen: wie sind dabei unsere Körper betroffen? So, wie wir unsere Körper ernähren müssen, so müssen wir sie auch kleiden, unterbringen und transportieren. Doch zwischen diesen Notwendigkeiten bestehen sehr spezifische Zusammenhänge. Da zum Beispiel die Stadt-Zentren von den Zentren der Nahrungsmittel-Produktion weit entfernt liegen, werden Lebensmittel zunehmend für Transport und Lagerung in Supermärkten zubereitet und verpackt. Das führt zu sekundären Auflagen, der Verwendung von Chemikalien in Lebensmitteln, die ihren Nährwert mindern können oder sogar gesundheitsschädlich sind. Das Essen solcher Lebensmittel kann man nur als *Arbeit* ansehen, nämlich als Arbeit im Risikorahmen einer gewerblichen Schädigung wie etwa Krebs, der im Zusammenhang von urban-industrieller Produktion zu sehen ist.

In demselben Zusammenhang kann man das Reproduktionsverhalten der (nordamerikanischen)* weißen Mittelschicht diskutieren. Das Ereignis der Geburt ist eingebettet in die allgemeine Vertrags-Rationalität unserer Gesellschaft, deren Instrument in diesem Falle die Pille als chemische Vermittlerin ist. In der Kondom- und Pillen-Kultur haben wir es mit zwei technischen Instrumenten zu tun, die es ermöglichen, die Akte des Zugangs und des Geschlechtsverkehrs als rational zu betrachten, insofern nämlich der Geschlechtsverkehr mit einer Entscheidung verbunden sein kann, Kinder zu haben oder nicht. In unserer modernen Welt kommen wir nunmehr in die Lage, Gebärmutter und Vagina zu Orten einer *vertraglichen Ordnung* zu machen. In der Tat werden unsere Körper – speziell die Gebärmutter – im Rahmen politischer Taktik ausgelegt, so daß Frauen ein Recht auf ihren eigenen Körper behaupten können und damit absolute Rechte über den Fötus; eine These, wie sie Befürworter der Abtreibung vertreten. Der Thesenkontext wird jedoch sofort in den des therapeutischen Staates ausgeweitet, der Gesetze über Embryo-Rechte und Uterus-Normen verabschiedet. Sexualität und Reproduktion können nunmehr getrennt, aber auch kombiniert werden – genauso wie alle anderen Momente rollenspezifischen Verhaltens – und zwar nach rationalen Entscheidungs-Kategorien. So wird eine scheinbar natürliche Körperfunktion in drei Herrschafts-Systeme eingebunden, die alle den Anspruch erheben, das Ereignis der Reproduktion zu einer wohlgeordneten Angelegenheit zu machen. Hier geht es einmal um die Ansprüche der religiösen

---

* *Zusatz des Hsg. (RG)*

Institutionen, die bereits seit langer Zeit in allen Fragen der Fortpflanzung das Sagen hatten, zum anderen um die Auffassungen einer wissenschaftlichen Kultur, insofern ihre kontrazeptiven Techniken der Selbst-Bestimmung dienen, und schließlich um politische Institutionen, da wir inzwischen alle von der Gleichheit der Geschlechter und von ihren Implikationen für andere soziale Institutionen betroffen sind.

Man kann aber auch argumentieren, daß die sogenannte sexuelle Revolution in Wirklichkeit ein Phänomen einer sehr viel tiefer reichenden *körperlichen Entfremdung* ist, sofern sie Sex zur Arbeit macht und neue Sorgen produziert, etwa wegen sexueller Unersättlichkeit oder Orgasmus-Häufigkeiten, oder Sex wird gar – wie eine Kaffeepause – zum Moment der Entspannung noch eiligerer Leute. Kurzum, die sogenannte sexuelle Revolution ist in ihrer Waren-Form vielleicht nur ein Teil der wachsenden *Streß-Kultur* der westlichen Industrie-Gesellschaft. Tatsächlich gibt es bereits Anzeichen dafür, daß Rauchen, Trinken, Pillenabhängigkeit und Kriminalität der Frauen zunehmen, wo sie sich dahin emanzipieren, daß sie sich den Streß jener Arbeitswelt aufladen, die Männer angeblich für sich selbst produzierten.

All diese Phänomene fordern von uns etwas gründlicheres Nachdenken über die fundamentalen Bande zwischen Mensch und Gesellschaft, wenn wir nicht einfach ideologisch argumentieren wollen oder mit dem Stückwert sozialwissenschaftlicher Teilinformationen, deren Grenzen uns noch unbekannt sind. Wir müssen unsere grundlegenden Vorstellungen von Gesellschaft und Person, Familie und politischen Institutionen überdenken und dabei lernen, daß auch die Sozialwissenschaften höchst fragwürdige Quellen von Informationen und Werten für die Sozialpolitik sind. In diesem Zusammenhang gehört die umfassende Diskussion des Verhältnisses von Biologie und Soziologie.[18] Die Argumente sind zuweilen sehr kontrovers. Einige Wissenschaftler glauben, die Kräfte des menschlichen Organismus seien im wesentlichen in seinem Biogramm enthalten. Sie nehmen an, daß soziale Institutionen die genetischen Codes, die die Basis für menschliches Verhalten sind, sehr wenig ändern, vielleicht aber schädigen können. Die *Bio-Soziologen,* wie man sie nennen könnte, betrachten also die kulturelle Verschiedenartigkeit im Verhalten des Menschen als relativ unwichtige Modifikation von biologischen Faktoren, die sie für den eigentlichen Gegenstand der Humanwissenschaften halten. Soziologen

---

[18] Vgl. Arthur L. Caplan, *The Sociobiology Debate,* (Harper & Row) New York 1978.

und Anthropologen sind nicht allzu glücklich mit den Bio-Soziologen. Sie sehen in der Bio-Soziologie eine ernsthafte Gefahr für die geduldigen Bemühungen der Sozialwissenschaftler, die Kräfte, die menschliche Intelligenz und Freiheit, Kreativität und Wohlergehen einschränken, in mächtigen, aber veränderbaren sozialen Institutionen zu suchen. Sie mißtrauen den Argumenten der Bio-Soziologen, weil sie darin einen erneuten Versuch sehen, die Ungleichheiten zwischen Menschen – ungleiche Intelligenz, Geschlechter oder Rassen – aus natürlicher Herkunft zu erklären. Trotz alledem können wir aber die meisten Sozialwissenschaftler als *Sozio-Biologen* bezeichnen. Das heißt, sie würden nicht bestreiten, daß es bestimmte Potentiale und Beschränkungen der Kapazitäten des menschlichen Organismus gibt. Aber sie verstehen diese Faktoren als so weitgehend in die psychosoziale Kultur integriert, daß sie für Forschungsstrategien in den Sozial-Wissenschaften von nebensächlicher Bedeutung sind.

Es mag überraschen, Wissenschaftler einander bekämpfend zu sehen: Aber schon die Geschichte der Wissenschaft sollte jeden Eindruck gelassener Objektivität vertreiben, den die Wissenschaft gern der Öffentlichkeit einredet, um nicht an Autorität zu verlieren. Tatsächlich ist es äußerst schwierig, Normen für menschliches Verhalten zu definieren, selbst in der Anatomie oder Physiologie, ganz zu schweigen von Intelligenz, Emotionen, Eßverhalten, Kindererziehung, Sexualität, – bei all dem spielt Verhalten eine Rolle, das von weitreichenden kulturellen, literarischen, künstlerischen und religiösen Definitionen abhängig ist. Heutzutage geht man sogar davon aus, daß ein gut Teil der Biologie des Menschen (z.B. geschlechtsspezifisches und sexuelles Verhalten) rein politischen Definitionen unterliegt. Es wird in der Tat argumentiert, daß jeder theoretische oder methodologische Ansatz zur Erklärung menschlichen Verhaltens, der politische Definitionen des Kontextes der uns abverlangten Verhaltensanforderungen ignoriert, Teil der Repression ist, die die Sozial-Wissenschaften eigentlich bekämpfen sollten. Von diesem Standpunkt aus werden die internen Auseinandersetzungen zwischen verschiedenen soziologischen Ansätzen als kriminelle Zeitverschwendung angesehen.

Juliet Mitchell hat deshalb weit vorsichtiger argumentiert, daß wir eine ganze Reihe von Faktoren in der Geschichte der inferioren sozialen Position der Frau unterscheiden müssen, statt einfach zu behaupten, ihr biologischer Status verringere ihren Arbeitswert und erhöhe ihn in reproduktiver Hinsicht. Um eine phasen-spezifische historische Analyse für die Struktur der Ausbeutungsverhältnisse von Frauen zu finden, schlug sie (in der Mitte der 60er Jahre) vor, von vier Strukturen auszugehen: Der gesellschaftliche Wert der Frau wird (1) durch Produktion, (2) Reproduktion, (3) Sex und (4) durch die Sozialisation der Kinder bestimmt. Die Emanzipation der Frau kann nicht als eine idealisierte Art von sozialistischer Freiheit betrachtet werden. Emanzipation verlangt besondere Gesetzgebung zur Durchsetzung gleicher Arbeitsbedingungen und Entlohnung, Empfängnisverhütung, die Gleichwertigkeit der sexuellen Erfahrung und neue Einrichtungen zur Kindererziehung:

> „Praktisch ist damit ein System von zusammenhängenden Forderungen gemeint. Die vier Elemente der Lebenssituation von Frauen dürfen nicht isoliert betrachtet werden, denn sie bilden einen spezifisch strukturierten Zusammenhang. Die gegenwärtige bürgerliche Familie kann man als ein Triptychon von sexuellen, reproduktiven und sozialisatorischen Funktionen (die Welt der Frauen), eingebunden in die Produktion (die Welt der Männer) ansehen, eine Struktur, die letztlich von der Wirtschaft bestimmt wird. Der Ausschluß der Frauen aus der Produktion – einer sozialen menschlichen Tätigkeit – und ihre Beschränkung auf eine monoli-thische Konzentration von Funktionen auf eine Einheit – die Familie –, womit gerade die *natürlichen* Anteile jeder Funktion zusammengefaßt werden, das ist die Wurzel der gegenwärtigen *sozialen* Definition der Frau als ein *Natur*-Wesen. Deshalb muß das Hauptgewicht jeder Emanzipationsbewegung sich immer noch auf den ökonomischen Aspekt richten – auf den vollen Zugang von Frauen zu allen öffentlichen und gewerblichen Bereichen der Wirtschaft."[19]

Meine bisherige Argumentation sollte es verständlich und einleuchtend machen, wieso Julie Mitchell die soziale Definition *natürlicher* Eigenschaften von Frauen mit einer Analyse des *ökonomischen Interesses* an einer solchen Definition verbinden konnte. Es ist jedoch nicht so leicht einsichtig, wie die heutige sexuelle und ökonomische Emanzipation der Frau zu bewerten ist. Zunächst einmal gibt es da das Problem von Schein-Reformen. Dann darf man nicht übersehen, daß die Frauenbewegung größtenteils ein Phänomen der städtischen und gewerblichen Mittelschichten ist, in der die erste Generation von Nutznießerinnen notwendig eine nur kleine Anzahl von schon relativ privilegierten Frauen ist. Gleichzeitig muß man anerkennen, wie die Frauenbewegung die Geschlechterrollen-Stereotypen in Bewegung bringt und in der Gesellschaft ganz allgemein das Bewußtsein geweckt hat, wieviel an menschlichem Potential durch die Unterbewertung von Frauen verloren geht.

Eigentlich sollten die Sprecher der Frauen-Bewegung auf jene vordergründigen Argumente verzichten, die von männlichen Verschwörungen zur Aufrechterhaltung ihrer Vorherrschaft in Politik und Wirt-

---

[19] Juliet Mitchell, „Women: The Longest Revolution", in: *New Left Review*, November/Dezember 1966, S. 11–37.

schaft reden. Es ist doch offensichtlich über weite Strecken der menschlichen Geschichte und in großen Teilen der heutigen Welt, daß nach wie vor die meisten Männer mit ihren Familien ausgebeutet werden von einem System, das sehr wenig mit Geschlechtsunterschieden, aber sehr viel mit den unterschiedlich großen Anhäufungen von Reichtum und Macht zu tun hat. Wie groß auch immer die Schwierigkeiten, es scheint inzwischen gesichert, daß der soziale Status von Frauen auf der Tagesordnung der modernen Gesellschaften bleiben wird, daß wir weiterhin Reformen in verschiedenen Richtungen erwarten können und daß diese Errungenschaften unvorstellbar wären ohne den Einsatz von Frauen für ein grundlegendes Bürgerrecht der Frau, und zwar:
(1) das Recht auf gleiche Ausbildungs-Chancen
(2) das Recht auf gleiche Beschäftigungs-Chancen
(3) das Recht auf sexuelle Gleichheit
(4) das Recht auf Empfängnisverhütung
(5) das Recht auf körperliche Integrität in einem weitesten Sinne, der Vergewaltigung, Pornographie, Mißhandlung und medizinische Ausbeutung mit erfaßt.

Die Durchsetzung derartiger Rechte setzt erhebliche Veränderungen in den familiären und den Beziehungen zwischen Mann und Frau voraus, sowie Veränderungen in Schulen, Kirchen und an allen Arbeitsplätzen. Wie bei jedem sozialen Wandlungsprozeß nehmen Fortschritte in dieser Richtung wahrscheinlich mehr Zeit in Anspruch, als die rhetorischen Proklamationen es zugestehen wollen. Tradition ebenso wie ethnische und soziale Herkunft sind an sich schon sehr starke Widerstände tief im menschlichen Verhalten. Außerdem dürfen wir psycho-biologische Faktoren in zwischenmenschlichen und familiären Beziehungen nicht völlig ignorieren. Eine Reihe wichtiger Probleme, vor denen die Frauenbewegung steht, ist von Alice Rossi formuliert worden, einer Soziologin, die der ganzen Problematik keineswegs ohne Sympathien gegenübersteht: (1) In welchem Maße wird eine Mehrheit von Frauen, die keine Bewußtseinsänderung erfahren haben, solche Einrichtungen wie Abtreibungs-Kliniken, Kinder-Tagesstätten und Frauen-Häuser nutzen? (2) In welchem Maße darf man allgemein in der Bevölkerung das Problem homosexueller Solidarität mit dem Problem heterosexueller Partnerschaft identifizieren? (3) Gibt es nicht in der Tat neuro-hormonale Differenzen zwischen Männern und Frauen, die ganz grundlegende Dispositionen für eher konkurrenzhaftes oder eher fürsorgliches Verhalten schaffen? (4) Bestehen Feministinnen, wenn sie dem klitorialen Orgasmus vor dem vaginalen das Wort reden, nicht auf einer falschen Spaltung, die der Integration von Sexualität, Reproduktion und Laktation abträglich ist?[20]

Sicher gibt es vieles, wofür Frauen zu kämpfen haben. Es ist deshalb bedauerlich und eine simple Wiederholung eines Vorurteils der Soziologen, wenn – wie es häufig geschicht – Frauen in traditionalen Gesellschaften von Feministinnen als unterwürfig betrachtet werden, während die moderne Gesellschaft doch über ähnlich wirksame Techniken verfügt, um Frauen zu unterwerfen. Zum Beispiel werden viele Frauen aus traditionalen Gesellschaften nur mit einem Lächeln auf die moderne Entdeckung der Vorzüge des Stillens und der natürlichen Geburt reagieren. Wie Rossi's eigene Bemerkungen verdeutlichen, sind es die pflegerischen und ärztlichen Berufe, die einen passiven Körper als fügsames Objekt in ihrer Praxis voraussetzen und am stärksten auf die Unterwerfung der Frau hinwirken. Außerdem sollte man daran erinnern, daß auch in der modernen Gesellschaft ein gut Teil des traditionalen Körper-Sinnes überlebt, vor allem bei Land- und Arbeiter-Frauen, wie in separaten religiösen oder ethnischen Minderheiten, die nicht so leicht auf die Marotten der modernen Medizin hereinfallen. Die Desillusionierung moderner Mittelschicht-Frauen sollte man so allgemein mit dem Fortschritt der Menschheit gleichsetzen.

Es trifft offensichtlich zu, daß modernes Leben – besonders unter den erschwerten Bedingungen der relativen Isolation der modernen Klein-Familie in Suburbia – die ehelichen Beziehungen zwischen Mann und Frau enorm belastet und damit auch das Leben der Kinder. Trotz der Ideale einer romantischen Liebe und des ehelichen Zaubers von Haushaltsreinigern und Kochkünsten setzen sich die prosaischen Routinen eines körpergebundenen Lebens durch. Die Familie ist weiterhin Sache der Frau, die Männer gehen weiter aus dem Haus in die „weite Welt" von Fabrik und Büro oder ihre mobilen Äquivalente – und viele Frauen haben beide Jobs. In der Folge führt die Diskrepanz zwischen der Amüsier-Kultur und den körpergebundenen Routinen des Familienlebens dazu, daß – wo die Ideologie des glückseligen Lebens nicht fraglich wird – Männer wie Frauen zugleich erfahren, wie ihre Schwierigkeiten verstärkt zu somatischen Beschwerden füh-

---

[20] Alice S. Rossi, „Maternalism, Sexuality and the New Feminism" in: Joseph Zubin und John Money (Eds.): *Contemporary Sexual Behavior: Critical Issues in the 1970's*, (John Hopkins University Press) Baltimore 1973, S. 169.

ren. Die Verlagerung von Sorgen auf Körper-Symptome variiert vom Rauchen und Trinken bis zu Drogen, Massage-Salons und den ansonsten angebotenen Techniken der Erotisierung eines zerrinnenden Ehelebens.

Vermutlich reagieren Männer und Frauen unterschiedlich auf die Diskrepanz zwischen der verkörperten Realität der Familie und ihrer modernen Ideologie vom individuellen Glück und dem leichten Leben. Bildungsniveau und Schichtzugehörigkeit haben natürlich auch weiterhin einen erheblichen Einfluß darauf, wie Menschen ihr Familienleben bewältigen und sich bemühen, wenigstens etwas von ihrer Ideologie zu retten. Eine traditionelle Familie aufrechtzuerhalten, bringt für Unterschicht-Mütter wahrscheinlich stärkere Belastungen mit sich als für Mittelschicht-Mütter, auch wenn sie weniger versucht sein mögen, die Werte der traditionellen Familie in Frage zu stellen. Mittelschicht-Frauen teilen oft das Beste aus beiden Welten, sind sich dabei allerdings weder ihrer selbst noch ihrer Familien ganz sicher.[21]

Man wird äußerst vorsichtig vorgehen, wenn man auf der gegenwärtig dürren Datenbasis der Sozialwissenschaften Regeln oder Gesetze für den sozialen Wandel von Frauen, von Familien oder irgendeiner anderen derart sozial belasteten Gruppe aufstellen will. Natürlich wird auch in Zukunft relevantes Wissen angesammelt. Wir sollten aber daran denken, daß unsere *politische Erziehung* eine gehörig kritische Haltung gegenüber den Tatsachenbehauptungen jedes beliebigen Sozialwissenschaftlers verlangt. Bereits vor Jahren hat Lionel Trilling in seiner Rezension von Kinsey's *Sexual Behavior in the Human Male* vor der glatten Annahme gewarnt, die Sozialwissenschaften könnten uns Verallgemeinerungen liefern, die schlicht zum Bestand einer demokratischen Gesellschaft gehören, denen wir uns also nur auf die Gefahr hin widersetzen können, als undemokratisch oder fortschrittsfeindlich zu gelten:

„Wir können sagen, daß diejenigen, die die demokratischen Tugenden am entschiedensten geltend machen und zu praktizieren wünschen, von der Annahme ausgehen, daß alle sozialen Tatsachen – mit Ausnahme von sozialen Barrieren und wirtschaftlicher Not – *akzeptiert* werden müssen, und zwar nicht nur im Sinne der Wissenschaft, sondern auch im sozialen Sinne, d.h. in dem Sinne, daß kein Urteil über sie gefällt

---

[21] René Levy, „Psychosomatic Symptoms and Womens Protest: Two Types of Reaction to Structural Strain in the Family", in: *Journal of Health and Social Behavior*, 17. Juni 1976, S. 122–134.

werden darf, daß jede Schlußfolgerung, die aus ihnen gezogen wird und ihnen Wert und Bedeutung zuerkennt, sich als ‚undemokratisch' herausstellen wird."[22]

Das Problem besteht nicht nur darin, daß wir Gefahr laufen, als Feinde der Demokratie angesehen zu werden, wenn wir die Annahme in Frage stellen, daß die vorherrschenden sozialen Trends notwendig und in sich gut sind. Es gibt da die weitere Schwierigkeit, daß *ein als demokratisch und sozial betrachteter Trend oft nichts anderes darstellt als einen Zuwachs an Optionen des Überflusses in den westlichen Industrie-Gesellschaften.* Wenn wir die sozialen Kosten vieler Bürgerrechte nicht vor uns verbergen würden, könnten wir vielleicht bemerken, daß eine ganze Reihe psychosozialer Wohltaten, nach denen man im Westen strebt, zugunsten eines weltweiten Minimalprogramms zur Unterstützung der Nahrungs- und Gesundheitsversorgung zurückgestellt werden sollten.

Wir wissen, daß die Welt eine Art Körper ist, der – wie wir selbst – unter Mißnutz leidet. Wenn man sich den politischen Welt-Körper ansieht, steht man vor eklatanten Ungleichheiten in der Versorgung mit Nahrung, Obdach, Kleidung, Gesundheit und Lebenserwartung. Ein relativ kleiner Teil der Welt monopolisiert ihre Ressourcen und leidet an Übergewicht, psychischen Krankheiten und Langeweile, während der größere Teil der Menschheit sich abschuftet – oft im Dienste der überprivilegierten Industrieländer – um eine bare Existenz zu finden. Schlimmer noch: dort, wo neue Länder auf den Weg wirtschaftlicher Entwicklung kommen, tendieren ihre Ernährungsgewohnheiten zum Verzehr von mehr Fleisch, Zucker, Eiern und Lebensmitteln mit hohem Anteil an tierischen Fetten. Damit geraten sie zugleich in den Zirkel von Herz-Erkrankungen, Diabetis, Bluthochdruck und Darmkrebs. Es ist schon paradox, daß Fehlernährung ebensoviel mit übermäßigem Essen zu tun hat wie mit dem Fehlen von Lebensmitteln. In ihrer ständigen Suche nach wichtigen Rohmaterialien kommen die entwickelten Nationen zudem in die Lage, Krieg und Ausbeutung in die ärmeren Nationen zu verschieben und damit ihr Leben noch weiter durcheinander zu bringen. Die Familie der Menschheit hat noch einen langen Weg vor sich, bevor sie wirklich zusammenlebt. Eine riesige Zahl von Männern, Frauen und Kindern kämpft immer noch für

---

[22] Lionel Trilling, „The Kinsey Report", in ders.: *The Liberal Imagination: Essays on Literature and Society,* (Viking) New York 1950, S. 242.

(1) das Recht, seinen Hunger zu stillen,
(2) das Recht auf Ausbildung,
(3) das Recht, für den eigenen Lebensunterhalt zu arbeiten,
(4) das Recht auf Fürsorge,
(5) das Recht auf politische Organisation und Freiheit der Meinungsäußerung.

Das schreckliche ist, daß keines Menschen Appetit durch den Hunger eines anderen nachläßt. Mit diesem moralischen Problem sind alle Industrie-Gesellschaften konfrontiert, während sie weiterhin unglaubliche Differenzen zwischen sich und ihren eigenen Mitgliedern sowie zu anderen Gesellschaften erzeugen, deren Ökonomie schwächer ist. Wenn die militärische Kapazität zur Selbstzerstörung in der Welt nur ein wenig reduziert würde, ließe sich der Lebensstandard für die ganze Weltbevölkerung auf ein halbwegs vernünftiges Niveau heben.

Aus all dem sieht man, daß man fast zwangsläufig auf den menschlichen Körper als Vorbild für die Entwicklung einer gleichgewichtigen Gesellschafts- und Welt-Ordnung zurückgreifen muß. Ich meine nicht, daß man, um einen derartigen Zustand zu erreichen, die Menschen auf das Schema einer einzigen Lebensweise beschränken muß. Darüber hinaus kommen wir, um so etwas wie ein Welt-Recht auf *Leben* zu erreichen, ohne vielfältige technische und soziale Hilfe nicht aus. Trotz allem müssen wir der Versuchung widerstehen, den westlichen Industrie-Gesellschaften irgendeine Überlegenheit gegenüber den Gesellschaften zuzuschreiben, denen zu helfen sie gegenwärtig in der Lage sind. Denn in den westlichen Gesellschaften gibt es allen Grund zum Selbst-Zweifel. Wir fangen gerade an zu begreifen, daß professionelle Experten und der Wohlfahrtsstaat kein allmächtiger Ersatz für die Familie und die lokale Gemeinde sind. In den Industrie-Gesellschaften und in den sich industrialisierenden Gesellschaften muß die Sozialwissenschaft sich in Zukunft mehr der Frage zuwenden, wie sie ihre Hilfe komplementär zu den Möglichkeiten der Familien und der lokalen Gemeinden einsetzen kann. Wir haben in der Tat Grund zu der Annahme, daß wir *die Familie mehr denn je neu erfinden müssen* – als ein verantwortungsbewußtes Aktionszentrum im Interesse der Erziehung, des Konsums und der Gesundheit ihrer Mitglieder. Auch hier scheint der Fortschritt – wie so oft – nichts anderes als die Wiederbelebung der Tradition zu sein – und doch fordert er von uns eine eher noch kritischere Aufmerksamkeit.

5. *Kapitel:* Die medikalisierten Körper

In den vorangehenden Kapiteln haben wir gesehen, wie sich der Gesellschaftskörper auf der ökonomischen und der politischen Ebene organisiert. Man stellt sich eine ziemlich schwierige Aufgabe, will man die gleichzeitige Verherrlichung und Degradierung des menschlichen Körpers in der Produktion und Konsumption sowie in den administrativen Prozessen der modernen politischen Ökonomie analysieren. Was wir beobachtet haben, erreicht seine Spitze in der *Medikalisierung** des Körpers. Dies ist die neue Herausforderung der Industrie-Gesellschaften. Hier vor allem liegt der Ort für die bürokratisierte Choreographie des Heroismus der professionellen Experten: ein Körper sondiert einen anderen in extensiver Anwendung der raffiniertesten Medizin-Technologie der Welt. Keine andere Szenerie der modernen Gesellschaft ist so stimmig: ihre scheinbare Klassenlosigkeit, ihr offenkundiges Expertentum und ihr atheistischer Humanismus sind nicht nur der Stoff, aus dem Arzt-Serien im Fernsehen gemacht sind; es sind Elemente unserer Ideologie.

Es übersteigt die Fähigkeiten eines einzelnen Wissenschaftlers, mit allen Entwicklungen der medizinischen Biologie Schritt zu halten. In der Tat wäre es unsinnig, mit einem Forschungsbereich konkurrieren zu wollen, dessen experimentelle Literatur so viele Spezialgebiete der Naturwissenschaften umfaßt und außerdem ständig mit neuen Paradigmen der Erforschung des Lebens alle Grenzen überschreitet. Ich sollte zudem unterstreichen, daß keine meiner Aussagen etwas ablehnen will, was in der modernen Medizin wirklich wissenschaftlich ist, zum Beispiel die Art, in der die Medizin die Natur respektiert, wo nämlich die Natur ihrerseits wechselnde menschliche Fähigkeiten und technologische Einsichten in die Funktionsweise der Natur zu respektieren scheint. Das hat Jonathan Miller sehr anschaulich in seinem Buch *The Body in Question* gezeigt.

---

* *Fn des Hsg.:* Der Begriff der Medikalisierung (d.h. die Totalisierung der Perspektive der Medizin auf die Erfassung aller gesellschaftlichen und sozialen Probleme) hat sich in der Medizinsoziologie inzwischen eingebürgert und wird durch die Eindeutschung leider noch verstärkt, da O'Neill's Wortspiel zwischen „medical" im Sinne des „Medizinischen" *und* „Medikalisierten" nicht mehr weiterträgt. RG

Was aus der Soziologie als Beitrag zur medizinischen Biologie angeboten werden kann, ist erstmal die Warnung, daß ihre Entdeckungen immer stärker und immer dringender von uns verlangen, das Leben neu zu denken, wie die Familie, das Individuum und die Gesellschaft. Wir dürfen uns nicht einfach diesen neuen Entdeckungen anpassen, wie wir es mit dem Fernseher und dem Auto tun. Selbst diese letzteren lassen sich nicht so einfach – ohne Umbauten und ohne wachsende neue Abhängigkeiten – in die häusliche Umwelt einfügen. Bisher hat die Gesellschaft in ihrer klotzigen Weise die Produkte des industriellen Fortschritts, wie wir ihn seit 200 Jahren Schritt für Schritt kennenlernten, auch unterbringen können. Aber jetzt stehen zwei neue Instrumente der modernen Technologie vor uns, die – an der nuklearen Grenze – unsere menschliche Gesellschaft zerstören können, während sie an der anderen Grenze, der Medizin, uns versprechen Gesellschaft völlig neu zu schaffen. Dieses Versprechen der Medizin für das Individuum, die Familie und den modernen therapeutischen Staat müssen wir nun kurz untersuchen.

Die moderne Medizin ist in höchstem Maße technokratisch und bürokratisch. Mehr noch, sie ist sauber. Als solche erregt sie den Neid aller anderen Formen von Verhaltens-Macht im modernen Ämter-Staat, die vom Traum therapeutischer Kontrolle vorangetrieben wird. Zudem stimuliert die Medizin-Bürokratie wie die Staats-Bürokratie aber auch eine eigene Süchtigkeit, die Vicente Navarro in ihren Folgen beschrieb:

„In den letzten Jahren ist das medizinische Establishment zu einer großen Bedrohung der Gesundheit geworden. Depressionen und Infektionen, Invalidität und Funktionsstörungen, die auf medizinische Intervention zurückgehen, verursachen heute mehr Leid als alle Verkehrs- und Arbeits-Unfälle zusammen. Nur die organischen Schäden, die durch die industrielle Produktion von Lebensmitteln ausgelöst werden, kommen an die von Ärzten verursachten Gesundheitsschäden heran. Außerdem fördert die medizinische Praxis Erkrankungen durch erneute Stärkung einer morbiden Gesellschaft, die ihre Kranken nicht nur maschinell konserviert, sondern Patienten für den Therapeuten sogar regelrecht züchtet in Kybernetischen Modellen. Schließlich haben die sogenannten Gesundheits-Berufe auch eine indirekt krank machende Macht, einen Gesundheit strukturell negierenden Effekt. Sie verwandeln Schmerz, Krankheit und Tod von einer persönlichen Aufgabe in ein technisches Problem und entleeren damit die Fähigkeit des Menschen, mit der eigenen Situation autonom umzugehen."[1]

Die Medikalisierung des Körpers ist ein dramatisches Stück der durchgängigen Industrialisierung des Körpers, die wir in früheren Kapiteln

---

[1] Vicente Navarro, „Social Class, Political Power, and the State: Their Implications in Medicine", in: J.W. Freiberg (Ed.), *Critical Sociology: European Perspectives*, (Irvington) New York 1979, S. 297–344.

schon beobachteten.² So werden wir dazu erzogen, jede Phase des Lebenszyklus – Empfängnis, Geburt, Erziehung, Sexualverhalten, Krankheit, Schmerz, Altern, Sterben – einzubringen in die Verwaltung bürokratischer Zentren professioneller Fürsorge, deren Funktion nach meiner Ansicht die Defamilialisierung des Körpers erreichen soll. Genau genommen ist es letztendlich das Ziel dieses Prozesses, auf das Medizin, Psychoanalyse, Recht und Politik in der weiblichen „Bioliberation" hinwirken, alles Leben auf den Markt zu bringen, indem man seinen Anfang wie sein Ende der staatlichen Therapie-Verwaltung überläßt. Natürlich verbergen die professionellen Mediziner-Körper hinter ihren weißen Kitteln dieselben Klassen-, Geschlechts- und Rassen-Merkmale wie die weitere Gesellschaft, von der sie allerdings weiter entrückt sind als auf den ersten Blick erkennbar. Ärzte sind meist Männer aus der weißen oberen Mittel-Schicht, Krankenschwestern und Hilfskräfte eher Frauen aus der unteren Mittelschicht oder der Arbeiterklasse. Ideologisch ist die medizinische Praxis verknüpft und verwoben in ein mechanistisches Weltbild, hochtechnologisch und nichtsoziologisch in ihrem Verstehen von gesundheitlichen Störungen. Nach derselben Logik wird Therapie in jedem Einzelfall konstruiert: Mit einem großen Aufwand an Chemotherapie – freiwillig oder erzwungen – wird Verträglichkeit mit der hohen Stückzahl an Patienten der monopolistischen Arzt-Praxis erreicht. Institutionelle Ursachen psychosomatischer Störungen bleiben jenseits des Horizontes der herrschenden medizinischen Praxis. Die Entfremdung des Arbeiters, Berufskrankheiten und krebserregende Umwelten – all dies zentrale Themen der politischen Ökonomie der Medizin – kommen im vorherrschenden Modell der Medizin nicht vor. Während zum Beispiel riesige Summen an Geld in die Erforschung von Herz-Erkrankungen gesteckt werden, um individuelle Problem-Lösungen in der Ernährung durch Gymnastik und im genetischen Feld zu entdecken, geht man über Forschungsergebnisse rasch hinweg, nach denen Langlebigkeit stark mit Arbeitszufriedenheit korreliert, weil sie mit einer individualisierten Diagnose schlecht in Einklang zu bringen ist. Im Bericht einer Sonderkommission des (amerikanischen) Ministeriums für Gesundheit, Erziehung und Wohlfahrt heißt es:

---

² Vgl. Ivan Illich, „Tantalizing Needs", in ders.: *Toward a History of Needs*, (Pantheon) New York 1977, S. 93–94; ders.: *Die Nemesis der Medizin*, (Rowohlt) Reinbek 1977; Vicente Navarro, „The Industrialisation of Fetishism or the Fetishism of Industrialization: A Critique of Ivan Illich in: *Social Science and Medicine*, 9, 1975, S. 351–363; vgl. auch David F. Horrobin, *Medical Hubris: A Reply to Ivan Illich*, (Eden Press) Montreal 1977.

„In einer eindrucksvollen 15jährigen Untersuchung über das Altern ist Arbeitszufriedenheit der stärkste einzelne Faktor, um Langlebigkeit zu prognostizieren. Der zweitstärkste ist allgemeines „Glück" ... Andere Faktoren sind natürlich auch wichtig – Ernährung, Bewegung, medizinische Versorgung und genetische Anlagen. Doch die Forschungsergebnisse lassen vermuten, daß die letzteren Faktoren nur etwa 25% der Risiko-Faktoren von Herz-Erkrankungen ausmachen, was ja nach wie vor die häufigste Todesursache ist. Das heißt, wenn man Cholesterin, Blutdruck, Rauchen, Blutzucker etc. unter perfekte Kontrolle brächte, so hätte man nur ungefähr ein Viertel der Herz-Erkrankungen im Griff. Obwohl die Erforschung dieses Problems noch keine endgültigen Antworten liefert, scheinen berufliche Rollen, die Arbeitsbedingungen und andere soziale Faktoren einen ganz erheblichen Teil dieser 75% „unerklärlicher" Risikofaktoren auszumachen."[3]

In welchem Umfang das mechanistische Modell mit recht eigentümlichen Vorstellungen von Körper, Person und Gesellschaft in seiner diagnostisch-therapeutischen Praxis arbeitet, haben Peter Manning und Horacio Fabrega sehr schön erfaßt in ihrem unfangreichen Vergleich der modernen unpersönlichen Medizin mit einem personalistischen System einer „Volks-Medizin":[4]

SELBST und KÖRPER

Unpersönliches System

1. Der KÖRPER und das Selbst werden – logisch und sozial – als getrennte Einheiten betrachtet.

2. Gesundheit oder Krankheit oder „normal und krank" lassen sich logisch konsistent nur entweder auf den Körper oder auf das Selbst anwenden.

3. SOZIALE BEZIEHUNGEN werden tendenziell abgespalten, segmentiert und situationsbezogen, d.h. es gibt viele Selbste und Rollen, die als diskontinuierlich angesehen werden.

Personalistisches System

1. KÖRPER und SELBST werden nicht als logisch unterscheidbare Einheiten gesehen: sie bilden ein Kontinuum. Veränderungen im einen erzeugen Veränderungen im anderen und können nicht voneinander getrennt werden.

2. Gesundheit und Krankheit können nicht logisch ausschließend in einer ODER der anderen Einheit lokalisiert werden.

3. SOZIALE BEZIEHUNGEN tendieren dazu, ungeteilt, diffus und umfassend zu sein, d.h. es gibt weniger Rollen und Selbste, und wo es sie gibt, sind sie eng miteinander verflochten.

---

[3] *Work in America: Report of a Special Task Force to the Secretary of Health, Education and Welfare*, (MIT Press) Cambridge 1973, S. 77–79.
[4] Peter K. Manning und Horacio Fabrega Jr., „The Experience of Self and Body: Health and Illness in the Chiapas Highlands" in: George Psathas (Ed.): *Phenomenological Sociology: Issues and Applications*, (Wiley) New York 1973, S. 251–301.

4. Soziale Beziehungen sind relativ formal und unpersönlich und werden ohne Rückgriff auf ein konsistentes moralisches Urteils-System bewertet.

5. Der Körper wird in einem biologischen Rahmen gesehen, d.h. alltägliche Diskurse über Gesundheit sind stark durchsetzt mit biologischen Kategorien und Erklärungen aus wissenschaftlicher Quelle.

6. Der Körper wird als komplexe biologische Maschine verstanden.

7. Die Struktur und die Funktion des Körpers sind logisch in bestimmte Teile und Systeme separiert. Die Stufen von Funktionen und Interdependenzen sind in einer relativ präzisen Weise voneinander unterschieden.

8. Gesundheit und ihre Wiederherstellung werden als abhängig vom Körper und auf diesen als physische Einheit bezogen aufgefaßt, oder – alternativ – als abhängig vom Selbst als einer mentalistischen Einheit.

4. Soziale Beziehungen sind weniger formal und eher persönlich und sie sind eingebunden in einen moralischen Rahmen, der durch eine höhere, d.h. sakrale Autorität legitimiert wird.

5. Der Körper wird nicht als unabhängige, von zwischenmenschlichen Beziehungen getrennte Einheit gesehen; alltägliche Diskurse enthalten kaum biologische Begriffe wissenschaftlichen Ursprungs.

6. Der Körper wird als ganzheitlich verstanden, integrierter Aspekt des Selbst und der sozialen Beziehungen, der verletzlich ist und leicht von Gefühlen, anderen Menschen, natürlichen Kräften oder Geistern beeinflußt.

7. Kategorien, die sich auf den Körper beziehen, sind undifferenziert. Der Körper als anatomische und physiologische Einheit wird nur ganz allgemein unterteilt. Eine ganz simple Auffassung von Funktion, Umfang und Bedeutung der Körperteile wird vertreten.

8. Gesundheit ist gleichbedeutend mit sozialem Gleichgewicht. Außer daß Gesundheit auch körperliche Korrelate hat, wird zusätzliche Gesundheit wiederhergestellt durch (a) wieder ins Gleichgewicht gebrachte oder harmonisierte Sozialbeziehungen (b) Austreibung widriger Emotionen oder Geister und/oder (c) Wiederherstellung des Gleichgewichts der sozio-ritualistischen Bindungen.

9. PERSÖNLICHKEIT wird als hervorragender Faktor zwischenmenschlicher Beziehungen angesehen – mittels der Persönlichkeit zeigt man ein „konsistentes Selbst", und Persönlichkeit wird fast als separate Einheit aufgefaßt, aus der sich Verhalten erklärt.

10. CHARAKTER-TYPEN und Persönlichkeits-Stile sind nur von minimaler Bedeutung für die Diagnose und Behandlung von Krankheiten. Beschreibungen wie „trübsinnig", „unsensibel", „albern" werden verwendet, die sozial, aber nicht biologisch relevant sind.

11. KRANKHEIT existiert unabhängig von den obigen Modi der Selbst-Darstellung.

9. PERSÖNLICHKEIT existiert nicht als separate Einheit; alle Beziehungen implizieren Transaktionen und Mehrfach-Bindungen, deren emotionale Tönung und zwischenmenschlicher Umgangsstil als charakteristische Beziehung des Individuums empfunden wird.

10. CHARAKTER-TYPEN und Selbst-Darstellung sind untrennbar verbunden oder sogar isomorph mit Ursachen und Arten, Diagnose und Heilung von Krankheit.

11. KRANKHEIT kann nicht unabhängig von diesen Formen der Selbst-Darstellung existieren.

Ivan Illich hat behauptet, daß die Medikalisierung des Körpers in den westlichen Industrie-Gesellschaften epidemische Formen angenommen hat. Mit diesem Argument wird natürlich nicht behauptet, daß wir ohne Medizin auskommen könnten. Die Frage ist vielmehr, ob wir *soviel* Medizin, wie wir jetzt haben, auch brauchen, *für wen* wir sie haben *und für welche Zwecke*. Sollten wir nicht all die paramedizinischen und nichtmedizinischen Heilpraktiken abschaffen, die bislang dazu dienten, mit den gewöhnlichen Krankheiten körperlicher Wesen fertig zu werden und sie zu verstehen? Jeden Tag lesen wir von unnötigen Operationen – besonders an Frauen –, von exzessiver Verschreibung von Beruhigungsmitteln, von Fällen unglaublich kostspieliger Lebensverlängerung, die offenbar lediglich der medizinischen Technologie dient. Wichtige Faktoren dieser Entwicklung sind die Anzahl von Chirurgen, die Art von Zahlungen im Gesundheits-Wesen und die Verfügbarkeit von Krankenhaus-Betten und Pflege-Personal.

Verspricht man, vor allem durch Experten, eine allgemein gesicherte Gesundheit, so sind die Leute offenbar bereit, jede Phase und jede Facette ihres Lebens klinisch-stationärer Fürsorge zu unterwerfen. Illich weist darauf hin, daß die Medikalisierung des Lebens zum Bestandteil einer umfassenderen Industrialisierung des Lebens wurde, wodurch jede gewöhnliche menschliche Nachfrage und Neugier, Konflikte ebenso wie Erholung, Muße und Kreativität „problematisiert" werden: Sie werden so in „Beratungs"-Prozeduren eingebracht, in denen Experten (Rechtsanwälte, Ärzte, Professoren, Berater wie Psychiater) aus Laien-Kompetenzen industrialisierte und bürokratisierte Klienten-Beziehungen machen:

„Die medizinische Nemesis ist weit mehr als alle klinisch-medizinische Genese zusammen, mehr als die Summe aller Fehlbehandlung, Nachlässigkeit, professioneller Herzlosigkeit, politischer Fehlplanung, ärztlich verordneter Behinderung und sonstigen Konsequenzen medizinischen Herumexperimentierens. Es geht darum, daß der Mensch durch einen Reparatur-Dienst, der ihn im Zustand der Dienstbarkeit für das medikalisierte System erhält, seiner Fähigkeit beraubt wird, mit solchen Schwierigkeiten selbst fertig zu werden."[5]

Die Praxis der Medizin darf natürlich nicht unabhängig vom politischen Körper untersucht werden, in welchem sie funktioniert und auf den sie hilfreiche oder schädliche Auswirkungen hat. Das Wesen der innigen Verbindung zwischen Medizin und Gesellschafts-Körper war Gegenstand einer sorgfältigen, vergleichenden Studie von Richard Titmuss. Seine Argumente, obwohl nicht ganz so sprühend wie bei Illich, offenbaren doch letzte Prinzipien der menschlichen Gemeinschaft.[6] Wie man dazu auch stehen mag, Illich's Arbeit ist wichtig, insofern er überhaupt die Frage aufgeworfen hat, wie wir die medizinischen Ressourcen einer Gesellschaft zuweisen sollen, die tagtäglich die Inhumanität ihres gegenwärtigen Markt-Modells deutlicher erkennen läßt, daß – wie Amitai Etzioni es beschreibt – eher von Händlern als von Heilern bestimmt wird.

Wir erleben eine bio-medizinische Revolution: Ihre Ziele werden typisch professionellen Interessen von Wissenschaftlern zur Entscheidung überlassen, die nicht dafür verantwortlich zu machen sind, ob sie soziale oder politische Konsequenzen berücksichtigen oder nicht. Man muß zudem über die Sozialwissenschaftler sagen, insofern sie sich auf den wertfreien Standpunkt der Naturwissenschaften eingelassen haben, daß sie ebensowenig darauf vorbereitet sind, das Findelkind vor ihrer Tür aufzunehmen. Die ganze Diskussion dieser Körper-Fragen gehört deshalb in die Öffentlichkeit. Die größte Herausforderung für das Überleben des politischen Körpers besteht darin, die

---

[5] Illich, *Medical Nemesis*, S. 160.
[6] Richard M. Titmuss, *The Gift Relationship: From Human Blood to Social Policy*, (Vintage) New York 1971; vgl. auch G.E.W. Wolstenholm „An Old Established Procedure: The Development of Blood Transfusion", in: G.E.W. Wolstenholm und Maeve O'Connor (Eds.): *Ethics in Medical Progress, with Special Reference to Transplantation*, (J. and A. Churchill) London 1966, S. 24–42.

Bürger an einer Prüfung dieser Fragen zu beteiligen. Gleichzeitig ergeben sich daraus Kreuzungs-Probleme für die politische Erziehung. Sowohl medizinische Biologie als auch Bio-Medizin übersteigen sehr schnell unser aller Wissen, ganz gleich, ob wir nur wenige Schuljahre oder ein ganzes Universitätsstudium absolviert haben, ob wir nun Bücher und Zeitschriften lesen oder uns durch Zeitungen und Fernsehen informieren oder auch nicht. Wir alle sind schlecht auf die technischen Details, die komplexen Risiko-Analysen und die sich überlappenden technischen und ethischen Fragen vorbereitet, die ganz plötzlich die Wohltaten einer überreichlichen medizinischen Praxis in die Alpträume von staatlich verwalteten Entscheidungen über Leben und Tod verkehren.

Das technologische Potential der Bio-Medizin zur Umgestaltung des Gesellschafts-Körpers auf individueller wie auf kollektiver Ebene verlangt ethische und politische Entscheidungen, die zu den schwierigsten gehören, mit denen sich die moderne Gesellschaft konfrontiert sieht.[7] Unser wachsendes Potential zur Mechanisierung des Gesellschafts-Körpers – man kann ihn sozusagen wie eine Maschine auffassen –, zwingt uns zu noch größeren Anstrengungen, sowohl das moralische Zukunftserbe des Körpers, wie seine Tradition des Anthropomorphismus hervorzukehren, wenn wir den Gesellschafts-Körper davor bewahren wollen, vollständig von technischen Krücken abhängig zu werden.

Um diese Themen in den Griff zu bekommen, möchte ich nun einem Argument folgen, das deutlich macht, wie bei der Wahl zwischen marktwirtschaftlichen und nicht-marktwirtschaftlichen Modellen für die Sammlung und Verteilung menschlicher Blut-Konserven ganz zentrale Themen des Altruismus und des Eigeninteresses gegeneinander stehen. Wenn wir uns dieses Beispiels vergewissern, dann können wir auch die sozialen und politischen Aspekte der noch weit esoterischeren Formen aus der bio-medizinischen und genetischen Technologie überprüfen.[8] Titmuss schreibt:

---

[7] Vgl. Irene Taviss, „Problems in the Social Control of Biomedical Science and Technology", in: Everett Mendelsohn, Judith P. Swazey und Irene Taviss (Eds.): *Human Aspects of Biomedical Innovation*, (Harvard University Press) Cambridge 1971, S. 3–45.

[8] Vgl. Gerald Leach, *The Biocrats: Implications of Medical Progress*, (Penguin) Harmondsworth 1972; and Amitai Etzioni, *Genetic Fix: The Next Technological Revolution*, (Harper Colophon) New York 1973.

Stellt man die Frage nach der Menschlichkeit an sich und der Institution der Sklaverei zurück – jener Institution, die Männer und Frauen zu marktgängigen Waren macht – so bietet Blut als lebendes Material vielleicht das beste Beispiel, um zu prüfen, wo in den westlichen Gesellschaften das ‚Soziale' beginnt und das ‚Ökonomische' endet. Wenn Blut theoretisch im Recht und praktisch als Handelsware angesehen wird, dann können letztlich auch menschliche Herzen, Nieren, Augen und andere Organe wie Waren behandelt werden, die man auf dem Marktplatz kaufen und verkaufen kann.[9]

Jede menschliche Gemeinschaft – wie jedes menschliche Wesen – hat das Blut immer schon als Ursprung und Symbol des Lebens verstanden. Menschliches Blut ist zudem umrankt von religiöser Ehrfurcht. Es ist Zeichen von Leben und Tod, Gesundheit und Fruchtbarkeit, von heiligem Opfer und unheiligem Mord. Blut ist edel, wenn es im Kampf vergossen wird, und als Menstruationsblut ist es unrein. Blut ist Träger der Leidenschaft, des individuellen und nationalen Charakters. Blut ist also ein kulturelles und nicht bloß ein bio-medizinisches Objekt. Kurzum, wie immer die strikt biologischen Probleme der Produktion und Konsumption wie der Verteilung von menschlichem Blut aussehen mögen, wir stehen vor ganz ähnlichen Schwierigkeiten, wenn wir über die soziale Produktion, den Konsum und die Verteilung von menschlichem Blut nachdenken.[10]

Natürlich ist es der Wirksamkeit der modernen Medizin zu verdanken, daß wir überhaupt in der Lage sind, dieses Problem zu diskutieren. Aber darüber hinaus können wir die Dimensionen von Angebot und Nachfrage menschlichen Blutes gar nicht verstehen ohne Kenntnis der sozialen Institutionen und ihrer Werte, die im Gesellschafts-Körper das Äquivalent für das Blut-System des natürlichen Körpers bilden. Die Entwicklung der medizinischen Techniken müssen wir also genau kennen, in denen Blut-Transfusionen eine Hauptrolle spielen – von Operationen am offenen Herzen über Herz-Transplantationen bis hin zu Kaiserschnitt-Geburten, aber auch die Nachfrage nach Blut, die auf Krieg, Unfälle und maschinelle Lebensverlängerung zurückgeht. Innerhalb der Grenzen passender Blutgruppen, der geringen Haltbarkeit von Blutkonserven, der Spenden-Häufigkeit und des Ausschlusses gewisser Bevölkerungsgruppen vom Blutspenden (ganz junge und ganz alte sowie bekannte Krankheitsträger) scheint die potentielle Nachfrage nach menschlichem Blut allein durch Faktoren begrenzt zu sein, die mit der Verwaltung und Verteilung des Nachschubs zu tun haben.

---

[9] Titmuss, op. cit., S. 158.
[10] Jonathan Miller, *The Body in Question*, (Jonathan Cape) London 1978, darin Kap. 6: „The Amiable Juice".

In der alltäglichen Praxis wird es einen Wettbewerb zwischen verschiedenen Sektoren der Medizin um das Blut geben, womit Fragen der Priorität aufkommen, die beantwortet werden müssen, indem man sich entweder auf die Kräfte des Marktes verläßt oder eine explizite Planung im Sinne einer sozialisierten Medizin verfolgt. Es stellt sich heraus, daß beide Optionen tatsächlich keineswegs klare Alternativen sind, weil das Markt-Modell offenbar schädliche Folgen für die Qualität des Blutes hat, das es sammelt. Titmuss' Belege zeigen, daß der Markt dazu neigt, Blut bei den Armen und Eingesperrten (Gefangene, Studenten, Militär-Personal) zu sammeln. Häufig gibt es Probleme mit der Gesundheit der Spender, ihrem Lebensstandard, ihrer Ehrlichkeit und der Tendenz, zu Zwecken der Einkommensverbesserung zu oft zu spenden. In kommerziellen Blut-Sammelstellen wird Blut häufig wahllos gemischt und die Haltbarkeits-Grenzen überschritten. Das Ergebnis sind hohe Hepatitis- und Sterbe-Raten, vor allem bei Patienten über 40, die am häufigsten Empfänger von Blut-Transfusionen sind.

Das privatwirtschaftliche Markt-System ist gefährlich sowohl für Empfänger wie für Spender.[11] Darüber hinaus kann es freiwillige Spenden-Systeme ruinieren, ohne zu einer gesellschaftlich adäquaten Quelle zur Blutversorgung zu werden. Auch die Vergeudung von Blut durch Verderb, unnötige Operationen, Infektionskrankheiten und höhere Sterblichkeit muß man dem Markt-Modell anlasten, ganz abgesehen von den sozialen Kosten einer Kommerzialisierung von Leben und Gesundheit. Richard Titmuss bemerkt dazu:

„Nach unserer Untersuchung des privaten Blut-Marktes in den Vereinigten Staaten haben wir festgestellt, daß die Kommerzialisierung der Blut- und Spender-Beziehungen altruistische Motive unterdrückt, den Gemein-Sinn aushöhlt, die wissenschaftlichen Standards herabsenkt, die persönliche und die berufliche Freiheit einschränkt, das Profit-Konzept in Krankenhäusern und klinischen Laboratorien sanktioniert, die Feindseligkeit zwischen Arzt und Patient legalisiert, kritische Bereiche der Medizin den Gesetzen des Marktes unterwirft, immense Kosten denen aufbürdet, die es sich am wenigsten leisten können – den Armen, den Kranken und den Hilflosen –, die Gefahr unmoralischen Verhaltens in verschiedenen Sektoren der medizinischen Wissenschaft und Praxis erhöht, kurzum, all das führt zu einer Situation, in der verhältnismäßig immer mehr Blut von den Armen geliefert wird, von den schlecht Ausgebildeten und den Arbeitslosen, von Negern und anderen Gruppen mit niedrigem Einkommen oder anderweitig ausgebeuteten Bevölkerungsgruppen von Viel-Spendern. Umverteilung von Blut und Blutproduktion von den Armen auf die Reichen ist offenbar einer der hervorstechendsten Effekte des amerikanischen Blutbank-Systems."[12]

---

[11] Miller, op. cit., Kap. 8: „Is the Gift a Good One?"
[12] Titmuss, op. cit., S. 245–246.

Selbst unter nicht-ethischen Gesichtspunkten stellt sich heraus, daß das Markt-Modell, das jetzt für die ständig komplexer werdenden Neben-Produkte der Gen-Technologie vorgeschlagen wird, ökonomisch und administrativ – was Kosten und Qualität angeht – dem freiwilligen, altruistischen System unterlegen ist. Wir wollen deshalb die jüngsten Weiterungen der Bio-Medizin untersuchen, um das volle Ausmaß der Medikalisierung des menschlichen Körpers und ihre Folgen für das Leben des politischen Körpers beispielhaft darzustellen. Unsere Betrachtung der institutionellen Kontexte, die die Qualität des Blutes in unseren Adern beeinflussen – und damit, wie wir sehen, auch unsere Ernährung – sollten ausreichen, um uns von den intimen Bindungen zwischen Gesellschaft, Körpern und Personen zu überzeugen, die wir unter der Metapher des politischen Körpers zusammenfassen.

Ganz ähnliche Überlegungen beeinflussen die bio-medizinischen Techniken, mit denen in die Prozesse der Empfängnis und der Befruchtung, in die Steuerung des Wachstums im Uterus, sowie in Geburt und Abtreibung eingegriffen wird. Am anderen Ende des Lebens gibt es Technologien für die Transplantationen lebender Organe, für künstliche Organe oder den mechanischen Umbau von Herz-, Blut- und Nieren-Systeme – wenn nicht gar die Science-Fiction-Phantasie von separat am Leben gehaltenen Gehirnen. Seit kurzem werden wir mit der Entwicklung von Embryos *in vitro* konfrontiert, sowie mit fundamentalen genetischen Manipulationen („editing" genannt) von DNA-Material. In diesen Experimenten wittert man gegenwärtig neue Markt-Chancen für die bio-medizinischen Wissenschaften.

Anfangs sind die Kunden unfruchtbare Paare oder Eltern, die sich um gesunde Kinder bemühen. Allmählich differenziert sich der Markt und die Kunden wollen dann Geburtszeitpunkt, Geschlecht und genetische Ausstattung aussuchen. Über kurz oder lang können dann Familien, Unternehmen oder eine Regierung ihre Bestellung für bevorzugte Typen menschlicher Wesen abgeben oder für chemotherapeutische Techniken, durch die sich Verhalten, Stimmungen und Einstellungen der Individuen modifizieren lassen, bis sie dem je gewünschten Bedarf von Institutionen entsprechen. Die Medikalisierung des politischen Körpers wird von beiden Seiten – von der Familie und vom therapeutischen Staat – vorangetrieben. So läßt sich eine riesige bio-technologische Industrie auf dem Rohmaterial der menschlichen Gene aufbauen, komplett ausgerüstet mit einem Banksystem für Sperma und Embryos und einem Vorrat an Ersatzteilen, wodurch die Industrialisierung des

Körpers vervollständigt wird. Man vergleiche die Figur des „Ersatzteil-Menschen" (Abb. 5) mit der des „enzyklopädischen Menschen". Die bio-medizinische Technisierung des Körpers repräsentiert die sich ausweitenden Grenzen der Industrialisierung des Körpers. Hier können der Staat und der Markt zu ihrem stärksten Einfluß auf den politischen Körper kommen, indem genetisches Material manipuliert und die Demographie und Sozial-Psychologie gesteuert werden. In diesem Sinn existiert bereits jetzt die *Zukunft als Prothese* für den Körper und ist keine bloß phantastische Utopie. Es ist schon paradox, daß gerade die Prothesen-Möglichkeit zur Umkonstruierung der menschlichen Gestalt nun ihrerseits das *soziale Gestaltproblem der je gewünschten Gesellschaftsart aufwirft, die man gleichzeitig einzurichten plant.* Aber an diesem Punkt wird uns unsere Phantasie wohl endgültig verlassen. Gegenwärtig verbraucht die konventionelle Medizin unglaublich hoch verfeinerte Fertigkeiten bei der Reparatur von Körpern, die aus dem Unfallservice unserer Gesellschaft geliefert werden, deren Wert-System die Kriegs- und Verkehrs-Verletzten ebenso wie Alkohol- und Nikotinabhängige und Herz- oder Krebserkrankte gleich behandelt – ganz zu schweigen von psychosomatischen Störungen.

Angesichts der vorhandenen medizinischen Ressourcen und der Annahme, daß Klassenunterschiede den Zugang zur öffentlichen und privaten Krankenversorgung mit steuern, ergeben sich schon jetzt ernste Fragen nach den Prioritäten in der Medizin. Derartige Fragen lassen sich nicht durch simple Kosten-Nutzen-Analysen lösen, weil sich keine einfachen Bezugswerte z.B. für die Lebensrettung junger oder alter Patienten, arbeitsfähiger oder arbeitsunfähiger Personen finden lassen, ebensowenig, ob man Kosten für Pflege oder für Heilung tragen soll. Dabei wird noch von den Unterschieden zwischen den sozialen Konzepten der Prävention und Versorgung ganz abgesehen, wie von den gegenwärtigen gesundheitspolitischen Programmen. Zudem hängen an all diesen Fragen schwierige Rechts- und Verwaltungs-Probleme.

Wir könnten weiter fragen, ob die bio-medizinische Technologie all ihre technischen Möglichkeiten auch ausschöpfen sollte. Wir sollten aber auch fragen, inwieweit die Gesellschaft dem Einzelnen individuelle Zugangs-Rechte zu den inzwischen möglichen Leistungen der Bio-Medizin gewähren sollte. Besonders schwierig ist dabei die Frage, *wer* in diesen Fällen die einzelnen Entscheidungen treffen soll. Sollten die Entscheidungen vom einzelnen Konsumenten getroffen werden, von seiner Familie oder dem Arzt, einem Kollegium von Ärzten, von Krankenhaus-Komitees, einem Gemeinde-Rat oder einem Mediziner-

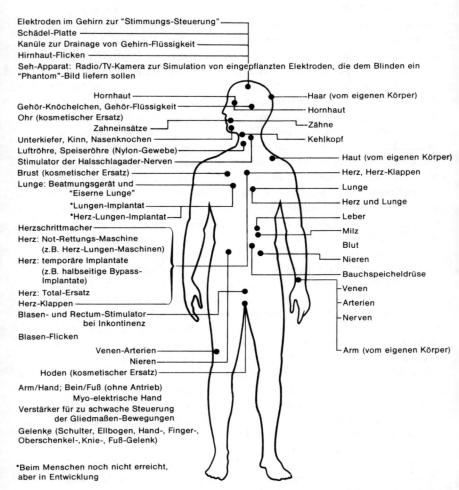

Abb. 5 Der Ersatzteil-Mensch. Alle Teile – außer den Lungen- und den Herz-Lungen-Implantaten – sind erfolgreich implantiert worden, und es wird erwartet, daß sie für die klinische Praxis eine große Bedeutung haben werden. Triviale künstliche Teile wie etwa falsche Zähne, wurden nicht aufgeführt; ebenso fehlen verschiedene Organe, die erfolgreich transplantiert worden sind (das Auge als Ganzes) oder von denen oft geredet wird (Gliedmaßen von anderen Körpern, Keimdrüsen), da es noch schwerwiegende technische oder ethische Schwierigkeiten gibt. Nachdruck aus Gerald Leach: *The Biocrats*, London 1971 (Jonathan Cape; Neu-Auflage bei Penguin).

Parlament? Sollte man Lotterien einführen, um die extrem teuren Therapien zu verteilen?

Die Fragen lassen sich endlos fortführen. Dürfen Eltern das Recht bekommen, von einzelnen Embryos genetische Kopien (‚cloning') machen zu lassen, um so ihre Vorliebe für Unterhaltungskünstler, Politiker, Sportler oder Wissenschaftler der einen oder der anderen Sorte durchzusetzen? Sollte der Staat intervenieren, um derartige individuelle Entscheidungen zu fördern oder zu verhindern, oder soll er eigene bio-medizinische Planungen vornehmen? Etzioni hat einige dieser Optionen in einem ganz nützlichen Diagramm dargestellt:[13]

	Therapeutische Ziele	Fortpflanzungs-Ziele
Individuelle Dienstleistung	1. z.B. Abtreibung von mißgebildeten Föten auf Verlangen	3. z.B. künstliche Befruchtung; Eltern können Spender-Eigenschaften wählen.
Gesellschaftlich organisierte Dienstleistung – freiwillig	2. z.B. Abtreibung mißgebildeter Föten ermutigen	4. z.B. auffordern, Sperma von Spendern mit hohem IQ zu verwenden
– obligatorisch	z.B. einen genetischen Test vor Erteilung der Heiratserlaubnis verlangen	z.B. geistesschwachen Personen verbieten, zu heiraten.

Naiv verstanden könnte man diese Wahlmöglichkeiten als Verlängerung des Konsum-Verhaltens auf Sperma- und Embryo-Banken, Abtreibungs-Kliniken und Transplantations-Läden ansehen. In der Tat kann man einige Teile des bio-medizinischen Apparates als langlebige Haushalts-Lagerung verstehen, für Familienmitglieder, die für kürzere oder längere Zeit an die eine oder andere lebenserhaltende Maschine angeschlossen sind. Doch derartige Szenarios werden erst denkbar, wenn man einige ungeprüfte Annahmen über eine angemessene Stellung von Familie, Medizin und Staat zuläßt.

Man ist geneigt, das Wachstum der Bio-Medizin zu unterstützen, wenn man der Ansicht ist, sie sei eine Hilfe in einem normalen menschlichen Dilemma wie Geburt, Krankheit oder vorzeitigem Tod. Wechselt man allerdings die Perspektive, so ändern sich die Funktionen der Bio-Medizin. Wir müssen erkennen, daß es eine kulturelle Matrix

---

[13] Etzioni, op. cit., S. 104.

zwischen Sozialisierung und Individualisierung gibt, die dem individuellen Leben einen höchsten Wert zuordnet. Ich habe ausdrücklich von „individuellem Leben" und nicht von „menschlichem Leben" gesprochen, um den extrem possessiven Charakter des individuellen Lebensbegriffs hervorzuheben. Eingezwängt in eine ziemlich kurze biologische Lebensspanne, beschränkt auf die reduzierte Kern-Familie und bereit, auf Kinder zugunsten von Konsum zu verzichten, wird das Thema von Länge und physischer Qualität des Lebens zur fixen Idee des Neo-Individualisten. Dabei wird die Medizin-Industrie zum natürlichen Verbündeten. Sie steht bereit, besseres genetisches Material, die richtige Kinder-Mischung und geistiges wie emotionales Wohlergehen zu verkaufen – einschließlich der Aussicht, Tod und Sterben in den Bereich jenes kurzen, aber behebbaren technischen Versagens zurückzudrängen, das selbst unseren kompliziertesten Maschinen zuweilen widerfährt.

Kern jedes Sozial-Systems bleibt die *reziproke Gabe* – der Tausch, der Menschen aneinanderbindet für alles und jedes andere, das sie sonst noch unternehmen könnten. Verglichen mit den Potlach-Gesellschaften mag diese Bindung in den modernen Industrie-Gesellschaften schwach erscheinen. Tatsächlich aber gibt es sie noch; doch genau so wie wir die Ebenen von Subsistenz- und Prestige-Ökonomie nicht auseinanderhalten, so neigen wir dazu, Tausch-Handlungen in einer strikt moralischen Ökonomie nicht klar genug auszugrenzen. Aber die Medikalisierung des Körpers verlangt von uns – wie Titmuss feststellt –, daß wir wieder lernen, eine Ökonomie des Altruismus zu markieren, in der wir dann lernen können, soziale Körper zu sein.[14]

Der Markt ist schlecht darauf vorbereitet, dem politischen Körper angesichts der neuen Ökonomie von bio-medizinischen Artefakten von Operationen und Tauschgeschäften zu dienen. So hat die Gabe von Blut überhaupt keinen Preis; es muß eine kostbare Gabe sein; sie darf nicht verweigert werden. Die Verfügbarkeit von Blut ist Zeichen einer wohltätigen Gesellschaft; seine Sammlung und Verteilung ist Ausdruck einer anonymen Liebe der Gesellschaftsmitglieder gegenüber ihren Fremden. Die Zirkulation von Blut ist deshalb im sozialen Sinne genauso notwendig für das Leben einer ethischen Gemeinschaft wie für das Leben des Individuums. Das gleiche gilt, so Titmuss, übrigens nicht nur für Blut-Zirkulation, sondern in jedem Detail auch für die soziale Organisation der eher exotischen Prothesen der Bio-Medizin:

---

[14] Titmuss, op. cit., Kapt. 13: „Who Is My Stranger?"

„Die Art und Weise, in der eine Gesellschaft ihre sozialen Institutionen – und vor allem ihre Gesundheits- und Wohlfahrts-Systeme – organisiert und strukturiert, kann einen günstigen oder einen ungünstigen Einfluß auf den Altruismus im Menschen haben; diese Systeme fördern entweder Entfremdung oder Integration; sie sollten es ermöglichen, daß die „Thematik der Gabe" (so die Worte von Marcel Mauss:) Großzügigkeit gegenüber Fremden sich innerhalb und zwischen sozialen Gruppen und Generationen ausbreitet. Dies ... ist ein Aspekt der Freiheit im 20. Jahrhundert, welcher – verglichen mit der Wahlfreiheit der Verbraucher beim Erwerb materieller Güter – nicht genügend beachtet wird. Es fehlt in der Tat das Verständnis dafür, daß die moderne Gesellschaft, eine technisch, professionell und in riesigen Dimensionen organisierte Gesellschaft den normalen Menschen so wenige Gelegenheiten bietet, ihre moralische Bereitschaft zum Geben auch zu artikulieren, und zwar außerhalb ihres eigenen Netzwerkes von Familie und persönlichen Beziehungen."[15]

Der medikalisierte Körper ist das Denkmal des Konsums. Die Bio-Technologien, die es produzieren und ihn bedienen, repräsentieren die letzte Entwicklungsstufe jenes Komplexes von sozio-ökonomischen und politischen Kräften, die auf die Verwaltung des defamilialisierten Individuums drängen. Die politischen Ideologien von Pille, Abtreibung und genetischer Zuchtwahl suchen sowohl die biologischen Risiken dieser emanzipatorischen Möglichkeiten als auch das Paradox zu verschleiern, daß eben dieselben Technologien – über die Medikalisierung des Körpers – zu Werkzeugen eines Systems der therapeutischen Kontrolle werden, das den politischen Körper fester in den Griff bekommt als irgendeine frühere Form sozialer oder politischer Kontrolle. Was die Verfechter dieser Ideologien außerdem meistens übersehen ist, daß *die soziale Kontrolle im liberalen Wohlfahrts-Staat nie die Form einer „Brave New World" annimmt, da mithilfe von Konsumversprechen und sozialstaatlichen Leistungen die Zustimmung der Individuen zu ihrer eigenen Unterwerfung zu erhalten ist.* Marx hätte sich hierüber allerdings nicht täuschen lassen, denn er sah als erster, daß die Sklaverei ihre historisch vollendete Form erst erreicht, wenn die Individuen zu selbst-verantwortlichen Akteuren auf dem Markt geworden sind, und zwar herausgelöst aus der Familie und Gesellschaft.

Mithilfe solch handlicher Beobachtungen werden wir vielleicht eher einigen überraschenden Argumenten von Michel Foucault[16] folgen, den Kritiker im allgemeinen für schwer verständlich halten, hauptsächlich wohl deshalb, weil Historiker und Politik-Wissenschaftler es nicht gewohnt sind, dem Körper bei Analysen von Macht und Wissenschaft

---

[15] Titmuss, op. cit., S. 225–226.
[16] Vgl. Alan Sheridan, *Michel Foucault: The Will to Truth,* (Tavistock) London 1980.

eine derart zentrale Rolle einzuräumen. Ich glaube jedoch, daß der Weg, dem wir bis zu diesem Punkt gefolgt sind, es uns erleichtern wird, Foucault's Konzentration auf die *politische Anatomie* zu verstehen. Indem wir betonen, wie gut es ist, den Körper *zu denken und zu haben*,* finden wir einen Grund für das Verständnis des merkwürdigen Arguments von Foucault, daß Macht nicht als Besitz operiert oder als über den Körper ausgeübte Kraft. Die Ausübung politischer und ökonomischer Macht zielt nicht einfach auf Kontrolle passiver Körper oder Zwang auf den politischen Körper: vielmehr sollen *fügsame Körper produziert werden*.

Wir müssen lernen, Vorstellungen des politischen Prozesses aufzugeben, die auf eine reduktive Konzeption des physischen Körpers als eines von ungebändigten Kräften getriebenen Körpers zurückgehen, die in Zwang und Zucht genommen werden müssen, wenn sittliche und politische Ordnung unser Leben bestimmen soll. Wenn wir erst einmal den physischen vom kommunikativen Körper unterscheiden, so wird es möglich, autonome symbolische Systeme im Umfeld des physischen Körpers zu entwickeln, etwa in der Kunst, dem Tanz, im Sport und – allen voran – in der Medizin. Die medizinische Praxis kann dann ihrerseits Diskurs-Sprachen entwickeln, mit deren Hilfe es auch jenseits des natürlichen Körpers gelingt, seine Gesundheit und Sexualität, Geburt wie Stimmung und Aggression zu externalisieren und zu erweitern, aber auch zu kontrollieren.

Wir haben in früheren Kapiteln erkannt, wie über die Ökonomie eine Ausweitung des produktiven Körpers erreicht wird. Da Macht und Medizin sowie der Handel bis in den produktiven Körper hineinreichen und ihn erweitern, anstatt schlicht einen passiven Körper zu schaffen, müssen wir nach meiner Meinung die Mikro-Prozesse des politischen Körpers untersuchen, anstatt weiter ideologischen Formeln wie der Unterordnung des politischen Überbaus unter die ökonomische Basis zu folgen. Solch oberflächliches Gerede läßt nicht die Überdetermination der körper-gebundenen sozio-ökonomischen und sozio-politischen Prozesse erkennen, die den Einzelnen in eine freiwillige Dienstbarkeit entläßt. Foucault schreibt in *Überwachen und Strafen*:

„Analysiert man die politische Besetzung des Körpers und die Mikrophysik der Macht, so muß man im Hinblick auf die Macht den Gegensatz Gewalt/Ideologie, die Metapher des Eigentums, das Modell des Vertrages sowie das der Eroberung fallenlassen; im

---

* Vgl. ein ähnliches Leitmotiv („Leib sein und haben") bei Helmuth Plessner. RG

Hinblick auf das Wissen ist der Gegensatz zwischen dem „interessierten" und dem „desinteressierten" ebenso aufzugeben wie das Modell der Erkenntnis und der Primat des Subjekts. Man könnte an eine politische „Anatomie" denken, sofern man dem Wort einen anderen Sinn gibt als im 17. Jahrhundert Petty und seine Zeitgenossen. Gemeint wäre damit nicht die Analyse eines Staates als „Körper" (mit seinen Elementen, Energiequellen, Kräften), aber auch nicht die Analyse des Körpers und seiner Umgebung als „kleiner Staat". Zu behandeln wäre der „politische Körper" als Gesamtheit der materiellen Elemente und Techniken, welche als Waffen, Schaltstationen, Verbindungswege und Stützpunkte den Macht- und Wissensbeziehungen dienen, welche die menschlichen Körper besetzen und unterwerfen, indem sie aus ihnen Wissensobjekte machen."[17]

Ich wollte in diesem und in den vorangehenden Kapiteln zeigen, daß die moderne Gesellschaft so durch und durch anthropomorphisierend ist, nicht etwa wegen ihrer ganz (offensichtlichen) kognitiven Leistungen, sondern weil ihre kognitiven Kräfte gerade als verkörperte Kräfte am wirksamsten sind. Sie beherrschen uns, indem sie uns dazu bringen, uns selbst als *fügsame Subjekte* zu beherrschen. Außerdem sind sie ideologisch indifferent – diese Kräfte können genau so gut durch Institutionen des Marktes wie die des Staates wirken.

In der Praxis streben westliche Gesellschaften eine gewisse Abhängigkeit zwischen dem Staat und der Wirtschaft an, indem sie die Institutionen fördern, welche die Bollwerk-Funktionen der Familie unterhöhlen und das Individuum dem therapeutischen Staat in die Arme treiben. Hier kommt keine Verschwörung ins Spiel, man braucht sie auch nicht. Schließlich verkauft sich die Wirtschaft selbst in therapeutischer Form, indem sie vortäuscht, in sämtlichen Wechselfällen des Lebens für die Individuen zu sorgen. Geschäftsleute, Anwälte, Ärzte, Psychiater und Soziologen können jedoch ihre Funktion als Agenten der sozialen Kontrolle vor sich selbst so gut verbergen wie vor ihren Klienten, da sie ja selbst glauben, daß sie entweder persönliche Dienstleistungen verkaufen oder als Vertreter von Menschenrechten auftreten, die durch den Staat garantiert sind.

In diesem Licht wird das heutige therapeutische Interesse an Sexualität und der Ausbreitung des sexuellen Diskurses, an sexueller Emanzipation und sexuellen Rechten verständlich. In *Sexualität und Wahrheit* erklärt Foucault dies so:

---

[17] Michel Foucault, *Überwachen und Strafen, Die Geburt des Gefängnisses,* (Suhrkamp) Frankfurt 1976.

„Die medizinische Prüfung, die psychiatrische Untersuchung, der pädagogische Bericht, die familiären Kontrollen mögen durchaus global und augenscheinlich darauf zielen, alle abirrenden oder unproduktiven Formen der Sexualität zu verneinen, tatsächlich aber funktionieren sie als Doppelimpulsmechanismus: *Lust und Macht*. Lust, eine Macht auszuüben, die ausfragt, überwacht, belauert, erspäht, durchwühlt, betastet, an den Tag bringt; und auf der anderen Seite eine Lust, die sich daran entzündet, dieser Macht entrinnen zu müssen, sie zu fliehen, zu täuschen oder lächerlich zu machen. Macht, die sich von der Lust, der sie nachstellt, überwältigen läßt; und ihr gegenüber eine Macht, die ihre Bestätigung in der Lust, sich zu zeigen, einen Skandal auszulösen oder Widerstand zu leisten, findet. Erschleichung und Verführung, Konfrontation und gegenseitige Verstärkung: seit dem 19. Jahrhundert haben Eltern und Kinder, Erwachsene und Jugendliche, Erzieher und Schüler, Ärzte und Kranke, der Psychiater mit seinen hysterischen und seinen perversen nicht aufgehört, dieses Spiel zu spielen. Diese Appelle, Ausweichmanöver und Reizkreise haben um die Sexe und die Körper nicht unüberschreitbare Grenzen, sondern die *unaufhörlichen Spiralen* der Macht und der Lust gezogen."[18]

In früheren Kapiteln haben wir sehr ausführlich die Symbole des Eß- und Rauchverhaltens analysiert, wie auch eine Reihe anderer Körper-Techniken. In dem Kapitel über den politischen Körper schlug ich vor, den politischen Prozeß im Rahmen kritischer diskursiver Strategien zu formulieren, um an die Werte heranzukommen, die sich auf den Bio-Körper, den produktiven Körper und den libidinösen Körper als verschieden differenzierten Stufen der Familie und des politischen Körpers beziehen. Ganz ähnlich verfährt Foucault, wenn er vier Regeln zur Untersuchung solcher kritischen Diskurse als Bestimmungsorte des so identifizierbaren Macht-Wissens vorschlägt, z.B. die Befragung des „Fleisches" in der Beichte, oder die pädagogische Überwachung des kindlichen Körpers:[19]

I. *Regel der Immanenz*

Wenn sich die Sexualität als Erkenntnisbereich konstituiert hat, so geschah das auf dem Boden von Machtbeziehungen, die sie als mögliches Objekt installiert haben. Und wenn umgekehrt die Macht sie zur Zielscheibe nehmen konnte, so war das nur möglich, weil es Wissenstechniken und Diskursverfahren gab, die die Sexualität eingesetzt und besetzt haben.

---

[18] Foucault, *Sexualität und Wahrheit*, (Suhrkamp) Frankfurt 1983, S. 60–61.
[19] Foucault, op. cit., S. 119 ff.

II. *Regel der stetigen Variationen*

Die Frage ist nicht, wer im Bereich der Sexualität die Macht hat (die Männer, die Erwachsenen, die Eltern, die Ärzte) und wer ihrer beraubt ist (die Frauen, die Heranwachsenden, die Kinder, die Kranken ...); es geht auch nicht um die Frage, wer das Recht zum Wissen hat und wer gewaltsam in Unwissenheit gehalten wird. Vielmehr gilt es das Schema der Modifikationen zu suchen, das die Kraftverhältnisse in ihrem Spiel implizieren.

III. *Regel des zweiseitigen Bedingungsverhältnisses*

Kein „lokaler Herd", kein „Transformationsschema" könnte funktionieren, wenn es sich nicht letzten Endes über eine Reihe von sukzessiven Verkettungen in eine Gesamtstrategie einordnete. Und umgekehrt könnte keine Strategie zu globalen Wirkungen führen, wenn sie sich nicht auf ganz bestimmte und sehr beschränkte Beziehungen stützte, in denen sie nicht ihre Anwendung und Durchführung findet, sondern ihren Träger und ihren Ankerpunkt.

IV. *Regel der taktischen Polyvalenz der Diskurse*

Die Diskurse über den Sex sind nicht in erster Linie danach zu befragen, von welcher impliziten Theorie sie sich herleiten oder welche moralische Grenzziehung sie stützen oder welche – herrschende oder beherrschte – Ideologie sie repräsentieren. Zu befragen sind sie auf den beiden Ebenen ihrer taktischen Produktivität (welche Wechselwirkungen von Macht und Wissen sie gewährleisten) sowie ihrer strategischen Integration (welche Konjunktur und welches Kräfteverhältnis ihren Einsatz in dieser oder jener Episode der verschiedenen Konfrontationen notwendig macht.

Was auch immer uns geneigt macht, unsere eigene Perversität zu projizieren, nur wenigen Leuten kann entgangen sein, wie sehr wir uns selbst mit Sexualität angreifen. Für einige Interpreten resultiert dies einfach aus gelockerten Bindungen von Recht und Moral, ohne die wir von Sexualität überwältigt würden. Wenn wir aber eine geschlechtsbezogene von der individualisierten Sexualität unterscheiden, wofür ich weiter oben plädiert habe, dann haben wir es hier mit einer enormen Ausweitung des Diskurses über Sexualität zu tun – rechtlich, medizinisch, psychiatrisch, pädagogisch, pornographisch:

Das kulturelle Potential der Sexualität wird so weit über ihre immanenten biologischen Grenzen hinaus multipliziert.

Wir sollten nunmehr fragen, in wessen Interesse eine solche Ausweitung geschieht und durch welche spezifischen Körper-Techniken die verschiedenen diskursiven Strategien implementiert werden. Diese Fragen führen uns zu einer ersten überraschenden Beobachtung. Wir haben unsere Kontrolle über den Sex verstärkt, indem wir der Flut eines erweiterten sexualisierten Diskurses alle Tore geöffnet haben. Das gleiche trifft für das Leben zu: Die Ausweitung des wissenschaftlichen Diskurses über Leben, Genetik, Gesundheit, Lebensunterhalt, häusliche Lebensbedingungen, Lernfähigkeit und ähnliches dient dazu, das Leben in den Einflußbereich von staatlicher Macht und Industrialisierung zu ziehen. Historisch besehen war staatliche Macht letztendlich auf der Verfügungsgewalt des Königs über die Körper seiner Untertanen begründet – er konnte sie zum Tode verurteilen oder ihnen das Leben schenken. In der Moderne greift der Staat im Namen eines therapeutischen Gesundheitsdienstes an seinen Untertanen noch viel tiefer nach ihren Köpfen und Körpern und setzt sich fest. Diese beiden Perioden bestimmen die Endpunkte im Kontinuum der Bio-Macht:

(1) *Eine anatomische Politik des menschlichen Körpers:*

Macht funktioniert hier als *Disziplinierung* und *Bestrafung*. Sie wirkt über *Institutionen* – Universitäten, Schulen, Gefängnisse, Kasernen und Fabriken.

(2) *Eine Bio-Politik der Bevölkerung:*

Macht funktioniert hier als die *Verwaltung* der Gattung des Körpers – durch Maßnahmen, die in Zeugung, Geburt, Tod, Lebensstandard und physische wie geistige Gesundheit eingreifen. Sie wirkt über regulatorische Kontrollen.

„Sex" ist als Objekt dieser beiden Strategien vorzüglich geeignet, weil sie sich in ihrer Wirkung überschneiden. Einerseits ist „Sex" ein Objekt der Disziplinierungs-Macht, andererseits kann er psychoanalysiert oder medikalisiert zur diskursiven Strategie der Macht der Verwaltung werden. Außerdem müssen diese beiden Strategien durchaus nicht vollständig miteinander übereinstimmen, selbst wenn ein Konflikt zwischen ihnen ihre eigentliche Zielsetzung bedroht. Foucault bemerkt dazu:

„Daher die Bedeutung der vier großen Angriffsfronten, an denen die Politik des Sexes seit zwei Jahrhunderten im Vormarsch ist. Jede von ihnen verbindet auf ihre Weise die Disziplinartechniken mit den Regulierungsverfahren. Die beiden ersten haben sich auf die Erfordernisse der Regulierung gestützt (Arterhaltung, Nachkommenschaft, kollektive Gesundheit), um Wirkungen auf dem Niveau der Disziplin zu erzielen. Die Sexualisierung des Kindes vollzog sich in Form einer Kampagne für die Gesundheit der Rasse (die frühreife Sexualität ist vom 18. bis zum Ende des 19. Jahrhunderts als eine epidemische Gefahr hingestellt worden, die nicht nur die künftige Gesundheit der Erwachsenen sondern auch die Zukunft der Gesellschaft und der gesamten Art bedroht). Die Hysterisierung der Frauen, die zu einer sorgfältigen Medizinisierung ihres Körpers und ihres Sexes führte, berief sich auf die Verantwortung, die die Frauen für die Gesundheit ihrer Kinder, für den Bestand der Familie und das Heil der Gesellschaft tragen. Umgekehrt läuft das Verhältnis bei der Geburtenkontrolle und bei der Psychiatrisierung der Perversen: hier waren die Eingriffe regulierender Natur, mußten sich aber auf die Notwendigkeit der individuellen Disziplinen und Dressuren stützen. Allgemein wird also der Sex am Kreuzungspunkt von „Körper" und „Bevölkerung"zur zentralen Zielscheibe für eine Macht, deren Organisation eher auf der Verwaltung des Lebens als auf der Drohung mit dem Tode beruht."[20]

Ich möchte daran erinnern, daß alle Körper *Familien-Körper* sind. Somit haben die Strategien der Medikalisierung und Psychiatrisierung weitreichende Implikationen für das Verhältnis zwischen der Familie und dem therapeutischen Staat. Wiederum geht es um eine Doppel-Strategie: Die Familie wird als Zentrum der Produktion gesunder und gut angepaßter Individuen unterstützt, gleichzeitig wird sie aber wegen Autoritätsmißbrauchs und mangelnder Fürsorge, wegen ihrer seelischen Grausamkeit angegriffen. Im Ergebnis folgt, daß ihre Mitglieder *defamilialisiert* werden in dem Maße, wie sie ihre Rechte gegen die Familie durchzusetzen versuchen (Scheidung, Abtreibung, Sonderrechte der Kinder) und sie werden *familien-orientiert* in dem Maße, wie die psychologisierte Familie sich verpflichtet, aus ihren Mitgliedern in Vorbereitung auf das Leben draußen Helden zu machen. Kurzum, die Familie tauscht ihre traditionelle Autorität ein für ihr Abhängigsein von einem ganzen Schwarm therapeutischer Autoritäten, die einmal in Anspruch genommen, der liberalisierten Familie das Markenzeichen einer guten Haushaltsführung aufprägt.[21] Eine solche Familie stolpert ständig zwischen Auseinanderfallen und erneuter Vereinigung hin und her. Ihre Zerbrechlichkeit paßt ausgezeichnet auf die non-direktiven Eingriffe der therapeutischen Instanzen, denen die Familie verpflichtet ist. Indem er die Herkunfts-Familie als Ort von Verletzungen verdächtigt, setzt der therapeutische Komplex gleichzei-

---

[20] Foucault, op. cit., S. 175–175.
[21] Vgl. Donzelot, op. cit.

tig die psychoanalysierte Familie frei als erweiterten Horizont von Gesundheit und Glück, dessen einzige Grenze die Therapiefähigkeit des Individuums ist.

Mit diesen Beobachtungen möchte ich *nicht* den sich wandelnden Status der Familie einfach beklagen. Es spielt hier auch eine außerordentlich wichtige Veränderung in unseren Auffassungen von sozialer Kontrolle und individueller Verantwortung hinein. Wir haben es mit einem bedeutsamen Übergang von einem Straf- zu einem Therapie-Modell im Umgang mit Mord, Vergewaltigung, Rassismus, Alkoholismus und Verbrechen zu tun bis hin zu Selbstmord und Depression.[22] Im therapeutischen Modell wird der Ort der Verantwortung für Verbrechen oder Abweichung vom Individuum auf seine physischen, emotionalen und sozio-ökonomischen Lebensumstände verlagert. Bestrafung weicht der Behandlung und Therapie. „Krankheit" und „Gesundheit" werden diskursive Strategien für den Umgang mit sozialen Problemen, ganz gleich, ob in den Städten oder bei Individuen. Das Ergebnis ist eine Aufgabe von Straf-Justiz und Verfassungsrecht zugunsten von Verwaltungsentscheidungen zur Heilung von Patienten durch Sterilisation, Schock-Therapie, Lobotomie und Chemo-Therapie. Um wirksam zu sein, ist die therapeutische Strategie letztlich abhängig von der Verwirklichung des Traums von einer administrativen Sozial-Wissenschaft: Man will fähig werden, anti-soziales Verhalten zu katalogisieren und vorauszusagen.

Wir können hier nicht all diese Themen verfolgen, obwohl noch einiges im Schlußkapitel dazu gesagt wird. Von grundlegender Bedeutung ist, daß die Zukunftsaussichten des therapeutischen Staates in Amerika manche Kritiker veranlaßt haben, sich auf den Neunten Verfassungs-Zusatz zu berufen, um die Verteidigung des politischen Körpers gegen die neue Therapie auf den neuesten Stand zu bringen. Nicholas Kittrie schreibt dazu:

„Mit Sicherheit ist es ein für unsere Gesellschaftsordnung grundlegendes Recht, sein Leben zu leben, ohne sich körperlich oder psychologisch ändern zu müssen. Die Fähigkeit, so zu bleiben wie man ist, wird ganz eindeutig von der Bill of Rights als allgemein impliziertes Recht geschützt. Die Vorkehrungen des Ersten Verfassungs-Zusatzes gegen staatliche Eingriffe in die religiöse Freiheit und gegen Einmischungen in den freien Austausch von Ideen machen deutlich, daß die Gedanken eines Menschen, sein Bewußtsein und Gewissen wie seine psychologischen Prozesse, die durch den Staat keiner

---

[22] Nicholas N. Kittrie, *The Right to Be Different: Deviance and Enforced Therapy*, (Johns Hopkins Press) Baltimore 1971, insbes. Kap. 8: „The Therapeutic Ideal: The Evils of Unchecked Power".

Nötigung unterworfen und ebenso wenig manipuliert werden dürfen. Darüber hinaus weist der Achte Verfassungs-Zusatz darauf hin, daß es Grenzen der menschlichen Würde gibt, die der Staat auch bei der Verteidigung gegen die ruchlosesten Verbrecher nicht überschreiten darf. Damit ergibt sich selbst bei einer engen Auslegung des Neunten Verfassungs-Zusatzes eine Begründung für das *Recht auf die eigene Persönlichkeit und auf körperliche Integrität.*"[23]

Die Macht der Prothesen der modernen Gesellschaft ist fast total. Indem sie ihre Mitglieder in computerisierte und bürokratisierte Informations-Systeme von Gedanken und Gefühlen einführt, hat die moderne Gesellschaft einen Macht-Apparat aufgebaut, der Gemeinschaft und Demokratie auszulöschen droht. *Wir nähern uns einem negativen Anthropomorphismus.* Hierin steckt eine gewaltige Paradoxie. Ihrem Anspruch nach sind diese Entwicklungen ursprünglich im Namen des Individuums angetreten. Tatsächlich hätte sich die Macht des Staates auf keine andere Weise so vergrößern können – zumindest in unserer Gesellschaft. Wie war das möglich?

Eine Reihe von Faktoren kann man inzwischen erkennen, die in diese Richtung geführt haben, ohne daß wir in einem strengen oder konspirativen Sinne auf eine primäre Ursache schließen könnten. Wichtig ist, daß wir diesen sozialen Wandel erkennen und – so gut es eben geht – seine Implikationen untersuchen. Der Wandel trat in dem modernen therapeutischen Experiment auf mit dem Versuch, Individuen zu zivilisieren, die sich sozial an nichts außer an den Mythos ihrer eigenen Nützlichkeit gebunden fühlen. So bemerkt Philip Rieff:

„In einem gewissen Sinne sind die Kultur und das soziale System immer eins. In einer Gesellschaft, die das Eigeninteresse so sehr betont, erscheint „Selbst-Verwirklichung" als ein nobles und gesundes Ziel. Selbst-zerstörerisches Verhalten bringt im Konkurrenzkampf überhaupt nichts. Der Therapeut kann sich keine Handlung vorstellen, die keinen eigenen Interessen folgt, – in welcher Verkleidung und auf welchen Umwegen auch immer. In dieser Kultur betrachtet ein jeder den anderen – aus vollkommener Selbst-Erkenntnis – als „Müll"."[24]

Damit sich ein derartiger Zustand herausbilden konnte, müssen alte soziale Bindungen – an Religion, Familie und Gemeinschaft – unterminiert werden. Zugleich muß die Bindung an Bindungslosigkeit institutionalisiert werden. Deshalb springt der therapeutische Staat zur Unterstützung jener gescheiterten Familien, Gemeinschaften und Psy-

---

[23] Kittrie, op. cit., S. 392–393: Hervorhebung vom Vf.
[24] Philip Rieff, *The Triumph of the Therapeutic: Uses of Faith after Freud,* (Chatto & Windus) London 1966, S. 61.

chen ein, welche die Kosten der *Industrialisierung der Selbstsucht,* von Egoismus und Materialismus ausmachen. Rieff schreibt weiter:

„Quantität ist zu Qualität geworden. Die Antwort auf jede Frage nach dem „Wozu?" lautet: „Mehr". Die Reichen haben immer nur an sich selbst geglaubt. In demokratisierter Form setzt diese Religion voraus, daß jeder Mensch zu seiner eigenen Wohltätigkeits-Institution wird. So kommt es zu einer Umdefinition der Nächstenliebe, von der sich der ererbte christliche Glaube vielleicht nie erholt. Aus dieser Neudefinition wandelt sich die Kultur des Westens bereits in ein Symbol-System mit einer bis dahin unbekannten Plastizität und Absorptionsfähigkeit. Kaum irgend etwas kann ihm wirklich widersprechen, das System begrüßt jede Kritik, denn es steht – in einem gewinne Sinne – für nichts."[25]

Praktisch muß natürlich ein System, das auf individuellem Exzeß beruht und diesen fördert, sich der Kontrolle über die Individuen sicherer sein denn je. Und so sind wir Zeuge der gleichzeitigen Ausweitung des ökonomischen und staatlichen Einflusses auf das Bewußtsein und die Körper der Individuen, die ansonsten frei sind zu denken, zu fühlen und zu tun, was immer sie wollen. Wir haben das Wirken dieser Kombination bereits in der Konsum-Orientierung und ihrer bio-medizinischen Verlängerung beobachtet. Tatsächlich ist dieser *homo psychologicus,* nach dem die Vervielfältigung von Bedürfnissen und Wünschen verlangt, die von Wissenschaft, Technologie und Ökonomie befriedigt werden sollen, mehr denn je das Spiegelbild einer Gesellschaft, von der er meint, sie sei Abbild seiner selbst. Rieff weist darauf hin, daß ein beispielloser *narzißtischer Effekt* zum wichtigsten Faktor von Kontrolle und Selbst-Bindung im modernen politischen Leben wird:

„Alle Regierungen werden gerecht sein, solange sie jene beruhigende Fülle von Wahlmöglichkeiten sicherstellen, die letztlich eine moderne Befriedigung ausmacht. Auf diese Weise könnte die neue Kultur das Wert-Problem völlig aus dem Sozial-System vertreiben. Indem das Wert-Problem so auf eine Art philosophischer Unterhaltung begrenzt wird, anstatt Erbauung zu predigen, kann sie die Freizeitübungen erfolgreich zum Abschluß bringen, die man Politik nennt. Die Probleme einer Demokratie werden dann nicht länger so schwierig sein wie bisher. Der *homo psychologicus* wird auf die alte Frage nach der Legitimität der Herrschaft, nach der Beteiligung an der Regierung gar nicht mehr ansprechen, solange die Macht eine soziale Ordnung aufrechterhält und die Ökonomie des Überflusses versorgt."[26]

Der politische Körper ist keineswegs gesund, wo sein Leben auf die egoistischen Interessen der Individuen reduziert ist – ohne jede Ach-

---

[25] Rieff, op. cit., S. 65.
[26] Rieff, op. cit., S. 26.

tung für Gemeinschaft und Nachwelt. Das ahistorische Bewußtsein der modernen Gesellschaft ist ein weiterer Bestandteil der Affinität von Säkularisation und Konformismus. Der Verlust eines sinnvoll sozialen und öffentlichen Kontextes für die Ideale des Individualismus, der Freiheit und Gleichheit, zeigt sich schon in dem entfremdeten und konfusen Symbolismus von Titeln wie David Riesman's *Einsame Masse* und Paul Goodman's *Growing Up Absurd*. Diese Bücher konfrontieren uns mit dem Paradox, daß eine Gesellschaft frei sein kann, ohne daß ihre Individuen frei sind. Die liberale Gleichsetzung von individuellen und gesellschaftlichen Interessen oder – besser – die liberale Vorstellung von der Herausforderung und Chance, die dem Individuum von der Gesellschaft geboten wird, ist zur Überzeugung von der Absurdität der Gesellschaft und – in letzter Konsequenz – zur Idiotie der Privatisierung verkommen.

Angesichts des Fehlens einer echten Öffentlichkeit, in der die politischen und sozialen Aktivitäten der Individuen ihren Schwerpunkt und ihre historische Perspektive finden können, geben die Leute die Politik auf und scharen sich um Bürger-Initiativen in ihren Vororten oder um die „Brot-und-Butter"-Probleme ihrer Gewerkschaften. Da sich das individuelle Bewußtsein immer mehr auf den Konsum konzentriert, beschränken sich ökonomische Kenntnisse auf abstrakte Preisentwicklung – ohne jeden Blick für die Politik der Unternehmen, die die Preise bestimmen. Im Ergebnis kommt es zum Verlust jedes kohärenten ideologischen Bewußtseins des politischen und wirtschaftlichen Kontextes des individuellen Handelns.

Diese Situation aber stellt keineswegs das Ende von Ideologien dar. Das liegt schon in der Natur der vorherrschenden Ideologie des Neo-Individualismus, der vom Kontext des korporativen Kapitalismus geprägt ist. Um mit der Tendenz zu brechen, jede individuelle Erfahrung in Geld zu fassen, um so die Zeit-Perspektive von Individuen von kurzfristigen Konsum-Erwartungen abzubringen, wird es notwendig sein, universale Ziele von allgemeinen, familien-bezogenen und langfristigen Werten zu institutionalisieren. Eine derartige Forderung fällt aus dem Schema der von der Konsum-Orientierung vorgegaukelten unmittelbaren Sofort-Befriedigung heraus. Damit würde die magere Kontinuität des Fortschritts durch den soliden Akkumulationsprozeß der Sozialgeschichte ersetzt werden. Jede Beschäftigung mit gesellschaftlichem Gleichgewicht, mit öffentlicher Armut und Verschwendung oder dem Zusammenhang von Politik, Ökonomie, Natur und Kultur ist nur in einem kollektiven und historischen Kontext denkbar. Aber ein solcher Kontext ist der liberalen Ideologie des individuellen Akteurs und der moralistischen Akzeptanz von Ungleichheit, Erfolg und Versagen, ganz gleich zu welchen Kosten, fremd.

Die gegenwärtige Diskussion über das Versagen des Individualismus ist zu einem großen Teil eine Klage über den Funktionsverlust der Familie. Wir blicken mit Wehmut auf die alten Funktionen der Familie zurück, weil die Befreiung des Individuums von der Familie nicht zur Emanzipation des Eros geführt hat. Will man die Gründe für dieses Resultat finden, so muß man noch einmal über die historischen Funktionen der bürgerlichen Familie nachdenken. Mit ihrem Abriß wurden die Mitglieder der bürgerlichen Familie lediglich in die professionelle, therapeutische und administrative Fürsorge des liberalen Wohlfahrtsstaates getrieben.[27] Zugleich eignet sich der Therapie- und Verwaltungs-Staat ideologisch dazu, die Prozesse der sozialen Kontrolle zu verschleiern, die auf das Leben von Individuen eingehen und steuern, die in *Familien ohne Autorität* aufwachsen. Umgekehrt bedeuten der Verlust der Bollwerk-Funktion der bürgerlichen Familie und die sich daraus ergebende Vermischung des Öffentlichen und des Privaten zur „Gesellschaft" den Verlust einer institutionellen Basis für die Rolle, die die öffentliche Meinung im Legitimations-Prozeß der politischen Demokratie gespielt hat. Mit bemerkenswerter Weitsicht hat Rieff diese Trends als die nächsten Stufen der amerikanischen Kultur-Entwicklung dargestellt:

> „Wo einstmals Familie und Nation oder Kirche und Partei standen, da wird es das Krankenhaus und das Theater als die normativen Institutionen der nächsten Kultur geben. Erzogen zur Unfähigkeit, sich an die Genugtuungen konfessioneller Überzeugungen zu halten, ist der *homo psychologicus* auch nicht mehr für die Gebote der Konfession zugänglich. Der religiöse Mensch wurde geboren, um gerettet zu werden; der *homo psychologicus* wird geboren, um befriedigt zu werden. Dieser Unterschied etablierte sich schon vor längerer Zeit, als der Hilferuf des Asketen – ‚ich glaube' – seinen Vorrang an die Klausel des Therapeuten – ‚man hat das Gefühl' – verlor. Und wenn die Therapie gewinnt, dann wird der Psycho-Therapeut sicherlich zum säkularen geistigen Wegweiser."[28]

Es bleibt uns zu fragen, ob die bürgerliche Demokratie ihr moralisches Kapitel soweit verspielt hat, daß es Widerstand gegen die Macht einer homogenisierten Amtsträger-Kultur nur noch von fundamentalisti-

---

[27] Vgl. Nanette J. Davis und Bo Anderson, *Social Control: The Production of Deviance in the Modern State*, (Irvington) New York 1983.
[28] Rieff, op. cit., S. 24–25.

schen oder von neo-konservativen Elementen geben kann. Wenn dies so ist, dann sind die Kultur des pathologischen Narzißmus, der Waren-Erotik und die politischen Eingriffe in die Intim-Sphäre nur ein Ausdruck der Ohnmacht der Familien-Autorität und des authentischen Individualismus. Aber für Jahrtausende hat die Gesellschaft überlebt, weil die Familie überlebte. Sie hat nicht etwa deshalb überlebt, weil wir in der Familie keinerlei Leid erfuhren. Im Gegenteil: Weil wir Freud und Leid in den üblichen Grenzen innerhalb der Familie lernten, begleitet uns das während unseres ganzen Lebens. Doch in Industrie-Gesellschaften sind wir versucht, die Familie im Namen des Individuums zu zerstören, – oder jene, die sich an ihre Familie gebunden fühlen, in Ghettos abzuschieben.

Dieser Trend ist heute stärker denn je. In ihren Anfangsphasen konnte die Industrialisierung die Familien nicht schnell genug in die Baumwoll-Fabriken schicken, indem die Maschinen soweit vereinfacht wurden, daß sie von Frauen und Kindern bedient werden konnten, um so die Männer aus den Fabriken zu vertreiben. Die Männer reagierten darauf mit der Zerstörung der Maschinen. Das Erschrecken der Industriellen über diese Reaktion war groß genug, um sie von ihrer Vision abzubringen, Maschinen könnten durch noch weiter degradierte Kreaturen wie Affen, Roboter oder Gefangene bedient werden. Sie akzeptierten ein Stillhalte-Abkommen zwischen der Familie, der Schule und der Fabrik. Einige Industrielle allerdings versuchten die Reproduktion der Arbeiter in der Familie durch Paternalismus zu ersetzen. Aber dieser Versuch konnte nur eine Zeit lang gelingen, ohne ökonomisch und politisch zu kostspielig zu werden. Auf jeden Fall war dies eine falsche, wenn auch verständliche Strategie. Es war nicht nötig, Arbeiter zu *produzieren,* die schon alles übrige produzierten. Es war nicht einmal nötig, sie auf irgendeine Weise zu besitzen, was nur zu leicht an Sklaverei erinnern könnte. Alles, was die Industrie brauchte, war die Entdeckung des exzessiven Konsums.

Der Konsument produzierte sich selbst, wenn er nur hinreichend defamilialisiert, dekommunalisiert und deklassiert werden kann. Alles was die Familie schwächt, stärkt den Konsum – nicht nur Arbeitslosigkeit, sondern alles, was die Illusion der individuellen Selbst-Produktion stützt. Wer unter den Konsumenten ausfällt, jene also, die nicht genug bekommen, stärken den therapeutischen Staat und sein System emotionaler Transfer-Leistungen. Heutzutage kaufen die Familien die Dienste ihrer eigenen Kinder, deren Rechte auf Bezahlung und elterliche Dienstleistungen durch sonst drohende Anzeigen wegen Kindesmißhandlung geschützt sind. Diese Art von Beziehung ist keineswegs überraschend, weil der Kontrakt, auf dem die heutige Kern-Familie beruht, ganz ähnlich auf Agonie aufbaut. Wenn es in solch einer Familie überhaupt ein zentrales Abkommen gibt, dann geht es um die gemeinsame Achtung vor dem Fernsehen, das die kommerziellen Versionen derartiger Arrangements zelebriert. Zu sehen ist der Krieg Jeder-gegen-Jeden; Mutter und Vater – verrückt gemacht von ihren Kindern; Mann und Frau – verrückt gemacht voneinander; und – schlimmer noch, jeder einzelne verrückt gemacht durch die gemeinsame Vergötterung des Warenangebots. Mehr noch: als die Familie sich selbst aufgab als Instanz, den Konsum zu ordnen, wurde dieser Zusammenbruch auch noch von Seiten der Industrie durch Parteinahme für die Frauenbefreiung und die Kritik des Paternalismus – außer bei sich selbst – gefördert. Stuart Ewen bemerkt dazu:

„Nachdem der sich entfaltende Kapitalismus das traditionelle Familien-Leben ins Chaos gestürzt hatte, übernahm er auch noch die feministische Behauptung, die patriarchalische Gesellschaft sei antiquiert und repressiv... Doch während der Feminismus auf eine Welt gehofft hatte, in der die Frauen die Kontrolle über ihr eigenes Leben erhalten würden, ging die Zerstörung des Patriarchats durch die Industrie mit einer allgemeinen Entwertung aller Formen von Selbstbestimmung einher. Indem die *moderne Frau* als „Managerin des Familienhaushaltes" glorifiziert und das Kind als (issen des neuen Zeitalters gefeiert wurden, setzten korporative Ideologen die Erwartung durch, daß alle den Direktiven des Konsumgüter-Marktes weithin zu folgen hätten. Die Erhöhung von Frauen und Kindern durch die Industrie diente dazu, den traditionellen Patriarchen zu einer vorsintflutlichen, manchmal auch komischen Figur werden zu lassen. Die Massen-Kultur übernahm hier die radikalen Hoffnungen auf Autc ,mie und Gleichheit. Doch auch hier – in ihrem Bild von der modernen Familie – brach die Welt des Massen-Konsums gerade am Rande des Wandels zusammen; während man den alten Familienvater auf den „Müllhaufen der Geschichte" warf, wurde der Unternehmer Patriarch als gerechte und gütige Autorität eines modernen Zeitalters gekrönt."[29]

Angesichts des agonistischen Kontraktes, de im Zentrum der Konsum-Familie steht, ist es in vieler Hinsicht müßig zu fragen, ob die Familie unter der Gewalt im Fernsehen zu leiden hat. Wir müssen vielmehr verstehen, daß Konsum-Familien zu Hause mehr Gewalt erfahren als auf der Straße. Wichtig ist dabei aber, wie oft diese Gewalt als *Familien-Angelegenheit* interpretiert und damit der agonistische Kontrakt unterstrichen wird, der die legale Grundlage unserer Gesellschaft bildet. Wo die Familie ihrer eigenen Gewalt und der Folgen dieser Gewalt nicht Herr werden kann – wenn sie meint, dies seien bloß leichte Abweichungen von einem ganz normalen Konsum-Streß

---

[29] Ewen, op. cit., S. 201–202.

– da wird sie gezwungen, sich an die übriggebliebenen Autoritäts-Figuren des Rechts- und Gesundheits-Apparates zu wenden. So erhält der therapeutische Staat sein gütiges Aussehen in den Augen der verwirrten Familie, die er dann schützt und versorgt. Niemand merkt, daß in diesem Zirkel die Autorität der Familie durch genau das Verfahren, das sie wiederherstellen soll, verlorengeht.

Meiner Ansicht nach ist die Subjektivierung des politischen und ökonomischen Lebens die wichtigste Quelle der Gewalt, die täglich in unserer Gesellschaft ausbricht – einerlei, ob in politischen Morden oder in dem sinnlosen Totschlag an arglosen Leuten wie John Lennon. In derart schrecklichen Ereignissen wird ein ansonsten völlig unbedeutendes Individuum zum Gegenstand der kollektiven Aufmerksamkeit einer Nation – oder sogar der Welt. Die Medien stellen feierlich den einer Familie zugefügten Verlust dar, – in einer Gesellschaft, in der die Familie bis über alle Grenzen hinaus brutalisiert wird. Die eigentliche Ironie besteht daran, daß diese Tiefpunkte unserer Geschichte immer das Werk „kranker" Individuen ist, die – ohne jedes politische Bewußtsein – ihren eigenen Familien so fremd sind wie der Gesellschaft, gegen die sie wüten. Das kollektive Böse in der Gesellschaftsordnung wird so externalisiert, ein Sündenbock wird gefunden, wobei sowohl der Verbrecher wie sein Opfer dazu dienen, jene Ideologie aufrechtzuerhalten, nach der die grundlegende soziale Realität das Individuum ist. Auf jeden Fall sind beide – der Mörder und der Ermordete – letztlich Fehlstellen der riesenhaften administrativen und therapeutischen Maschine, die das wüste Land zwischen Familie und politischer Gesellschaft kultiviert.

Ich glaube nicht, daß das Individuum sakrosankt oder frei sein kann, wo die Gesellschaft die Familie aushöhlt, sie den Sozialbehörden ausliefert und ansonsten zum Konsum verdammt. Heutzutage kann man von der Familie sagen, daß das Leben in ihr „garstig, roh und kurz" sei, wie Hobbes einst den Naturzustand bezeichnet hat, den wir heute als wesentlichsten Zustand der modernen politischen Ökonomie erkennen. Können wir damit leben? Ich glaube nicht. Denn nach allem, was wir wissen, sind menschliche Wesen Familien-Wesen. Sie sind es als körperliche Wesen, die einander gebären und einander aufziehen. Nichts anderes ist von ähnlich elementarer Bedeutung:

„Überall auf der Erde, in den Siedlungen, in den kleinen Städten und in den Steinwüsten der Großstädte fühlen sich die Menschen in die kleinen Schneckenhäuser ihrer Wohnungen hineingezogen, wo man sie zu Tausenden, Millionen durch die Scheiben ihrer erleuchteten Fenster – kleine goldene Aquarien – bei ihren wundersamen und erbarmungswürdigen Aktionen beobachten kann – im Sessel, lesend, Tisch deckend, nähend, Karten spielend, sprechend, nicht sprechend, unhörbar lachend, einen Drink mixend, am Radio, essend, in Hemdsärmeln, gut angezogen, poussierend, neckend, liebend, verführend, das Zimmer in seinem leeren Licht zurücklassend, einsam einen dringenden Brief schreibend, als Paare vereint, auf getrennten Stühlen, auf Familienfesten, auf Schwulen-Festen, aufs Bett und zum Schlaf sich vorbereitend: und jedem ist gleichgültig, was außerhalb dieses Zimmers passiert; und jeder in diesem Zimmer ist denen draußen gleichgültig; und so ist es kein Wunder, daß die Menschen sich so ängstlich zueinander hingezogen fühlen, und nicht verwunderlich ist die Verzweiflung, mit der eine Mutter die Seele ihres zappelnden Sohnes vielleicht mit eisernem Griff umklammert und wie ein Vampir leersaugt, bis er leicht wie eine leere Schale ist: und ein Wunder ist allein, daß eine Zeit, die ihre Kinder geboren hat, sie verlieren muß und sie verloren hat, – und das Leben verloren hat, – daß diese Zeit weiter Leben gebären kann; aber so ist es."[30]

Heute liegt ein dunkler Schatten über der Geschichte. Niemals zuvor war das Band zwischen Natur und Menschheit so bedroht. Meiner Ansicht nach hat die destruktive Kraft, die mit der Atom-Spaltung freigesetzt worden ist, den Bruch zwischen uns und jenen ersten Männern und Frauen enorm vergrößert, die sich in ihren Göttern und Familien zusammen-dachten und die die Natur und sich selbst in einen Zivilisations-Pakt einbrachten, der weite Strecken der Geschichte überdauert hat, bis es an uns war, das Erbe der Menschheit in einem Moment des Wahnsinns aufs Spiel zu setzen.

---

[30] James Agee und Walker Evans, *Let Us Now Praise Famous Men*, (Ballantine) New York 1966, S. 52.

Schluß: *Die zukünftige Gestalt der menschlichen Wesen*

Im Jahre 1982, folgt man dem *Time*-Magazin, war der Mann des Jahres eine Maschine. Das Titelblatt der Ausgabe vom 3. Januar 1983 war dem Computer gewidmet und feierte die Invasion dieser Maschine in Amerika. Diese Ausgabe enthielt eine Reportage über eine zweite Invasion in die Wohnzimmer und Herzen der Amerikaner, und zwar durch den Film *E.T.* Zweifellos ist E.T. keine Maschine – und auch kein Mann oder eine Frau. Doch wie viele Männer und Frauen macht er den Eindruck eines Heimatvertriebenen. Nur Kinder – und die sie begleitenden Erwachsenen – verstehen ihn, beide ihrer selbst nicht sicher in einer Welt, in der Unschuld und Freundschaft fremd geworden sind.

> Gab es eine Zeit, in der Tänzer mit ihren Fiedeln
> Im Zirkus der Kinder ihre Nöte vertrieben?
> Es gab eine Zeit, da sie über Bücher weinten,
> Doch der Wurm der Zeit ist auf ihrer Spur
> Unter dem weiten Himmel, der sie nicht beschützt.
> Das nie Bekannte, in diesem Leben ist's das sicherste.
> Unter den Himmelszeichen hat, wer ohne Waffen ist,
> die saubersten Hände, und wie das Gespenst ohne Herz
> Allein unberührt ist, so sieht der blinde Mann am besten. Dylan Thomas[1]

Der Computer und E.T. stellen zwei Formen der Reflexion über die zukünftige Gestalt der menschlichen Wesen vor, – zwei Modi der Exterritorialität, die ein Licht auf die Bedrohung der menschlichen Phantasie in der modernen Welt werfen. Wenn die heutigen Humanisten bei der künftigen Gestaltung des Menschen überhaupt etwas beitragen wollen, dann müssen sie einen Standpunkt in den „alpha und omega-Fragen" der menschlichen Existenz beziehen. Mit anderen Worten: Sie müssen sich mit der zukünftigen Gestaltung von Leben und Tod beschäftigen – und deshalb mit der zukünftigen Familie. Wie ich zu zeigen versuchte, verlangt dies von den Humanisten, daß sie den Einfluß von Staat und Sozialpolitik auf Lebenspläne, Sexualität

---

[1] Dylan Thomas, „Was There a Time", *Collected Poems, 1939–1953*, (Dent) Lonon 1952, S. 50.

und Familie nicht ignorieren dürfen. Kurzum, wir stehen vor der Aufgabe, die Familie als die erste Gestalt menschlicher Wesen neu zu denken. Mit diesem Problem entdecken wir uns in einer ähnlich wilden Landschaft wie einst Vico's erste Menschen: Sie standen da und lauschten dem Donnergrollen, nach dem sie die ersten Poeme der Welt formten und auf diese Weise ihren ungestalten Körpern die menschliche Gestalt einer Familien-Gesellschaft gaben:

„Solche Naturen werden wohl die ersten Gründer der heidnischen Menschheit sein, als zweihundert Jahre nach der Sintflut, nachdem die Erde genügend getrocknet war, der Himmel schließlich blitzte und donnerte mit schreckerregendem Blitz und Donner, wie sie durch die erste derartige gewaltige Erschütterung der Luft erzeugt wurde ...
Da erhoben einige wenige Giganten, (die kräftigsten, denn sie lebten verstreut in den Wäldern auf den Bergeshöhen, wie die stärksten Tiere dort ihr Lager haben) erschreckt und entsetzt von der ungeheuren Wirkung, deren Ursache sie nicht wußten, die Augen und gewahrten den Himmel. Da nun in solchem Fall die Natur des Menschengeistes es mit sich bringt, daß einer derartigen Wirkung sein eigenes Wissen zuschreibt; ihr Wesen daber das von Menschen war, die nur aus ungeheuren Körperkräften bestehen und heulend und brüllend sich gegenseitig ihre wilden Leidenschaften kundmachen; so erdichteten sie den Himmel als einen großen belebten Körper, den sie Jupiter nannten, den ersten der Götter der sogenannten gentes maiores – der ihnen durch das Zischen des Blitzes und das Krachen des Donners etwas mitteilen wollte. So begannen sie ihrer natürlichen Neugier zu folgen, der Tochter der Unwissenheit und Mutter der Wissenschaft, welche den menschlichen Geist aufschließt und dabei das Staunen gebiert."[2]

Vico's *Neue Wissenschaft* lehrt uns, daß radikaler Anthropomorphismus der kreative Umgang unserer Menschlichkeit ist. Es ist eine schreckliche Einbildung des Rationalismus, daß der menschliche Geist noch lange seine Wirkung aufrechterhalten kann, wenn er seine Herkunft aus der Poesie erst unterdrückt hat. Wir können die Ursprünglichkeit unserer Vorväter gar nicht hinreichend hervorheben, jener Giganten (*grossi bestioni*), auf deren Poesie die gesamte rationalistische Tradition gründet. Alle späteren Denker stehen – wie genial sie immer gewesen sein mögen – zwangsläufig in einer historischen Tradition mit den ersten Menschen, beherrscht von ihren ungelenken Körpern – als generative Quelle für unsere Metaphern und Zusammenhänge, Begriffe und Generalisierungen. Dies ist der historische Grund des alltäglichen Denkens für das entscheidende Fundament jeder höheren Einheit der Menschheit. Der radikale Humanismus muß sich seiner Ursprünge erinnern, wenn er nicht seine eigene Zukunft aufs Spiel setzen will.

---

[2] Vico, *Die Neue Wissenschaft von der gemeinschaftlichen Natur der Nationen*, op. cit., S. 153–154.

Wir stehen auf den Schultern jener Giganten, die dem donnernden Himmel einen großen Körper gaben – ihrem eigenen ähnlich – und Jupiter zu ihrem Gott machten, zum Herrscher über alle Menschen und Ursprung aller Dinge. Vereint unter Jupiters heilsamem Regiment gründeten unsere Giganten die ersten menschlichen Gemeinschaften – religiös, mit volkstümlichem Recht und ohne die verführerischen Einbildungen einer rationalistischen Philosophie. Unsere Humanität verdankt sich daher jenen ersten gigantischen Körpern, die sich den Schrecken einer Herrschaft ihrer eigenen phantastischen Ideen selbst einjagten durch furchterregende Religionen, schreckliche väterliche Macht und heilige Waschungen. Diesen merkwürdigen Vorfahren verdanken wir die Grundlagen unserer Erziehung, mit der wir uns selbst, unseren Geist und Körper, unseren Haushalt beherrschen:

„Die Heroen empfanden kraft ihrer Sinne die beiden Grundlagen der ökonomischen Lehre, nämlich die Erziehung des Geistes und die des Körpers; und zwar wurde in der heroischen Erziehung gewissermaßen die Form der Seele hervorgeholt, die in den ungeheuren Körpern der Giganten ganz in der Materie begraben lag, und die Form des Körpers von rechtem menschlichen Maß aus ihren gigantisch-maßlosen Körpern heraus gebildet."[3]

Die ganze spätere Menschheit steht in der Schuld jener elementaren Metaphysik der ersten Ver-Körperung, in der sich unsere gigantischen Vorfahren in menschliche Proportionen brachten und ihre Körper auf die grundlegenden Institutionen der zivilisierten Menschheit hin bildeten – Religion, Ehe und Begräbnis. Die Kraft der *Neuen Wissenschaft* liegt in der Gelassenheit, mit der sie die Distanz zwischen Wissenschaft und Poesie als den fundamentalen Modifikationen der menschlichen Sinne und des menschlichen Geistes ausmißt und wiederherstellt. Aus diesem Grund sind Vico's Giganten weder Erfindungen einer sentimentalen Phantasie noch Fiktionen einer objektiven Geschichtswissenschaft. Vielmehr sind sie die natürlichen Akteure einer Geschichte, die erst durch unsere Bemühung verständlich wird, sie als Geschichte unserer eigenen Anthropomorphose zu lesen und zu hören:

„Von solchen ersten Menschen – also stumpfsinnigen, blöden und schrecklichen Bestien – hätten alle Philosophen und Philologen bei der Untersuchung der antiken Weisheit ausgehen müssen; von den Giganten also im eigentlichen Sinne des Wortes. Sie hätten von der Metaphysik ausgehen müssen, als der Wissenschaft, die ihre Beweise nicht von außen holt, sondern aus dem eigenen Geiste des Untersuchenden; denn in ihm mußten sie – wie wir oben gesagt haben – die Grundprinzipien der historischen Welt, die ja ganz gewiß von den Menschen geschaffen worden ist, aufzufinden suchen."[4]

---

[3] Vico, op. cit., S. 220.
[4] Vico, op. cit., S. 151.

So wie die ersten Menschen berufen wurden, die Welt mit ihren Körpern zu denken, so müssen wir heute Gesellschaft und Geschichte von unseren Körpern aus neu denken. Nötig ist dies, um die verlorene Gestalt der Humanität wieder zu erstellen, die wir uns in Robotern, Mumien und E.T.-Puppen vor Augen führen, während wir so tun, als liege zwischen uns und den ersten Menschen die ganze Distanz der Zivilisation.

Wie Vico's Giganten müssen wir erneut lernen, wie wir uns auf uns selbst beziehen. Ich möchte deshalb jetzt das folgende Konstrukt vorschlagen, eine Art von historischer Einfalls-Maschine, die wohl noch kruder aussieht als die verzweifelte Erfindung von E.T. Ich möchte eine Brücke zwischen der verkörperlichten Geschichte der ersten Menschen und der körperlosen Geschichte der heutigen Welt finden. Ich möchte das erste Auftreten unserer Humanität mit dem gegenwärtigen Verschwinden unserer eigenen Art verbinden, wie man sie entdecken kann, die ich dem *Time*-Magazin entnehme – dem armseligen Homer von uns Soziologen. Die anthropomorphe Geschichte, die ich bei Vico ausgegraben habe, werde ich *Geschichte als Bio-Text* nennen, wobei ich an den kreativen Einfall denke, der Geschichte und der Gesellschaft eine lebendige menschliche Gestalt zu geben.

Die Geschichte, der ich mich nunmehr zuwende, werde ich *Geschichte als Sozio-Text* nennen. Dabei denke ich an den Komplex von Human-Wissenschaften, die versuchen, den menschlichen Körper umzuschreiben, seinen Geist und seine Gefühle mit neuen Aufschriften zu versehen. Mit beiden Formen von Geschichte hatten wir es in diesem ganzen Buch zu tun. Ich glaube keineswegs, daß der Übergang vom Bio-Text zum Sozio-Text auf irgendeine antihumanistische Verschwörung zurückzuführen ist. *Nihil Americanum me alienum puto.* Eher stehen wir als radikale Humanisten vor dem Problem, unsere extraterritorialen Entwürfe auf uns selbst zu wenden und als nächste Stufe des Anthropomorphismus zu erkennen. Und dies heißt nicht, eine fatalistische Haltung zu empfehlen. Wir müssen analysieren und bewerten, wir müssen fördern, was nützlich ist und allen Tendenzen Widerstand entgegensetzen, die wir für uns selbst als bedrohlich ansehen.

Unsere Situation verlangt, wie wir es in den vorangegangenen Kapiteln erkannten, daß wir alle Technologie als Bio-Technologie betrachten – mit anderen Worten – wir sollten sehen, daß *jede Macht über Natur eine Macht über uns selbst ist*. Diese Macht steckt nicht nur in unseren Maschinen, sondern breitet sich auch in der diskursiven Produktion der Human-Wissenschaften aus, die Leben und Denken, Gesundheit, Vernunft und Wissen unter ihre Kontrolle bringen. Diese Macht eskaliert, sobald der moderne therapeutische Staat entdeckt, daß sich der Wissensdrang dazu nutzen läßt, Beginn und Ende des Lebens umzudrehen und solche Verläufe als *Sozio-Text* zu organisieren.[5]

Natürlich hat Gesellschaft schon immer das Leben geformt, wie ich in diesem Buch zu zeigen versucht habe. Aber wir scheinen jetzt an einer Grenze angelangt zu sein, an der Ursprünge und Ziele des Lebens konvergieren, womit wir uns selbst stärker als je zuvor fragwürdig werden. Um den Übergang vom Bio-Text zum Sozio-Text verfolgen zu können, müssen wir die Aufmerksamkeit auf die Bedeutung des modernen Schauspiels von Leben und Tod richten – einst ein Theater der Grausamkeit und jetzt ein sanftes medikalisiertes Szenario, von dem wir gelegentliche Eindrücke aus Presse und Fernsehen geliefert bekommen. Wenn ich es richtig sehe, so hat der moderne therapeutische Staat das Ziel, den Bio-Text in einen Sozio-Text umzuschreiben und damit jedermann als einen neuen Leviathan einzubinden. Da bemüht sich der Staat heute, Ursprung und Ende des Lebens gesetzlich zu regeln, abzutreiben und zu verhüten, zu verheiraten, zu trennen und zu scheiden, für normal oder verrückt zu erklären, einzusperren und Leben zu beenden. Zur Konformität verführt uns der therapeutische Staat zudem immer mehr durch unseren eigenen Wunsch nach Gesundheit, Erziehung und Beschäftigung – gar nicht zu reden vom Glück, zumindest in Gestalt der amerikanischen Sehnsucht.

Diesen Komplex von Ideen habe ich im Sinn, wenn ich davon spreche, daß alle Technologien letztlich Bio-Technologien sind, die nun ihrerseits Strategien zur Umwandlung des ursprünglichen Bio-Textes in einen Sozio-Text entwerfen, in welchem die menschliche Gestalt der menschlichen Wesen umgemodelt wird. Diese Umwandlung kann natürlich auf humane Ziele gerichtet sein: Freisetzung von Individualismus, Rechte von Frauen und Kindern und das Ende der Familie. Aus dieser Perspektive motiviert suchen wir, genetischen und sozialen Schaden zu vermeiden und wir mögen uns sogar wünschen, unser biologisches Erbe zu verbessern. Unsere Motive bei der Verfolgung dieser Ziele sind zweifellos human. Doch unsere experimentellen Technologien, mit denen wir unsere Humanität von Labor-Tieren

---

[5] Vgl. Foucault, *Überwachen und Strafen* und *Sexualität und Wahrheit* op. cit.

herleiten lassen sowie unsere genetischen Materialien können in der Praxis inhuman sein. Tatsächlich gibt es in dieser Hinsicht bereits große Bedenken und es gibt erhebliche Anstrengungen, zu gesetzlichen Regelungen zu kommen, die ich hier unmöglich beschreiben kann.[6]

Mit Sicherheit wird man an dieser Stelle das Leben der Wissenschaft beschwören – und nicht nur der Wissenschaften vom Leben – und zwar als die am weitesten entwickelte Konzeption, die wir von uns selber haben. Es ist sehr wahrscheinlich, daß diese Ansicht sich durchsetzen wird, weil wir heute – so glaube ich – das Leben selbst als eine elementare Kommunikations-Struktur (als DNA-Code) auffassen, in die man alle anderen diskursiven Codes übersetzen kann, um die Ausdrucksmöglichkeiten des Lebens zu verstärken. Gerald Leach schreibt:

„Um zu sehen, worum es geht, muß man sich das Rohmaterial anschauen, mit dem der ehrgeizige Gen-Chirurg zu arbeiten hat. *Sein letztes Ziel ist es, die Original-Manuskripte des Lebens zu entziffern* – die dünnen, fadenförmigen DNA-Moleküle in jeder Zelle, die die *Erb-Informationen* tragen –, und zwar so präzise und überprüfbar zu entziffern, daß ein einzelnes defektes Gen hier oder da herausgeschnitten oder durch ein normales Gen ersetzt werden kann ... er hat eine äußerst komplizierte Aufgabe zu lösen. Man hat sie mit der Aufgabe verglichen, einen einzigen Buchstaben in einer Bibel-Ausgabe zu ändern, die sich nicht aufschlagen läßt und die auf die Größe eines Stecknadelkopfes geschrumpft ist. Schlimmer noch – man könnte hinzufügen, daß bisher noch niemand mehr als ein oder zwei Abschnitte dieser *genetischen Bibel* gelesen hat."[7]

In der Bio-Technologie lassen sich heute zwei prothetische Strategien erkennen, eine schon weitgehend entwickelt, die andere kommt näher in den Griff. Ich meine (1) *Ersatzteil-Prothesen* und (2) *genetische Prothesen*. Wir können diese als zwei Strategien betrachten, die uns von dem Konstrukt des Ersatzteil-Menschen zur Erfindung des *Prothesen-Menschen* führen sollen.[8] Obwohl sie scheinbar an ein und derselben Front der bio-medizinischen Forschung arbeiten, sind beide Projekte in Wirklichkeit so weit voneinander entfernt wie etwa die Phasen von Früh- und Spät-Kapitalismus. Das heißt, in der Ökonomie von Ersatzteil-Prothesen haben wir es mit einer Kombination von medizinischem Handwerk, kommerziellem Bankwesen und Verteilungssystemen zu tun. Solche Systeme können privatwirtschaftlich oder staatlich organisiert werden, und in beiden Fällen kann man

---

[6] Vgl. Aubrey Milunsky und George J. Annas (Eds.): *Genetics and the Law*. (Plenum Press) New York, Vol. I u. II 1975 u. 1980.
[7] Leach, op. cit., S. 153–154; Hervorhebung vom Vf.
[8] Vgl. Jean Baudrillard, *De la séduction*, (Galilée) Paris 1979, S. 231–232.

freiwillige Spender heranziehen. Wie wir oben bei Titmuss' Arbeiten sehen, wird man zum Beispiel bei Blut eine Reihe von Qualitäts- und Nachschub-Problemen beobachten, wenn das Ersatzteil-Angebot von einer kommerziellen und nicht mehr von freiwilligen Organisationen abhängt. Auf lange Sicht lassen sich die Probleme der Ersatzteil-Ökonomie immer dann umgehen, wenn man die Möglichkeit hat, genetische Defekte zu antizipieren und auf der DNA-Ebene zu korrigieren. In dem Maße, wie sich die Möglichkeiten dieser Gen-Technologie entwickeln – und man sollte ihre Chancen auch nicht übertreiben – kann man dann eine grundsätzliche Marktrationalität von Effektivität und Wahlmöglichkeit auf die Ebene der DNA übertragen.

Wir können uns folglich vorstellen, daß Eltern eine Auswahl zwischen biologisch perfekten Embryos treffen können. Kennzeichen einer derartigen Perfektion wäre – vom Standpunkt der Eltern aus – die embryonale Verdoppelung („cloning") ihrer selbst oder ihrer sozialen Idole. Wenn diese Möglichkeiten jemals wirklich werden, dann wird die Bio-Technologie endlich den mythischen Narziß aus der Beschränkung auf seinen Spiegel befreien. Meiner Ansicht nach wird dies den Körper und die Phantasie zukünftiger Individuen defamilialisieren und sie zu Kreaturen des vorherrschenden *Markt- oder Staats-Ethos* machen. Unter derartigen Bedingungen wird sich die Institution des Lebens – und nicht nur die biologische Konstitution des Lebens radikal ändern. Unsere religiösen und politischen Institutionen wie die Bibel und das Parlament, werden aufhören, unsere primären Institutionen zu sein. Im Laboratorium und in der Klinik hat das Leben keinerlei Geschichte mehr. Die Geburt wird zu einem Konsum-Schwindel wie der Mutter-Tag. Danach wird unsere bisherige Körper- und Familien-Geschichte in einer kommerziellen Ohnmacht verschwimmen, die von einer privatwirtschaftlichen oder staatlichen Biokratie monopolisiert wird.

Wenden wir uns nun dem anderen Ende des Lebens zu. Trotz aller Greuel der Gegenwart gehen wir im Westen davon aus, daß wir den Tod zunehmend „human" gemacht haben. Der Galgen, die Guillotine, die Gaskammer, der elektrische Stuhl – in all dem hat man einmal Stufen einer Humanisierung des Todes durch Hinrichtung gesehen. Im Dezember 1982 wurde ein neuer Höhepunkt erreicht, als man Charles Brooks in einem texanischen Gefängnis eine tödliche Injektion aus einer Mischung von Thiopental, Bromiden und Chloriden verabreichte. Das *Time*-Magazin wies damals darauf hin, daß die medikalisierte Exekution von Brooks „nichts neues" sei, da offensichtlich

Sokrates den Ruhm beanspruchen könne, den ersten Schierlingsbecher genommen zu haben.

Die Berufung auf Effizienz und Vernunft der Bestrafung hat eine lange Geschichte in den aufgeklärten Human-Wissenschaften. Die medikalisierte Praxis der Hinrichtung scheint demnach die jüngste Stufe in der Humanisierung des Todes zu sein. Sie ermöglicht uns den Glauben, unsere Disziplin- und Strafordnung, die unser kollektives Leben verlangt, sei ein Akt der individuellen Liebe und der subjektivierten Fürsorge. Medikalisierte Hinrichtungen sind heutzutage nicht allgemein üblich. Doch sollte die Todesstrafe wieder eingeführt werden, kann man davon ausgehen, daß man auf diese Rationalisierungen zurückgreifen wird. Wir können das vermuten, weil Medikalisierung zur allgemeinen Charakteristik des Umgangs mit Abweichlern, Verrückten, Hospitalisierten und Gefängnisinsassen geworden ist.

Pharmakologische Therapien sind innerhalb und außerhalb dieser Institution inzwischen weit verbreitet. Die Selbst-Verabreichung von Medikamenten – die sogenannten „nicht-medizinischen Anwendungen" – sind Teil desselben Komplexes: Individuen werden behandelt oder behandeln sich selbst als die mühseligen und beladenen Akteure der Gesellschaft. Tatsächlich ist die Tranquilisierung der Bürger das auffälligste Merkmal des therapeutischen Staates. Es ist das Markenzeichen unserer medikalisierten Humanität.[9] Von der Wiege bis zum Grab, in der Schule, bei der Arbeit, im Gefängnis und beim Spiel können wir erwarten, unter Drogen gesetzt zu werden, um den Traum vom säkularisierten Glück in einer Welt zu erhalten, die die Realisierung ihrer Träume anders nicht schafft.

Die über Psychopharmaka induzierte Gelassenheit stellt eine wundervolle Ironie des modernen Lebens dar. Es zeugt von der Entschlossenheit, sich zu beherrschen, wenn man die Beherrschung verloren hat, und ruhig zu sein im Zustand der Krise. Drogen machen den Geist zum Gefängnis des Körpers: eine erschreckende Umkehrung von Begriffen der klassischen Morallehre. Auslösender Mechanismus ist die Schaffung einer Gesellschaft, die von sich behauptet, die Natur zu beherrschen, wobei so viele ihrer Mitglieder machtlos sind und das Gefühl für ihre eigene Natur verloren haben. So werden die großen natürlichen Ereignisse wie Geburtswehen und Geburt, Heirat und Tod unserer eigenen Humanität entrissen, im Namen einer industriali-

---

[9] Vgl. Illich, *Medical Nemesis;* und ders.: *The Cultural Crisis of Modern Medicine,* hsg. v. John Ehrenreich, (Monthly Review Press) New York 1978.

sierten Gesellschaft, die ihre liturgischen Lebens-Momente als medikalisierte und pharmakologische Ereignisse feiert, gebundene professionalisierte Praxis einer amtlichen Fürsorge.

In derselben Ausgabe von *Time*-Magazine, in der über Charles Brooks' medizinisierten Tod berichtet wird (20. Dezember 1982), findet sich eine Geschichte über Barney Clark's Erfahrung mit der Implantation eines künstlichen Herzens (Jarvik-7), ein Erlebnis, das nur dadurch getrübt wurde, daß sein Haus während seiner Abwesenheit ausgeraubt wurde. Hier erleben wir die heroische Seite einer Medizin, die das Leben – oder das Sterben – für 112 Tage verlängert, indem sie funktionsunfähige Organe auswechselt. Der soziale und ideologische Aufwand für den Erfolg solcher Praktiken ist riesig und dem Drama des Einzelschicksals völlig unangemessen. Der Barney-Clark-Story (S. 52–55) folgt direkt anschließend eine Darstellung der „genetischen Chirurgie", die DNA-Rekombinations-Techniken anwendet, um „schlechte" Gene durch „gute" zu ersetzen, – zur Verbesserung der Lebensqualität. Die Show-Business-Rubrik bringt die Geschichte von „*Tootsie*" – die am meisten gerühmte Anthropomorphose des Jahres 1982. In diesem Film findet ein erfolgloser männlicher Schauspieler (Michael Dorsey) ersten Erfolg als Dorothy Michaels und kommt zu dem (alltäglichen?) Schluß: „Als Frau im Umgang mit einer Frau war ich ein besserer Mann, als ich es als Mann im Umgang mit einer Frau je war."

Hier geht es natürlich um große Themen, die über die biologische Manipulation des Lebens weit hinausgehen, und die im Zentrum unseres Bemühens stehen, die Familie als eine, die Gestalt von Mann und Frau bestimmende Institution zu schaffen. Unter dem Stichwort „Verhaltensweisen" findet sich des weiteren eine Reportage mit dem Titel „Die Aushöhlung Amerikas", in der die lähmende Wirkung des Narzißmus auf Familie, Schule und Arbeitsplatz beklagt wird. Mir scheint, daß wir keines dieser Themen übersehen sollten. Sie stellen uns irgendwie erneut vor die Aufgabe, diese Dinge entweder von unseren Grundwerten aus zu betrachten, sie eventuell auch zu beklagen, oder aber von irgendeinem tieferen Verständnis für die zukünftige Gestalt der menschlichen Wesen auszugehen, die sich hierin ankündigt. Doch – traurig genug – *Time* hat keine Zeit, um den Interpretationsrahmen einer historischen und strukturellen Analyse zu entwerfen, zu der ich den Leser bis hierher aufgefordert habe.

Time-Magazine zerstört also unser Gedächtnis, indem es uns mit den neuesten Ereignissen auf dem laufenden hält, so wie es uns auch defamilialisiert, indem es uns in Verbindung hält mit der Welt – von Amerika aus besehen. Dabei erleben wir die Differenzen zwischen der verleiblichten Zeit und der Familie, zwischen unserem alltäglichen Wissen und dem Informationstempo, das uns selbst obsolet macht, je stärker wir davon abhängig werden. Wo Sozialwissenschaftler auf ihren Homer oder Vergil zurückgreifen, da kann dies inzwischen nicht viel mehr sein als eine tägliche Zeitungslektüre oder Fernsehen. Ganz im Sinne dieser Praxis habe ich aus dem *Time-Magazin* eine Reihe von Ereignissen ausgewählt, die deutlich machen, wie sehr die Gestaltung der Menschen durch den Menschen ein Kennzeichen unseres alltäglichen Lebens ist, aber keineswegs eine weit entfernte Moral- oder Medizin-Utopie und vermutlich kaum weniger merkwürdig als die Praktiken unserer gigantischen Vorfahren, von denen Vico in seiner *Neuen Wissenschaft* erzählt.

Zum Schluß halte auch ich mich deshalb an die philosophischen Grenzen des *Time*-„Essays": „Do Not Go Gentle Into That Good Night" („Geh nur nicht sanft in jene gütige Nacht!"). Auf einer bemerkenswerten Seite sinnt dort Roger Rosenblatt über die Ironie der medikalisierten Erfindungsgabe nach, die in den Fällen von Brooks und Clark eingesetzt wurde, – einmal für das Sterben, das andere Mal für das Leben. Ganz zu Recht ist er irritiert über die zivilisatorische Intention hinter beiden Operationen und es gelingt ihm nicht, zwischen der Hoffnung im einen und der Hoffnungslosigkeit im anderen Fall abzuwägen. Was ihn stört ist, daß die Tat des Henkers unsichtbar gemacht wird. Auch wenn es eine Totenwache für Charlie Brooks gab, die medizinische Exekution war nicht zu sehen; sie zeichnete sich nicht als unsere Tat in seinen Körper ein. Hier löscht der Sozio-Text jede Spur des Bio-Textes aus und stellt die amtliche Ausführung des Todes an Brooks außerhalb unserer Humanität. Rosenblatt plädiert anscheinend für einen öffentlichen Tod, für eine Wiederherstellung des Theaters des Lebens und des Todes, in dem uns der Sinn für unsere eigenen guten und bösen Taten wiedergegeben werden kann. Anders als das Kreuz oder der Davids-Stern liefern uns die Photos und Zeichnungen auf den Seiten des *Time-Magazins,* die den Tod von Brooks darstellen, kein annehmbares Bild des menschlichen Leidens. Der medikalisierte Schlaf löscht die Ephiphanie des Todes und unsere Erinnerungen an das Leben aus. Hier sollten wir daher mit dem Dichter ausrufen:

Geh nur nicht sanft in die gütige Nacht.
Das Alter sollte zündeln und rasen an des Tages Ende
Wüten, wüten gegen das Sterben des Lichts.

Wenn auch die Weisen am Ende wissen, im Dunkel ist's recht,
Wo ihre Worte keinen Blitz gezündet.
Geh nur nicht sanft in die gütige Nacht.

Gute Männer, der letzten Welle nachweinend, wie leuchten
Ihre schmalen Taten im Tanz der grünen Bucht.
Geh nur nicht sanft in die gütige Nacht.

Wilde Männer, die Sonne im Flug fangend und singend,
sie merken, zu spät, sie beschweren sich ihren Weg.
Geh nur nicht sanft in die gütige Nacht.

Dylan Thomas[10]

Heute bedroht uns die Aussicht auf eine ewige Dunkelheit, die aus jenen brennenden Sonnen auf uns niederfallen will, mit denen wir spielen, wenn wir uns gegen uns selbst kehren. Es ist wahr, wir leben in einer Trockenzeit, unsicher, ob irgendetwas Wurzeln schlagen und in seinem Saft erblühen wird; und wir können unseren Kindern nichts anderes erzählen – noch irgendeinem Gott.

---

[10] Dylan Thomas, *Collected Poems*, op. cit., S. 116.

Bibliographie

Archambault, Paul: The Analogy of the ‚Body' in Renaissance Political Literature. Bibliothèque d'Humanisme et Renaissance, 29 (1967), S. 21–63.
Baldwin, B.A.: Behavioural Thermoregulation. In: Heat Loss from Animals and Man.: Hsg. von J. I. Monteith und L. E. Mount. London (Butterworth) 1974. S. 97–117.
Baran, Paul A.: The Longer View: Essays Toward a Critique of Political Economy. Hsg. von John O'Neill. New York (Monthly Review Press) 1969.
Barkan, Leonhard: Nature's Work of Art: The Human Body as Image of the World. New Haven: (Yale University Press) 1975.
Barthes, Roland: Mythologies. Paris (Du Senie) 1957. (dt.: Mythen des Alltags (Suhrkamp) Frankfurt 1973.
Baudrillard, Jean: De la séduction. Paris (Galilée) 1979.
– Pour une critique de l'économie politique du signe. Paris (Gallimard) 1972.
Benedict, Ruth: Patterns of Culture. London (Routledge & Kegan Paul), 1935. (dt.: Urformen der Kultur (Rowohlt) Reinbek 56. Aufl. 1963).
Berman, Morris: The Reenchantment of the World. Ithaca (Cornell University Press) 1981.
Bledstein, Burton J.: The Culture of Professionalism: The Middle Class and the Development of Higher Education in America. New York (Norton), 1978.
Blumer, Ralph: Why Is the Cassowary not a Bird? A Problem of Zoological Taxonomy among the Karam of the New Guinea Highlands. Man, n.s. 2 (March 1967), S. 5–25.
Bologh, Roslyn Wallach: Dialectical Phenomenology: Marx's Method. London (Routledge & Kegan Paul) 1979.
Borgstrom, George: The Food and People Dilemma. Belmont, Calif. (Duxbury Press) 1973.
Bourdieu, Pierre: Remarques provisoires sur la perception sociale du corps. Actes de la Recherche en Sciences Sociales. (April 14) 1977. S. 51–54.
Brophy, Julia und Carol Smart: From Disregard to Disrepute: The Position of Women in Family Law. Feminist Review 9 (1981) S. 3–15.
Busaca, Richard und Mary P. Ryan: Beyond the Family Crisis. Democracy 2 (Fall 1982) S. 79–92.
Calame-Griaule, Geneviève: Ethnologie et language: La parole chez les Dogon. Paris (Gallimard) 1965.
Caplan, Arthur L.: The Sociobiology Debate. New York (Harper & Row) 1978.
Clark, Carole: Montaigne and the Imagery of Political Discourse in Sixteenth Century France. French Studies 24 (October 1970) S. 337–355.
Cockburn, Alexander: Gastro-Porn. The New York Review of Books (December 8) 1977. S. 15–19.
Conger, George Perrigo: Theories of Macrocosms and Microcosms. New York (Columbia University Press) 1922.
Colley, Charles Horton: Human Nature and the Social Order. New York (Schocken) 1964.

Cox, Harvey: The Secular City: Secularization and Urbanization in Theological Perspective. New York (Macmillan) 1971 (dt.: Stadt ohne Gott? Stuttgart 1966).
Crawford, M. A., und J. W. Rivers: The Protein Myth. In: The Man/Food Equation. Hsg. von F. Steele und A. Bourne. New York (Academic Press), 1975. S. 235–245.
Davis, Nanette J., und Bo Anderson: Social Control: The Production of Deviance in the Modern State. New York (Irvington) 1983.
Diener, Paul und Eugene E. Robkin: Ecology, Evolution, and the Search for Cultural Origins: The Question of Islamic Pig Production. Current Anthropology 19 (September 1978), S. 493–540.
Donzelot, Jacques: The Policing of Families. Übers. aus dem Frz. von Robert Hurley. New York (Pantheon) 1979.
Douglas, Mary: Cultural Bias. London: Anthropological Institute of Great Britain and Ireland, Occasional Paper no. 35, 1978.
- Implicit Meanings: Essays in Anthropology. London (Routledge & Kegan Paul) 1975.
- Natural Symbols. Explorations in Cosmology. Harmondsworth (Penguin) 1973.
- Purity and Danger: An Analysis of Concepts of Pollution and Taboo. Harmondsworth (Penguin Books) 1970 (dt.: Reinheit und Gefährdung. Eine Studie zu Vorstellungen von Verunreinigungen und Tabu (Dietrich Reimer Verlag) Berlin 1985).
- Rules and Meanings: The Anthropology of Everyday Knowledge. Harmondsworth (Penguin) 1973.
Douglas, Mary and Baron Isherwood: The World of Goods: Towards an Anthropology of Consumption. London (Allen Lane) 1979.
Durkheim, Emile, and Marcel Mauss: Primitive Classification. Übers. aus dem Frz. von Rodney Needham. London (Cohen & West) 1963.
Eliade, Mircea: The Forge and the Crucible: The Origins and Structures of Alchemy. Aus dem Frz. von Stephen Corrin (2 ed.) Chicago (University of Chicago Press) 1978.
Elshtain, Jean Bethke: Public Man, Private Woman: Women in Social and Political Thought. Oxford (Martin Robertson) 1981.
Etzioni, Amitai: Genetic Fix: The Next Technological Revolution. New York (Harper Colophon) 1973.
Ewen, Stuart: Captains of Consciousness: Advertising and the Social Roots of the Consumer Culture. New York (McGraw-Hill) 1976.
Fortescue, Sir John: De laudibus Legum Angliae. Engl. Übers. von S.B. Chrimes. Cambridge (Cambridge University Press) 1949.
Foucault, Michel: Discipline and Punish: The Birth of the Prison. Engl. Übers. von Alan Sheridan New York: Vintage, 1979 (dt.: Überwachen und Strafen. Die Geburt des Gefängnisses. (Suhrkamp) Frankfurt 1976).
- The History of Sexuality. Ins Engl. übers. von Robert Hurley. New York (Vintage) 1980 (dt.: Der Wille zum Wissen. Sexualität und Wahrheit 1 (Suhrkamp) Frankfurt 1983).
Freud, Sigmund: Das Unbehagen in der Kultur. In ders.: Studienausgabe Bd. IX, (Fischer Verlag) Frankfurt 1974, S. 191–270.
Frosch, Thomas R.: The Awakening of Albion: The Renovation of the Body in the Poetry of William Blake. Ithaca (Cornell University Press) 1974.
Galbraith, John Kenneth: Economics and the Public Purpose. Boston (Houghton Mifflin) 1973 (dt.: Wirtschaft für Staat und Gesellschaft (Droemer Knaur) München-Zürich 1974).

- The Affluent Society. Boston (Houghton Mifflin) 1958 (dt.: Gesellschaft im Überfluß (Droemer Knaur) München-Zürich 1959).
Gierke, Otto: Political Theories of the Middle Age. Engl. Ausgabe von F.W. Maitland. Cambridge (Cambridge University Press) 1958.
Greene, Marjorie: Approaches to Philosophical Biology. New York (Basic) 1965.
Griaule, Marcel: Conversations with Ogotemmêli: An Introduction to Dogon Religious Ideas. London (Oxford University Press) 1965.
Habermas, Jürgen. Legitimationsprobleme im Spätkapitalismus. (Suhrkamp) Frankfurt 1975.
Hacker, Andrew: Farewell to the Family? The New York Review of Books (March 18) 1982. S. 37–44.
Harris, Marvin: Cannibals and Kings. London (Fontana) 1978.
- Cannibals and Kings: An Exchange. The New York Review of Books (June 28) 1979. S. 51–53.
- Cow, Pigs, Wars and Witches: The Riddles of Culture. London (Fontana) 1977.
Hertz, Robert: Death and the Right Hand. Engl. Übers. von Rodney and Claudia Needham. Glencoe, Ill. (Free Press) 1960.
Hirschman, Albert O.: The Passions and the Interests: Political Arguments for Capitalism before Its Triumph. Princeton (University Press) 1977.
Horrobin, David F.: Medical Hubris: A Reply to Ivan Illich. Montreal (Eden Press) 1977.
Illich, Ivan: The Cultural Crisis of Modern Medicine. Hsg. John Ehrenreich. New York (Monthly Review Press) 1978.
- Gender. New York (Pantheon) 1982 (dt.: Genus – Zu einer historischen Kritik der Gleichheit (Rowohlt) Reinbek 1984).
- Medical Nemesis: The Expropriation of Health. London (Calder & Boyars) 1975 (dt.: Die Nemesis der Medizin (Rowohlt) Reinbek 1977).
- Toward a History of Needs. New York (Pantheon) 1977.
Kantorowicz, Ernst: The King's Two Bodies. Princeton (University Press) 1957.
Kittrie, Nicholas N: The Right to Be Different: Deviance and Enforced Therapy. Baltimore (Johns Hopkins Press) 1971.
Lappé, Frances Moore: Diet for a Small Planet. New York (Ballantine) 1975.
Lasch, Christopher: Life in the Therapeutic State. The New York Review of Books (June 12) 1980, S. 24–32.
Leach, Edmund: Anthropological Aspects of Language: Animal Categories and Verbal Abuse. In: New Directions in the Study of Language, hsg. von Eric H. Lenneberg. Cambridge (MIT Press) 1964, S. 23–63.
- Claude Lévi-Strauss. New York (Viking) 1970.
- Genesis as Myth. In Myth and Cosmos: Readings in Mythology and Symbolism. Hsg. von John Middleton. Garden City, N.Y. (Natural History Press) 1967, S. 1–13.
- The Biocrats: Implications of Medical Progress: Harmondsworth (Penguin) 1972.
Lebeuf, Jean-Paul: L'habitation des Fali: Montagnards du Cameroun septentrional. Paris (Hachette) 1961.
Lefebvre, Henri: Everyday Life in the Modern World. Aus dem Frz. von Sacha Rabinovitch. London (Allen Lane) 1971.
Leiss, William: Needs, Exchanges and the Fetishism of Objects. Canadian Journal of Political and Social Theory, 2 (Fall 1978) S. 27–48.
Lévi-Strauss, Claude: The Raw and the Cooked: Introduction to a Science of Mythology

(vol. 1) Aus dem Frz. von John and Doreen Weightman. New York (Harper & Row) 1970 (dt.: Mythologica I, Das Rohe und das Gekochte (Suhrkamp) Frankfurt 1974).
- The Savage Mind. Chicago (University of Chicago Press) 1966 (dt.: Das wilde Denken (Suhrkamp) Frankfurt 1968).
- Le Triangle culinaire. L'Arc, no. 26 (1965), S. 19–29.

Levy, René: Psychosomatic Symptoms and Women's Protest: Two Types od Reaction to Structural Strain in the Family. Journal of Health and Social Behavior 17 (June 1976), S. 122–134.

MacRae, Donald G.: The Body and Social Metaphor. in: The Body as a Medium of Expression: An Anthology. Hsg. von Jonathan Benthall und Ted Polhemus. New York (Dutton) 1975. S. 59–73.

Manning, Peter und H. Fabrega: The Experience of Self and Body: Health and Illness in the Chiapas Highlands. In: Phenomenological Sociology: Issues and Applications. Hsg. von George Psathas. New York (Wiley) 1973, S. 251–301.

Marmorstein, Arthur: The Old Rabbinic Doctrine of God, II. Essays in Anthropomorphism. Oxford (Oxford University Press) 1937.

Mauss, Marcel: Körpertechniken. In: *Soziologie und Anthropologie*. Frankfurt · Berlin · Wien 1978 (Ullstein). Bd. II.

McIntosh, Mary: The State and the Oppression of Women. In: Feminism and Materialism: Women and Modes of Production. Hsg. A. Kuhn und A. M. Wolpe. Boston (Routledge & Kegan Paul) 1978, S. 254–289.

Merleau-Ponty, Maurice: Phénoménologie de la perceptica. Paris 1945 (dt.: Phänomenologie der Wahrnehmung (de Gruyter) Berlin 1966).

Miller, Jonathan: The Body in Question. London (J. Cape) 1978.

Milunsky, Aubrey und George J. Annas (Hsg.): Genetics and the Law, 2 Bde. New York (Plenum Press) 1975 and 1980.

Mitchell, Juliet: Women: The Longest Revolution. New Left Review (November-December) 1966, S. 11–37.

Navarro, Vicente: The Industrialization of Fetishism or the Fetishism of Industrialization: Critique of Ivan Illich. Social Science and Medicine 9 (1975) S. 351–363.
- Social Class, Political Power and the State: Their Implications in Medicine. In: Critical Sociology: European Perspectives. Hsg. von J. H. Freiberg. New York (Irvington) 1979 S. 297–344.

Oakeshott, Michael: Rationalism in Politics and Other essays. London (Methuen) 1967.

O'Neill, John: Critique and Remembrance, In: On Critical Theory. Hsg. John O'Neill. New York (Seabury) 1976, S. 1–11.
- Defamilization and the Feminization of Law in Early and Late Capitalism. International Journal of Law and Psychiatry 5 (1982) S. 255–269.
- Embodiment and Child Development: A Phenomenological Approach. In: Recent Sociology No. 5: Childhood and Socialization. Hsg. von Hans Peter Dreitzel. New York (Macmillan) 1973, S. 65–81.
- Lecture visuelle de l'espace urbain. In: Colloque d'esthétique appliquée à la création du paysage urbain. Hsg. von Michel Conan. Paris (Copedith) 1975, S. 235–247.
- Looking into the Media: Revelation and Subversion. In: Communication Philosophy and the Technological Age. Hsg. von M. J. Hyde. Tuscaloosa (University of Alabama Press) 1982, S. 73–97.
- Making Sense Together: An Introduction to Wild Sociology. New York (Harper & Row) 1974.

- On Simmel's ‚Sociological Aprioritics'. Phenomenological Sociology: Issues and Applications. Hsg. George Psathas. New York (Wiley) 1973, pp 91–106.
- Perception, Expression and History. Evanston (Northwestern University Press) 1970.
- Sociology as a Skin Trade, Essays Towards a Reflexive Sociology. New York (Harper & Row) 1972.
- Time's Body: Vico on the Love of Language and Institution. In: Giambattista Vico's Science of Humanity. Hsg. von Giorgio Tagliacozza und Donald Phillip Verene. Baltimore (Johns Hopkins University Press) 1976, S. 333–339.

Packard, Vance: The Status Seekers. New York 1959.

Rank, Otto: Art and Artist: Creative Urge and Personality Development. Übers. von Charles Francis Atkinson. New York (Agathon Press) 1968.

Rieff, Philip: The Triumph of the Therapeutic: Uses of Faith after Freud. London (Chatto & Windus) 1966.

Robinson, John A. T.: The Body: A Study in Pauline Theology. London (SCM Press) 1952.

Rossi, Alice. S.: Maternalism, Sexuality and the New Feminism. In: Contemporary Sexual Behaviour: Critical Issues in the 1970's. Hsg. Joseph Zubin und John Money. Baltimore (Johns Hopkins University Press) 1973.

Sahlins, Marshall: Cannibalism: An Exchange. The New York Review of Books (March 22, 1979) S. 45–47.
- Culture and Practical Reason. Chicago (University of Chicago Press) 1976.
- Culture as Protein and Profit. The New York Review of Books (November 23) 1978, S. 45–53.

Sennett, Richard and Jonathan Cobb: The Hidden Injuries of Class. New York (Vintage) 1973.

Sheridan, Alan: Michel Foucault: The Will to Truth. London (Tavistock) 1980.

Soler, Jean: The Dietary Prohibitions of the Hebrews, The New York Review of Books (June 14, 1979) S. 24–30.

Tambiah, S. J.: Animals Are Good to Think and Good to Prohibit Ethnology 8 (October 1969), S. 424–459.

Taviss, Irene: Problems in the Social Control of Biomedical Science and Technology. In: Human Aspects of Biomedical Innovation. Hsg. von Everett Mendelsohn, Judith P. Swazey und Irene Taviss. Cambridge (Harvard University Press) 1971, S. 3–45.

Titmuss, Richard M.: The Gift Relationship: From Human Blood to Social Policy. New York (Vintage) 1971.

Trilling, Lionel: The Liberal Imagination: Essays on Literature and Society. New York (Viking) 1950.

Turner, Victor: Dramas, Fields, and Metaphors: Symbolic Action in Human Society. Ithaca (Cornell University Press) 1974.
- The Word of the Dogon. Social Science Information 7 (1968), S. 55–61.

Veblen, Thorstein: The Theory of the Leisure Class. London (Allen & Unwin) 1925 (dt.: Theorie der feinen Leute (dtv) München 1971).

The New Science of Giambattista Vico. Übers. der 3. Aufl. durch Thomas Goddard Bergin und Max Harold Fisch. Ithaca (Cornell University Press) 1970.

Wilson, Elizabeth.: Women and the Welfare State. London (Tavistock) 1977.

Wolstenholme, G. E. W.: An Old Established Procedure: The Development of Blood Transfusion. In: Ethics in Medical Progress. With Special Reference to Transplantation. Hsg. von G. E. W. Wolstenholme und Meave O'Connor. London (J. and A. Churchill) 1966, S. 24–42.

Work in America: Report of a Special Task Force to the Secretary of Health, Education, and Welfare. Cambridge (MIT Press) 1973, S. 77–79.

Personenregister

Agee, James 146 (A.30)
Agrippa, Menenius 66
Anderson, Bo 142 (A.27)
Annas, George J. 152 (A.6)
Archambault, Paul 71 (A.7)
Aristoteles 67, 71, 72
Auerbach, Erich 24 (A.3)
Augustinus 71

Bacon, Francis 38
Baldwin, B.A. 57 (A.14)
Barkan, Leonhard 24(A.2), 35, 65
Baran, Paul A. 92 (A.5)
Barthes Roland 95
Baudrillard, Jean 96, 152(A.8)
Benedict, Ruth 93(A.6)
Benthall, Jonathan 45(A.2)
Berman, Morris 43(A.24)
Blake, William 38
Bledstein, Burton J. 83(A.21)
Boehm, Rudolf 13(A.2)
Bologh, Roslyn Wallach 97(A.12)
Borgstrom, Georg 61
Bourdieu, Pierre 20(A.16)
Brooks, Charles 153, 155, 156
Brophy, Julia 86(A.23)
Budé, Louis 72
Bourne, A. 61(A.20)
Bulmer, Ralph 55(A.9)
Busaca, Richard 81(A.17)

Calami-Griaule, Geneviève 27(A.16), 31(A.12)
Caplan, Arthur L. 108(A.18)
Chrismes, Stanley B. 72(A.8)
Cicero 67
Clark, Barney 155, 156
Clark, Carol E. 72(A.9)
Cobb, Jonathan 100
Cockburn, Alexander 63(A.23)
Conan, Michel 20(A.17)
Conger, George Perrigo 24(A.2)

Cooley, Charles Horton 19, 20
Cox, Harvey 96(A.11)
Crawford, Michael A., 61(A.20)

Davis, Nanette J. 142(A.27)
Diener, Paul 56(A.12)
Donzelot, Jacques 85, 137(A.21)
Douglas, Mary 27(A.7), 48, 49(A.6), 51, 52, 54, 55, 56, 57(A.15), 59, 93
Dreitzel, Hans Peter 20(A.15)
Durkheim, Emile 24, 25, 46, 55

Ehrenreich, John 154(A.9)
Eliade, Mircea 39
Elshtain, Jean Bethke 79, 80
Erasmus von Rotterdam 72
Erdman, David W. 38(A.19)
Etzioni, Amitai 122, 123(A.8), 129
Evans, Walker 146(A.30)
Ewen, Stuart 82, 83(A.19), 144

Fabrega, Horacio 119
Fortescue, John 71, 72, 73
Foucault, Michel 14, 15(A.6), 131, 132, 133, 134, 136, 137(A.20), 151(A.5)
Frame, Donald M. 72(A.9)
Freiberg, J.W. 117(A.1)
Freud, Sigmund 9
Frosch, Thomas R. 38(A.18)

Galbraith, John Kenneth 90, 91, 101, 102
Galilei, Galileo 38
Gierke, Otto 73(A.12)
Goodman, Paul 141
Greene, Marjorie 13(A.3)
Griaule, Marcel 27(A.7)
Güntherova, Alzbeta 68

Habermas, Jürgen 73(A.13), 74, 79
Hacker, Andrew 81(A.17)
Harris, Marvin 56, 57, 58, 59, 93(A.8)

Hertz, Robert 46, 47
Hirschmann, Albert O. 91(A.3)
Hobbes, Thomas 91, 145
Homer 150, 156
Horrobin, David F. 118(A.2)
Hyde, Michael J. 83(A.20)

Illich, Ivan 15(A.7), 118(A.2), 121, 122, 154(A.9)
Isherwood, Baron 93(A.7)

Jenks, Chris 20(A.15)

Kantorowicz, Ernst 69(A.5), 70
Kinsey, Alfred Charles 113
Kittrie, Nicholas N. 138, 139(A.23)
Kopernikus, Nikolaus 38
Kuhn, Annette 86(A.23)

Lappé, Frances Moore 62(A.22)
Lasch, Christopher 81(A.18)
Leach, Edmund 58(A.17), 59, 60
Leach, Gerald 123(A.8), 128, 152
Lebeuf, Jean Paul 32(A.13), 33
Lefebvre, Henri 94
Leiss, William 93(A.8)
Lenneberg, Eric H. 60(A.19)
Lennon, John 145
Levy, René 113(A.21)
Lévi-Strauss, Claude 40, 41, 42, 45, 58, 59
Livy (Livius, Titus) 67(A.3)
Locke, John 38

Machiavelli, Nicole 72, 73(A.10)
MacRae, Donald G. 45(A.2)
Mandeville, Bernard de 91
Manning, Peter 119
Marmorstein, Arthur 36(A.16)
Marx, Karl 97, 131
Mauss, Marcel 14(A.5), 25, 55(A.10), 131
McIntosh, Mary 86(A.23)
Mendelsohn, Everett 123(A.7)
Merleau-Ponty, Maurice 13, 18(A.), 19
Miller, Jonathan 116, 124(A.10), 125(A.11)
Milunsky, Aubrey 152(A.6)

Mirandola, Pico della 36
Misianik, Jan 68
Mitchell, Juliett 109, 110
Money, John 112(A.20)
Montaigne, Michel de 72
Monteith, John I. 57(A.14)
Morrison, Kenneth 9(A.1)
Mount, Laurence E. 57(A.14)

Navarro, Vincente 117, 118(A.2)
Needham, Rodney 25(A.4)
Newton, Isaac 38

Oakeshott, Michael 91(A.3)
O'Connor, Maeve 122(A.6)

Packard, Vance 93(A.8)
Paulus (der Apostel) 67, 70
Petrocci, Barbara 14(A.4)
Petty, Richard E. 133
Platon 34, 35(A.14), 65, 72, 88, 90, 96
Plessner, Helmuth 18(A.), 132(A.)
Polhemus, Ted 45(A.2)
Psathas, George 17(A.11), 119(A.4)

Rank, Otto 39, 40(A.21)
Rieff, Philip 139, 140, 142
Riesman, David 141
Rivers, John P.W. 61(A.20)
Robinson, John A.T. 67(A.4)
Robkin, Eugene E. 56(A.12)
Rosenblatt, Roger 156
Rossi, Alice 111, 112
Ryan, Mary P. 81(A.17)

Sahlins, Marshall 56(A.12), 58, 59, 99(A.13)
Seneca 67
Senett, Richard 100
Sheridan, Alan 131(A.16)
Smart, Carol 86(A.23)
Smith, Adam 91
Sokrates 154
Soler, Jean 52, 53, 54(A.8)
Steele, Forrest 61(A.20)
Stein, Gertrude 15, 16(A.9)
Strauss, Anselm 64(A.)
Swazey, Judith P. 123(A.7)

Sylvius, Aeneas 71, 72

Tagliacozzo, Georgio 24(A.3)
Tambiah, Stanley J. 55(A.9)
Taviss, Irene 123(A.7)
Thomas, Dylan 147, 157
Titmuss, Richard 122, 123, 124(A.9), 125, 130, 131(A.15), 153
Tory, Geoffrey 35, 36, 37
Trilling, Lionel 113, 114(A.22)
Turner, Victor 27(A.6)

Veblen, Thorstein 92, 93

Verence, Donald Philip 24(A.3)
Vergil 156
Vico, Giambattista 15, 24, 26, 41, 54, 65, 148, 149, 150, 156

Wagner, F.W. 35(A.14)
Wilson, Elizabeth 86
Wilson, Tom 9(A.1)
Wolpe, Ann Marie 86(A.23)
Wolstenholm, Gordon E.W. 122(A.6)

Zubin, Joseph 112(A.20)

Über diese Reihe

Die Bände der Reihe „Übergänge" bewegen sich in einem Zwischenbereich, in dem *philosophische* Überlegung und *sozialwissenschaftliche* Forschung aufeinander stoßen und sich verschränken. Das thematische Schwergewicht sind Prozesse des gemeinsamen Handelns, Sprechens und leiblichen Verhaltens, die sich in einer sozialen Lebenswelt abspielen und deren Strukturen bereichern und verändern. Die Frage nach der Ordnung der Welt und Gesellschaft und nach den *Übergängen* von einer Ordnung zu andern stellt sich auf neue Weise, sobald man von einer Zwischensphäre ausgeht, die auf die Dauer von keiner Einzelinstanz zu steuern und durch keine bestimmte Ordnung zu erschöpfen ist. In dieser Begrenzung liegt das Potential zu einer Kritik, die nicht aufs Ganze geht.

In der Abfolge der Reihe, die der phänomenologischen Tradition verbunden, aber nicht auf sie beschränkt ist, soll die Erörterung *theoretischer und methodischer Grundfragen* abwechseln mit der Präsentation *spezifischer Forschungsansätze* und *geschichtsvariabler Untersuchungen*. Bevorzugte Themen sind etwa die leibliche Verankerung von Handeln und Erkennen, die Ausbildung und Ausgrenzung von Milieus, Prozesse der Normalisierung und Typisierung, der Kontrast von Alltags- und Forschungspraktiken, die Divergenz von Erkenntnis- und Rationalitätsstilen, der Austausch zwischen fremden Kulturen, Krisen der abendländischen Lebens- und Vernunftordnung u.ä.

Um diesen Studien ein *historisches* Relief zu verleihen, werden thematisch relevante Traditionsbestände in repräsentativen Texten vergegenwärtigt. Diesem internationalen Programm entspricht auf deutscher Seite der Versuch, an die Forschungslage vor 1933 wiederanzuknüpfen und Vergessenes wie Verdrängtes zurückzuholen.

Herausgeber:
Richard Grathoff und
Bernhard Waldenfels

Erschienen sind:

Band 1
Richard Grathoff/Bernhard Waldenfels (Hrsg.)
Sozialität und Intersubjektivität
Phänomenologische Perspektiven der Sozialwissenschaften
im Umkreis von Aron Gurwitsch und Alfred Schütz.
1983. 410 S. ISBN 3-7705-2187-0

Band 2
Ulf Matthiesen
Das Dickicht der Lebenswelt und die Theorie des kommunikativen Handelns
2. Aufl. 1985. ISBN 3-7705-2188-9

Band 3
Maurice Merleau-Ponty
Die Prosa der Welt
Hrsg. v. Claude Lefort. Einl. z. dt. Ausg. v. Bernhard Waldenfels.
Aus d. Franz v. Regula Giuliani.
1984. 168 S. ISBN 3-7705-2190-7

Band 4
Alfred Schütz, Aron Gurwitsch
Briefwechsel 1939–1959
Hrsg. v. Richard Grathoff. Mit einer Einl. v. Ludwig Landgrebe.
1985. XXXX, 544 S. ISBN 3-7705-2260-5

Band 5
Herman Coenen
Diesseits von subjektivem Sinn und kollektivem Zwang
Schütz – Durkheim – Merleau-Ponty.
Phänomenologische Soziologie im Feld des zwischenleiblichen Verhaltens.
1985. 332 S. ISBN 3-7705-2242-7

Band 7
Käte Meyer-Drawe
Leiblichkeit und Sozialität
Phänomenologische Beiträge zu einer pädagogischen Theorie der Inter-Subjektivität.
2. Aufl. 1987. 301 S. ISBN 3-7705-2241-9

Band 8
Christa Hoffmann-Riem
Das adoptierte Kind
Familienleben mit doppelter Elternschaft.
3. Aufl. 1989. 343 S. mit 36 Tab. ISBN 3-7705-2248-6

Band 9
Peter Kiwitz
Lebenswelt und Lebenskunst
Perspektiven einer kritischen Theorie des sozialen Lebens.
1986. 230 S. ISBN 32-7705-2322-9

Band 11
Stéphane Mosès
System und Offenbarung
Die Philosophie Franz Rosenzweigs. Vorw. v. Emmanuel Lévinas.
Aus d. Franz. v. Rainer Rochlitz.
1985. 242 S. mit 7 Tab. ISBN 3-7705-2314-8

Band 12
Paul Ricœur
Die lebendige Metapher
(Vom Verfasser gekürzte Fassung). Aus d. Franz. v. Rainer Rochlitz.
1986. 325 S. ISBN 3-7705-2349-0

Band 13
Maurice Merleau-Ponty
Das Sichtbare und das Unsichtbare
Gefolgt von Arbeitsnotizen. Hrsg., mit Vorw. u. Nachw. vers. v. Claude Lefort.
Aus d. Franz. v. Regula Giuliani/Bernhard Waldenfels.
1986. 391 S. ISBN 3-7705-2321-0

Band 14
Rüdiger Welter
Der Begriff der Lebenswelt
Theorien vortheoretischer Erfahrungswelt.
1986. 219 S. ISBN 3-7705-2357-1

Band 15
Alexandre Métraux, Bernhard Waldenfels (Hrsg.)
Leibhaftige Vernunft
Spuren von Merleau-Pontys Denken.
1986. 309 S. u. Frontispitz. ISBN 3-7705-2315-6

Band 16
Wolfgang Eßbach
Die Junghegelianer
Soziologie einer Intellektuellengruppe.
1988. 470 S. ISBN 3-7705-2434-9

Band 17
Jacques Derrida
Husserls Weg in die Geschichte am Leitfaden der Geometrie
Ein Kommentar zur Beilage III der „Krisis". Aus d. Franz. v. Rüdiger Hentschel u. Andreas Knop. Mit ein. Vorw. v. Rudolf Bernet.
1987. 233 S. ISBN 3-7705-2424-1

Band 18/I
Paul Ricœur
Zeit und Erzählung
Band I: Zeit und historische Erzählung. Aus d. Franz. v. Rainer Rochlitz.
1988. 357 S. ISBN 3-7705-2467-5

Band 18/II
Paul Ricœur
Zeit und Erzählung
Band II: Zeit und literarische Erzählung
1989. 286 S. ISBN 3-7705-2468-3

Band 19
Gerhard Riemann
Das Fremdwerden der eigenen Biographie
Narrative Interviews mit psychiatrischen Patienten.
1987. 512 S. ISBN 3-7705-2396-2

Band 20
Eckhardt Lobsien
Das literarische Feld
Phänomenologie der Literaturwissenschaft.
1988. 225 S. ISBN 3-7705-2485-3

Band 21
József Tischner
Das menschliche Drama
Phänomenologische Studien zur Philosophie des Dramas.
1989. 276 S. ISBN 3-7705-2589-2